四川农业大学校史文化系列丛书

四川农业大学党委宣传部 编著

川农人的田园守望

四川大学出版社
SICHUAN UNIVERSITY PRESS

图书在版编目（CIP）数据

川农人的田园守望 / 四川农业大学党委宣传部编著
. — 成都：四川大学出版社，2023.11
ISBN 978-7-5690-6454-4

Ⅰ．①川… Ⅱ．①四… Ⅲ．①四川农业大学－校友－
事迹 Ⅳ．① K820.7

中国国家版本馆 CIP 数据核字（2023）第 215895 号

书　　　名：川农人的田园守望
　　　　　　Chuannongren de Tianyuan Shouwang
编　　　著：四川农业大学党委宣传部

选题策划：孙滨蓉
责任编辑：孙滨蓉
责任校对：吴连英
装帧设计：墨创文化
责任印制：王　炜

出版发行：四川大学出版社有限责任公司
　　　　　地址：成都市一环路南一段 24 号（610065）
　　　　　电话：（028）85408311（发行部）、85400276（总编室）
　　　　　电子邮箱：scupress@vip.163.com
　　　　　网址：https://press.scu.edu.cn
印前制作：四川胜翔数码印务设计有限公司
印刷装订：四川五洲彩印有限责任公司

成品尺寸：185 mm×260 mm
印　　张：14
字　　数：334 千字

版　　次：2023 年 11 月 第 1 版
印　　次：2023 年 11 月 第 1 次印刷
定　　价：68.00 元

扫码获取数字资源

四川大学出版社
微信公众号

序

　　"强国必先强农，农强方能国强。没有农业强国就没有整个现代化强国；没有农业农村现代化，社会主义现代化就是不全面的。"习近平总书记的话掷地有声。

　　国家要强盛和发展，离不开农业的强盛和发展。在四川农业大学百余年的征程中，一代代川农人怀抱一腔赤诚与热血，为"兴中华之农事"的誓言而拼搏奋斗的故事堪比一首创业史诗，壮丽而辉煌。今天，当我们看到学校历年创新成果、奖项那长长的列表时，仿佛就能看见川农人对初心的守护和践行。

　　把论文写在大地上，是川农人长久以来的坚守；为了大地的丰收，是川农人矢志不渝的情怀。守望田园，就是用科技护卫国家粮食安全、用人才鼎力支持"三农"发展、用奉献投身脱贫攻坚战场、用智慧服务国家乡村振兴。我们从改革开放后学校获得的国家科技大奖及代表性科技成果出发，讲述了获奖背后的故事以及众多人物的辛勤付出，旨在记录一所百年高校师生高扬情怀，将个人理想与共和国的需要结合在一起，俯下身子，将个人事业与脚下这片土地的诉求结合在一起，在历史前进的大潮中奏出中国"三农"事业发展的强音。

　　凡是过往皆为序章，数风流人物还看今朝。愿一个个鲜活的关于守望的故事能汇聚成画面，生动展示出"川农大精神"的强大力量，以启发、温暖、激励、鼓舞今天更多的后继奋斗者。

目 录

第五部分　践行大食物观　川农畜牧在行动

第六部分　为健康保驾护航

第七部分　小康路上一个都不能少

第一部分

稻花香里说丰年

水稻，是我国当之无愧的主粮，据不完全统计，我国年均稻谷产量和消费量均占世界近三成，60%的人口以稻米为主食。水稻与国家粮食安全息息相关，与人民生活幸福一脉相连，端稳中国粮，首要就是让中国人的饭碗装满中国稻米。

在水稻的人工驯化史上，中国人展现了让人惊叹的智慧。我国是世界上水稻栽培历史最悠久的国家，浙江余姚河姆渡遗址发掘考证，早在六七千年以前，就已经有人类种植水稻。在河南安阳出土的"殷墟"甲骨文中，已经有了"稻"字，并且还有占卜稻谷生产丰歉的记录。

在源远流长、绵延更迭的中国历史进程中，水稻的人工驯化一直占据着重要的地位。巴蜀大地，作为长江上游地区水稻的重要供应地，作为天府之国的重要粮仓，水稻的培育推广更是具有重要的意义。

四川农业大学，作为立足四川、辐射西南、影响全国的一所农业高校，始终孜孜不倦地进行水稻研究，在新品种上屡屡推陈出新，推出更多优质可口的稻米品种。从满足更多人吃上白米饭，到为更多人提供更好吃更营养的大米，从杂交稻到重穗型杂交稻，四川农业大学在超级杂交稻的研究道路上不断跋涉前进，先后获得1项国家技术发明一等奖、3项国家科技进步二等奖，为川种川粮创品牌显特色奠定了坚实基础。四川农业大学在基础研究上也卓有建树，深度解析水稻高产、抗病背后的秘密，重磅成果让其水稻研究频频引发业内惊叹。川农水稻人通过不懈的努力和坚守，为打造更高水平天府粮仓提供了坚实的品种和技术支撑，为护卫国家粮食安全写下了灿烂的一笔。

第一章　东方魔稻"冈·D型杂交水稻"的传奇

作为稻作文明古国、稻种资源富国，新中国成立以来，一代代中国水稻科技工作者前赴后继，鼎立革新，共同推进水稻科技强国建设。这中间，不乏川农人躬耕田园的忙碌身影。他们用科技之光点燃希望，为把中国人的饭碗牢牢端在自己手中而奋斗。我们的故事将从有着"东方魔稻"之称的杂交水稻开始。

一束希望的光

人类对水稻的驯化栽培历史悠久，《史记·夏本纪》记载，大禹时期曾广泛种植水稻，大禹命令伯益给大家分发水稻种子，种在水田里。可以看出，当时已经有良种的选择。当然，那时只是非常简单的优中选优工作，选择一些穗子大、籽粒饱满的种子留存下一季播种。

近百年来，随着自然科学的不断发展，生物学、遗传学知识的不断丰富，鼓舞了人们使用技术手段选择、创制乃至设计良种的雄心。

杂交水稻，就是人类驯化水稻征程上的一段辉煌乐章。

杂交水稻指选用两个在遗传上有一定差异，同时它们的优良性状又能互补的水稻品种进行杂交，生产具有杂种优势的第一代杂交种。简单来说，就是不同水稻品种之间的交配，叫杂交。它们的后代具备双亲品种的优点。

但是杂交水稻面临一个坎，因为水稻是自花授粉的植物，采用人工去雄的方式无法大规模生产杂交种子，采用化学杀雄的方式很难获得高纯度的杂交种。

于是，大面积推广的杂交水稻只能利用水稻雄性不育系作为遗传工具。水稻雄性不育系是一类特殊的水稻，其自身花器中，雄性器官发育不完善，不能形成正常的花粉，虽然雌性器官发育正常，但是不能自身繁殖，需要借助外来水稻花粉才能结出种子。

1966年，袁隆平根据其育种实践，在《科学通报》上发表论文《水稻的雄性不孕性》，正式提出通过培育水稻"三系"（即雄性不育系、雄性不育保持系、雄性不育恢复系）的方法来利用水稻杂种优势的设想与思路，由此拉开中国杂交水稻研究的序幕。

而此刻，在西南，一粒希望的种子也在悄悄萌芽。

1967年夏天，四川农学院水稻研究室主任李实蒉教授做了一个决定，他安排周开达去湖南观摩杂交水稻研究，"听说湖南有个袁隆平在搞杂交水稻研究，你去学习一下，

回来好开展这方面工作，即使搞不成功，将来给学生讲课也会有第一手资料"。简单朴实的一句话，到今天来看却深深透露出其前瞻性和战略性。

这次观摩，周开达结合自己一直在做的水稻育种工作经验，认真研究杂交育种资料。他更加坚信水稻具有杂种优势，因为两个品种杂交的 F1 比其双亲具有明显优势。周开达从此坚定了把杂交水稻研究作为毕生事业的信心。

数代人的坚守与执着

川农大的水稻研究源远流长，从杨开渠先生一代起就一直在致力提高产量，让更多百姓能吃上饭。20 世纪 30 年代，从东京帝国大学留学归来的杨开渠先生立志强农救国，创办了稻作室，提出了再生稻理论，选育了十多个水稻良种。抗战时期四川粮食输出居全国各省之首，杨开渠教授主持的稻作室及杨允奎教授主持的四川农业改进所等农业科研机构对粮食增产功不可没，他们强有力地支持了四川抗战时期的粮草输出供应，对全国抗战胜利贡献巨大。

杨开渠教授做水稻研究

这份责任感深深影响着杨开渠先生的弟子们。

1962 年 2 月杨开渠教授病故，留下了很多事业、工作需要继承和发展。当时四川省委及学校党委明确指示，杨开渠教授的事业不能断，必须继承下去。学校最后决定，由杨开渠先生的学生、农学系遗传育种教研室主任李实蕡教授担起重任。李实蕡教授按照学校要求，组织傅淡如、孙晓辉教授一起精心地完成了杨开渠教授的《稻作论文集选》出版工作，其中包括《稻作栽培》《水稻一生》《双重稻，再生稻栽培》等论文，完成了杨开渠教授的未竟事业。

1964 年冬，李实蕡圆满结束非洲马里共和国的援外任务返校，他紧跟当时"绿色革命"的发展浪潮，以敏锐的眼光开始着手调整水稻研究方向。他改变了过去以引种栽培为主的研究方向，尝试部署杂交育种为主攻方向。他也是学校最早提出这一研究方向的人之一。他将常规的高秆品种变成矮秆高产品种，明确了通过杂交方法培育高产抗病抗倒的育种目标。同时借鉴在西非援外取得的成功经验，发展水稻宿根稻（类似于再生稻），选育培育再生稻（后来培育出具有再生力，有一定产量、品质优的蜀丰 1 号和蜀丰 2 号，在川西地区和省内部分地区推广）。1965 年春，他把在遗传育种教研组任教且有从事水稻研究愿望的周开达调到水稻研究室（即原稻作室）。

李实蕡把周开达调到水稻研究室，是希望能把自己从非洲带回的高秆晚籼良种"Gambiaka Kokum"，以及李厚实 1963 年从印度尼西亚带回的"Dissi D52/37"（此品种原产法属圭亚拉后引入非洲）及"Kading Theng"与我国南方早籼矮脚南特号杂交，期盼能育成适合在四川栽培的中稻或早稻。这也成为开启周开达成长发展的重要起点。

周开达能被李实蕡一眼挑中，是有原因的。据田彦华老师回忆，之所以选周开达，是因为周开达 1958 年下放农村劳动锻炼时和李实蕡同在一个农业合作社，1958 年锻炼结束返校后，李实蕡任他们班级主要负责人，周开达凭着他在下放期间的表现，以及读书期间成绩优良，又担任多年的班干部，各方面突出，赢得李实蕡的信任。

其实，是周开达对水稻研究的坚守和吃苦耐劳的精神打动了李实蕡。

周开达是重庆江津人，幼年经历战乱，农村贫穷，百姓吃不饱饭的忧虑深深地印在他心里。让百姓都能吃上白米饭，是周开达心中最朴实也最热切的期望。

在家乡江津的时候，他看到报上刊登的一个消息：湖南一位农业劳动模范栽种双季稻喜获丰收，亩产竟然超过 300 千克。从此他便对水稻育种产生了浓厚的兴趣。说干就干，次年春天，在没有钱、没有经验、没有资料的情况下，周开达完全靠自我琢磨开始试验。他舍得下笨功夫，一株株地为水稻去雄授粉，秋天的时候，居然真的收获到了一些谷穗长、结子多的稻子。这一小小的尝试让他看到了农业科技的力量。1956 年 9 月，周开达报考了四川农学院，成为川农独立建院后的首届学生。1959 年春，在劳动实习过程中，他和同学进行了水稻高产试验并取得一些成果。1960 年，周开达毕业后留校工作，虽然组织上没有安排他搞水稻研究，但他认准的事情从来没有退缩。他找来一些瓦罐水缸，用盆栽的方式自行研究。

进入水稻研究室，周开达如鱼得水，爆发出惊人的能量。

风头无两的冈·D 型杂交水稻

20 世纪六七十年代，杂交水稻研究方兴未艾。

袁隆平领衔全国杂交水稻协作组的研究开展得轰轰烈烈。1970 年和袁隆平同校的李必湖同志在海南岛崖县发现了花粉败育的野生稻（以下简称野败）。江西、湖南等省利用野败于 1972 年先后转育成了一批稳定的不育系和相应的保持系，1973 年实现了中国籼型水稻杂种的三系配套，并配制出一批杂交种（组合），历史就此翻开了新的篇章。

由于起步早、规划足、实力强，学校水稻研究室的工作在 1971 年被纳入袁隆平的杂交水稻协作研究中，赶上了这趟时代快车。

1972 年，在系、室负责人的安排下，周开达挑起大梁，担负重任，专门负责地理远距离籼型品种间杂交常规育种材料中筛选不育株系的研究工作。随着黎汉云、李仁端、孙晓辉等加入此项研究，研究力量越来越充实，为后面取得一个又一个的重大突破奠定了坚实基础。

1969 年，在将非洲晚籼良种"Gambiaka kokum"同我国早籼良种矮脚南特号进行杂交选育品种的工作中，一个颖花细长、花药瘦小畸形、育性不稳定的高不育株系 G11 出现在该组合 F4 中。当即用十多个品种与之测交，F1 没有出现保持不育的组合，但在 1972 年于 G11×69-641 F3 系统群中，出现了几个花药白色，不育度比 G11 显著提高的不育株系 G12。

1972 年起，周开达等选择高不育株系 G12 与成百个南方早籼品种杂交，其中，朝阳一号、二九矮七号、青小金早等几个品种的杂交后代中有败育更好的不育材料；再经多次回交，通过人工肉眼观察套袋自交结实情况和用显微镜花粉育性检查，结果不育性稳定，于 1975 年正式培育出冈型不育系朝阳一号 A（冈朝一号 A）、冈二九矮七号 A、冈青小金早 A 等。在选育不育系的同时又利用这些不育系与我国南方稻区大量籼稻栽培品种测交，筛选出冈朝 23（冈朝一号 A/古 223）、冈朝 24（冈朝一号 A/IR24）、冈矮一号（冈二九矮七号 A/泰引一号）等强优势组合，这些品种不仅对冈型不育系有良好的恢复力，杂种优势也很显著，可在生产上加以利用。到此，冈型杂交水稻不育系选育完成三系配套。

1975 年冬季，周开达带领团队在海南岛开始了冈型杂交水稻的制种，1976 年开始组织多点试验，其表现出良好的生产性能，一时之间，风头无两。1980 年，四川省内冈型杂交水稻的栽培面积达 200 万亩①，成为当时我国大面积生产应用的三个主要类型（野败型、冈型、BT 型）之一。

在选育冈型杂交水稻的同时，周开达等又同样利用原非洲籼稻栽培品种"Dissi D52/37"与我国早籼品种矮脚南特号杂交，选择高不育株系与众多早籼品种杂交，发现有珍汕 97 和 297 的后代，败育最好，经多次回交加代，不育性稳定，于 1980 年先后成功育成 D 汕 A 不育系和 D297A 不育系。利用这些不育系与各种熟期的籼稻品种测交，先后筛选出早熟组合 D 优 3 号、D 优 4 号，中早熟组合 D 优 64，中熟组合 D 优一号、D 优二号，中迟组合 D 优 63、D 优 10 号等。到此，冈·D 型杂交水稻完成熟期配套，能在生产上满足不同生态地区、不同海拔高度对杂交水稻的利用，实现了周开达让更多老百姓吃上白米饭的初心。

冈·D 型杂交水稻，创造性地利用籼亚种内品种间杂交培育雄性不育系，走出了一

① 1 亩＝0.0667 公顷。

条不同于野败型杂交水稻的道路，拓宽了杂交水稻育种新途径。同时，也让学校杂交水稻研究从最初的跟随转变为创新的引领。

一条没有成功先例的创新路

我国育种家多年的育种实践表明，雄性不育出现的概率以野生稻与栽培稻杂交为最大，其次是籼稻和粳稻杂交，最后是籼亚种内品种间杂交。

而周开达他们走的就是最难的籼亚种内品种间杂交之路。

那时，人们普遍认为，籼亚种内的核质差异较小，难以育成稳定的雄性不育系。早在 20 世纪 60 年代后期，国际水稻研究所聘请印度水稻育种学者专门从事该项研究，经过多年实践，仅育成农艺性状差、不能利用的高不育株系。研究陷入停滞，70 年代初，国际水稻研究所撤销了该课题组。国内对此研究方向也多持怀疑和否定的态度，一些专家指出，走籼亚种内品种间杂交的道路，只有失败的记录，没有成功的先例。

种种压力没有吓退周开达，他是个认准了一件事就绝不回头的人。他对同事们说："我们就是要把手中的东西搞清楚，即使十年都不出成果，也要把教训留给别人。"

正是这种破釜沉舟的精神支撑着周开达在"失败—试验—再失败—再试验"的路上一再坚持，咬定青山不放松。失败并不可怕，不断从失败中总结经验，才是更重要的。他们在发现矮脚南特号能保持冈型和 D 型不育材料的高度不育特性后，经过几个世代的回交，至 BC8 代仍未获得完全败育的水平。未见转机，也许有人会就此萌生退意，觉得浪费时间，但周开达他们却越挫越勇，大胆尝试，小心求证。他们利用已是 F8 的高不育株测得马来红不育保持力较好，但育性尚不够稳定，便继续用马来红连续回交二代，最终获得全不育株系，迎来胜利的曙光。

1976 年，周开达在全国杂交水稻第六次协作会议上宣读了冈型不育系和冈型杂交稻培育成功的论文，籼亚种内品种间杂交培育雄性不育系能成功，颠覆了不少人的认知，引起了大家的热议，当然也有不少的质疑。

中国科学院遗传与发育生物学研究所、福建农学院、广西农科院等单位非常感兴趣，纷纷向学校引进"Gambiaka kokum"亲本作验证。冈型不育系是籼亚种内品种间杂交育成的第一个雄性不育系，冈·D 型不育系及其杂交水稻的成功经验，开拓了水稻三系育种的一个新途径。在冈·D 型杂交水稻的育成及其利用推广的启示下，四川、湖南、湖北等省的一些水稻科研单位遵循此方法也先后育成二汕 A、八汕 A、优－A、II－32A 等多种籼型胞质不育系及其杂交水稻。籼亚种内品种间杂交培育雄性不育系的育种新途径自此得到普遍认可。

在冈·D 型杂交水稻投产之前，我国南方广大稻区的杂交水稻，只能运用单一的野败型细胞质。然而，生物单一的遗传方式容易带来巨大的隐患。1970 年美国在玉米种植上运用单一 T 型胞质，造成小斑病大流行，导致美国玉米大减产。科学家们对使用单一细胞质的潜在危险深感忧虑。冈·D 型系列不育系投产后，拓展了杂交籼稻不育细胞质源，基本缓解了运用单一细胞质的潜在风险，使杂交水稻能更健康地发展，实现了

从野败型到野败型、冈·D型等多类型多质源并行开发的局面，保证了杂交水稻的遗传多样性。

显著的科研创新能力和突出的科研成绩，也奠定了周开达"西南杂交稻之父"的美名，并成为国内水稻研究公认的四大家之一，他们分别是南黄（广东黄耀翔）、北杨（辽宁杨守仁）、中袁（湖南袁隆平）、西周（四川周开达）。

冲刺大奖答辩的小插曲

冈·D型杂交水稻在协作组的努力下种植面积迅速扩大，至1988年省内外已累计推广3000余万亩。因此，这一年在各级领导支持下，申报了"籼亚种内品种间杂交培育雄性不育系及冈·D型杂交稻"的发明奖。同年10月，周开达先去农业部预答辩，由于准备仓促，缺乏经验，结果初排在二等奖。随后农业部和四川省科委向当时的国家科委推荐，申报国家技术发明奖。周开达从北京回来后说，一定要重视答辩，好好准备。所里安排李仁端同周开达一道去，多一个人好商量研究。12月初，他们一起到北京西山准备答辩。

当时，答辩报告时间限制为11分钟。按原先准备好的材料，周开达讲，李仁端听，第一次足足讲了17分钟，严重超时。于是，两人精简、压缩，第二次讲了13分钟。再精简、压缩、突出重点，第三次讲完，恰好用了11分钟。

考虑到很多人对袁隆平研究的杂交水稻更熟悉，可能不清楚他们的技术和品种有什么特点，所以将陈述重点放在创新点和优势展示上。陈述内容主要如下：相对于野败型不育系，冈·D型不育系在不育性形成、花粉败育类型、不育系恢保关系和可恢性、不育系异交习性、育性遗传和杂种优势表现等方面具有的明显优势；冈·D型杂交稻培育雄性不育系，以及冈·D型杂交稻的发明点在于不同于野败型胞质不育系，消除了单一野败胞质大面积使用潜存的危险性；冈·D型不育系柱头外露率高，异交习性好，不育系繁殖和杂交制种产量更高，恢复谱更广，易于组配出强优势组合，同核异质杂种优势更明显；控制胞质不育的基因数有差异；花粉败育类型也不同等。

在答辩过程中，有答辩委员问道：冈·D型杂交水稻与袁隆平的杂交水稻有什么不同？这个问题，周开达他们在准备的时候，已经考虑到。答辩委员会的人涉及医学、工学等多个领域的专家，不一定都是学农的，他们就考虑用专家一听就清楚明白的内容来表述。所以，回答这个问题时，周开达就用事先准备好的生动、形象的比喻进行说明：同样是飞机，有螺旋桨的安二型，也有三叉戟，还有喷气式飞机。大家一听就懂了。

由于答辩前准备较充分，讲明了发明点，项目科学性强、应用范围广、经济价值大，被国家技术发明奖评选委员会评为国家技术发明一等奖。当年，全国仅有4个项目获得国家技术发明一等奖，这是唯一一个农业方面的项目。

获奖消息传来，群情激动，也受到新闻媒体的强烈关注。1988年12月9日，《人民日报》报道："冈·D型杂交水稻的育成是继袁隆平之后，杂交水稻的又一重大发展，已被引入菲律宾国际水稻所及美国、印度、巴西等国。"中国国际广播电台也对此做了详细的报道。获奖的消息登上了《四川日报》的头版头条，并配上短评《向科学技术要粮食》。

1988年12月9日，在国家技术发明奖颁奖仪式上，国家技术发明奖评选委员会主任委员、国家科委副主任郭学武同志在讲话中再次肯定了"籼亚种内品种间杂交培育雄性不育系及冈·D型杂交稻"项目突出的新颖性和实用性。

这一重磅成果为周开达成为继袁隆平后第二个当选杂交水稻研究方面的院士奠定了基础。这也是学校首个国家技术发明一等奖。

周开达（中）领回国家技术发明一等奖证书

协作组模式的鼎力创新

培育新的水稻种子不是自我陶醉，不是为了获奖，不是为了名誉，而是为了造福更多的人民群众。秉承这样的理念，周开达等在冈·D型杂交水稻的推广上大胆尝试了一种新模式——成立四川冈·D型杂交水稻协作组。

1976年12月，在海南岛南繁基地，周开达等同志与四川省农业厅种子站站长（兼经理）关长春同志商量，成立四川省冈型杂交水稻协作组来搞杂交水稻的试验、示范和推广工作。周开达提出参加协作自愿、承担任务自由、经费自理的"三自"原则，科研、教学、生产"三结合"，以及科研成果的试验、示范、推广"三结合"的方针，对促进科研成果的转化起着积极的作用。随着科研成果不断创新，1979年育成基本稳定的D汕不育系，并组配出早稻D优3号、D优5后，协作组更名为"四川冈·D型杂交水稻协作组"。协作组的主持人是周开达、孙晓辉、黎汉云等与省种子管理站、省内部分县级种子公司人员共同参与。作为民间协作组织，完全不花国家一分钱，快速推动科研成果转化为生产力，成为早期"产、学、研"融合的一个典范。

对协作单位的种子生产、种子调剂、试验示范推广等很多具体工作是黎汉云在操

办。1984年，当时的当家组合汕优2号发生大面积稻瘟病，第二年必然面临组合更换的问题，黎汉云敏锐地发现了协作单位的困惑，撰写了论文《汕优63、D优63制种与汕优2号的区别》，不仅对协作单位的种子生产起着重要的作用，同时也对全省种子生产产生巨大影响，为新品种推广铺平道路。通过实践总结，黎汉云提出在原"三自"原则基础上，增添"成果共享"原则，以此进一步激发协作单位的积极性。1985年，申报D优一号省级科技进步二等奖时，协作组把什邡等三个县级种子公司在推广该成果做出较大贡献的同志列入主研人员，此举让协作单位的干劲儿更大了。1985年育成的D优63，在1988年不完全统计时，全国累计推广就达到1750.7万亩，占全部冈·D型组合面积的52.98%，为申报国家技术发明一等奖创造了条件。申报D优63省级科技进步特等奖时，协作单位的4位同志被列入主研人员。在"成果共享"原则的指引下，更加激励协作单位从事试验、示范、推广的积极性，为以后冈·D型杂交水稻的发展做出了更大贡献。

1987年，协作组成立10周年，新华社记者特意对10周年纪念大会进行了专题报道。据当时统计数据，10年来，协作组培育出了13个冈·D型杂交水稻良种，已在全国12个省（区、市）的2300多万亩稻田里得到推广，增收稻谷17.5亿千克，为社会创造直接经济效益3亿多元，为充实老百姓的饭碗，让更多百姓吃饱饭做出了卓越贡献。

在协作组的共同努力下，冈·D型杂交水稻的推广速度呈现爆发式增长，从1986年40多万亩到1987年400万亩，再到1988年翻了四番，达到惊人的1600万亩，此后两三年达到了3000多万亩，占南方13省（区、市）水稻种植面积的十分之一。截至2010年统计数据，累计推广面积4亿亩，按每亩比常规稻增产75千克计（经大面积多点平均值），增产稻谷300多亿千克，按每千克稻谷2.7元计算，总增产价值达810亿元。2010年以后，冈·D型杂交水稻继续在生产中发挥作用。

2002年，协作组成立25年，成员单位遍布南方诸省（区、市）100多个种子公司和育种机构，规模庞大，全国少有，在冈·D型杂交水稻科研协作、示范推广中发挥的作用，是无法估量的，对学校水稻研究所成长壮大的贡献也十分突出，这一成就必将载入史册。这也是周开达等老一辈的创新探索之举，折射出一个非常深刻的道理：搞科研绝不是闭门造车，善于协作共赢，致力产、学、研融合，才能让更多农业科技成果更快更好达到惠民效果。

南繁的追光之旅

在冈·D型杂交水稻选育过程中，有一个词具有特别的意义，那就是南繁。

南繁，是一条加快育种进程的追光路。

春种秋收，一年一季，这是四川千百年来水稻种植维持的不变节奏。冬季阴冷，水稻无法生长，客观的自然条件限制了水稻育种研究者开展研究。

向阳而生，逐光而动。从20世纪70年代开始，周开达和黎汉云等老一辈就开始了追光之旅。他们尝试一年种三季水稻，夏天在雅安，秋、冬季分别在温暖的南宁和海南岛各种一季，这被称为南繁。

这注定是一场时间争夺战，南繁大大加快了育种进程，比如，原来10年只有十季，通过南繁，可以达到5年十季，压缩一半以上的时间。而一个农业科学家又能有几个黄金10年？这也注定是一场再艰苦再艰难也要咬牙走下去的追光路。

周开达院士在海南参加南繁

用扁担挑着两个大箱子，一头放着育种的材料和种子，一头放着简单的衣物和干粮，周开达如《西游记》里沙僧一般的形象让许多人记忆犹新。由于经常要参加南繁，他与家人聚少离多，20多年没有在家过春节，甚至被年幼的儿子叫过"叔叔"。到海南路途遥远，赶火车，坐轮渡，一路跋涉，为赶时间，有时连泡种都是在火车上进行。一到目的地，就马不停蹄开始播种，只为跟时间赛跑，让育种进程能压缩再压缩，能对比更多的材料，尝试更多的实验。

绿皮火车人挤人，没有经历过的人，很难想象其中滋味。车到站，车门都打不开，人就从窗口涌入，过道上满满当当，厕所里挤七八个人，座位下、行李架上都躺着人，可谓见缝插针。有一年，黎汉云他们三个在成都上车，到了简阳，车上过道已挤得不可开交，当火车到达贵阳，需转车去湛江时，才发现三人已全部走散，只能各自乘车，直到到达海南基地才会合。

起初在海南，条件异常艰苦，周开达他们没有住的地方，只能住在当地农民家中，几个人挤在一间房里垫草打地铺，晚上蚊虫又特别多。他们甚至在猪圈旁搭过床铺，床板下面长出的霉菌足有30多厘米长。天刚破晓他们就踩着露水下田，中午顶着烈日在田间作业。即使顶着近40℃的高温，抵御肆虐的台风，不时驱赶田里大得令人咂舌的

蚂蟥和时而出现的蛇虫，也依然斗志昂扬。为解决海南旱季吃蔬菜困难的问题，他们甚至把沉重的石磨和黄豆从雅安背去，自己做豆浆。在基地，还要自己劈柴、煮饭、种菜。基地种植条件差，灌溉水供应不足，为了秧苗能茁壮成长，抽水、担水成了家常便饭，这就是他们的真实状态。

高克铭可谓南繁的资深人士了，自 1976 年到现在（2010 年退休又返聘），整整 47 年，从未缺席。他的经历也非常传奇与励志。1976 年，随着学校冈·D 型杂交水稻研究的发展，需要聘请熟悉田间工作的工人。于是这一年的春天，还是年轻小伙子的高克铭从雅安姚桥公社金鸡关大队到了学校水稻研究室沙湾试验农场，开始了他连续四十多年的水稻育种生涯。

高克铭原是生产队里负责搞科学实验的组长，对几种重要粮食作物小麦、玉米、水稻的种植都很感兴趣，而且具备丰富的实践经验。因为想提高生产队的粮食产量，学校和雅安市农科所是他经常光顾的地方；为了要产量高的种子，学习怎么种植，研究三大作物的老师都是高克铭经常请教的对象。

到了水稻研究室后，他便把主要精力放在了种植水稻上。什么和什么杂交这一类方向性问题，由课题组的老师们进行决策，他负责杂交水稻的田间选育，带老师们去看不同材料田间性状表现，将观测到的植株性状优点、缺点一一汇报给他们。有时候，还会和老师们一同商量把工作重点放在什么地方。不同于一般工人的是，高克铭平时很爱听老师们讲专业知识，也很爱翻看有关研究专著和学术期刊，不仅向实践学习，也在理论上不断积累，提高自己。在安排工作时，老师们常常只需将工作重点跟他简单交代即可，根本不必长篇大论地叮嘱、提醒具体的注意事项。他爱动脑筋，什么是好的不育系、好的恢复系，好在哪里，课题老师点拨一下他就能理解。"清理种子、装袋、写牌子，什么时候下种，什么时候该搞什么工作，做杂交……不用说，他自己就晓得。把任务交给他来做，很放心。"他跟随了多年的黎汉云研究员曾经如是评价。

在雅安姚桥的农村，高克铭家有房有地，吃饭不是问题，挣钱也不是难事。他却把所有的精力投入育种事业，"他不是为了找碗饭吃才来水稻所里工作的，他是怀着要研究点东西出来的心态到我们这里工作的。"黎汉云说。他的实干精神和工作成绩获得了大家的肯定。作为一名技术工人，他肯干肯学，在"南繁北育"历练中不断成长，从一位农民成长为具有丰富育种经验和技能的专门人才，在国内杂交水稻育种界远近闻名。1995 年，徐世群副省长到所里考察，当问到所里有什么困难需要省上解决时，水稻所所长周开达只提了一个要求，请省上特批解决高克铭的户口"农转非"，缔造了一段"伯乐爱才"佳话。

一代人有一代人的长征

靠着艰苦奋斗，周开达等老一辈蹚出了一条属于水稻人的前行之路，播种着汗水，却收获着幸福，看着一代代育种材料培育出来，变成农民手中沉甸甸的稻谷，最后装满中国人的饭碗，驱散笼罩了中国人多年的饥饿阴霾，心中的自豪感油然而起。

对于周开达他们来说，伴随着新中国的成立而成长，他们身上有着浓烈的为民情怀。他们投入农业科研是为新中国建设做贡献，是为解决中国人几千年来饿肚子的问题做探索。

——所以，他们舍得吃苦。试验田一切田间工作，除了犁田、耙田外，水稻生产从施肥、插秧到病虫害防治、田间管理、收获，科研人员全程参与，既当农民又当科研工作者，再琐碎的事都要一一经手。做水稻杂交实验，要求必须在早晨6点到8点间到田里完成剪颖去雄、套袋的工作，而这时恰是露水最多的时候。为了尽量不让衣服被浸湿，他们就用塑料薄膜把身体包裹起来，闷热可想而知。可他们到了田里却永远是高兴的，拿着作标记和测量的竹竿，"就像冲锋陷阵的战士拿起了冲锋枪"。

——所以，他们无私奉献。在得到"国家技术发明一等奖"后，1988年四川省科委给了课题组20万元作为奖励，周开达把全部奖金都用来修建学校水稻所的办公楼。20万元在当时可以说是一笔巨资，而"国家技术发明一等奖"的总奖金是2万元。

——所以，他们始终保持严谨。这一点，跟着黎汉云和周开达在水稻所工作几十年的高克铭深有体会。有一年，高克铭像往常一样将收好的材料交给黎汉云。在对材料一一查看时黎汉云发现，其中一份种子收得嫩了，成熟度不够理想，于是他立即要求必须找到对应单株重新收取。"要求特别严格，所有的数据都要求精准。"高克铭带着自豪地说，"只要是水稻所推出去的稻种，在省区试中的表现和在试验条件下的表现差别不会多大。没有黎老师和周老师的严格要求，这是不可能的。"

——所以，他们绝不停步。周开达在三系杂交水稻研究方面取得优异的成绩后，依然勇于开拓，大胆创新，勇攀科学高峰，在水稻无融合生殖、多倍体育种、两系杂交稻、重穗型水稻方面拓展研究，提出"亚种间重穗型杂交稻超高产育种思路"及"重穗稀植栽培技术"，为后继者指明道路。黎汉云首创聚合杂交与早代配合力测定相结合、人工制保选育大穗型高配合力不育系的育种新方法，率先育成了大穗型高配合力不育系冈46A，获2000年国家科技进步二等奖。这一品种的选育不仅为杂交水稻育种提供了一份优良的大穗高配合力保持系资源，为西部地区杂交水稻组合的更新换代奠定了坚实的基础，更为人工创造不育系开拓了新思路、新方法，丰富和发展了水稻科学研究。

他们面临的科研环境是现在所无法想象的。1966年，在水稻研究室主任李实蕡教授主持下，周开达和黎汉云共同开展水稻常规育种工作，三人共同收获F1代，将其晒干后，放进锡铁皮桶内，小心运到农学楼的水稻研究室储存。黎汉云从武汉大学生物系水生生物专业高材生成为雅安"山旮旯"的四川农学院农场人，半路出家的他从不自怨自艾，而是踏实做好手边工作，既当技术员又当工人，背粪下田、撒粪、扶田埂、勾田角之类的农活都干。在这样困难的情况下，他和李实蕡、周开达一起完成了冈·D型杂交水稻开创性工作。

"人活着就是要为人民和国家做出贡献"是周开达院士的座右铭，也是每一个致力冈·D型杂交水稻研究的科研人的行动宣言。

第二章 缔造新高峰：重穗型 杂交水稻的开拓创新

从穗数型杂交水稻到重穗型杂交水稻，是突破杂交水稻产量瓶颈的探索，这是时代给予的厚望，也是一次适应区域地理环境的主动求变升级。

一路走来，水稻所先后获得了3个国家科技进步二等奖，也让黎汉云、李仕贵先后获评四川省科技杰出贡献奖。师生们前赴后继，谱写出一曲壮丽的丰收曲。

在超高产领域的大胆探索

20世纪80年代末期至90年代初，随着汕优63、D优63、冈优22等强优势组合的大面积推广应用，我国杂交水稻的产量提高到了一个较高的水平，但是进一步提高产量却遭遇了瓶颈。

当时育成了许多新的组合，但是十多年来产量上一直没有显著突破汕优63的水平。甚至出现过这样一种尴尬的情况：在区试田块中，田间表现最好的反而是对照品种。

如何取得新的突破？杂交水稻专家感到无比的焦虑，纷纷探索高产育种之道。此外，随着国人温饱的基本解决，对优质水稻的追求也成为不可逆转的趋势。20世纪90年代初，高产、优质、多抗成为当时水稻科技攻关的重点课题。

为了育成比汕优63增产10%以上的组合，实现超高产育种的目标，周开达带领团队进行了艰苦的探索和反复实践，并确认一个重要认知：亚种间重穗型组合选育是实现超高产育种、突破汕优63产量水平的重要途径。

周开达根据自己的育种实践并结合四川杂交水稻的生产实际，极具创新性地率先提出了亚种间重穗型超高产育种思路。一般来说，水稻产量取决于有效穗数、每穗着粒数、结实粒数和千粒重四个主要方面，每穗实粒数与千粒重之乘积为每穗粒重，所以水稻产量构成因素可以简化为每亩有效穗数与每穗粒重之乘积。

周开达对重穗型水稻的特点和指标提出了富有前瞻性的见解：现有品种组合中，多穗型品种穗小，单穗粒重都在2克上下，属轻穗型。大穗型品种单穗粒重在4克以上；而一些超大穗品种，单穗粒重可达到5克以上，属于重穗型。按此设定，1万株，10万穗，能达到500千克产量。

重穗型思路可以解决多个实际问题。首先是省工省种。当时随着改革开放的深入，农民南下打工成为潮流，农村缺乏劳动力的情形初有萌芽。如果是重穗型水稻，可以在适当稀植的情况下获得高产，从每亩种 1.7 万~1.8 万株，可以减少到 1 万株左右，工作量只有一半，有效减少对劳动力的需求，缓解劳动力不足的问题。其次，省药。西南地区湿度大，极易产生病虫害，稀植刚好可以让空气流通，病虫害大幅减轻，从而可以减少一半以上农药，更加绿色环保。

周开达的重穗型理论萌发于 1995 年左右，1997 年正式发表论文，进行了系统化的阐述，在业内引起极大的关注。他并不止于理论，在生产实践中也开始摸索。先锋组合"Ⅱ优 6078"在亩植 1 万株的情况下（当时的杂交水稻亩植 1.8 万株），很容易地获得 600 千克以上的产量（比对照增产 10%~20%），并在重庆永川实现验收产量达到了每亩 900 千克以上的高产，受到农民的极大欢迎。

重穗型杂交水稻是株型改良与杂种优势相结合的典范，也是西南稻区"寡日、高湿、小温差"生态环境的高产广适类型。袁隆平高度重视周开达的重穗型杂交水稻研究，多次亲临现场考察，并多次在大会上对周开达的工作给予了充分肯定。1998 年袁隆平提出的"超级杂交水稻育种计划"列入总理基金项目，率先邀请周开达加盟。袁老后来在为周开达的纪念画册作序时写道：他（周开达）提出的亚种间重穗型理论，是杂交水稻超高产育种领域中很值得探索的一条新途径，而且已在实践中取得较大的进展。

多年来，水稻所沿着重穗型杂交水稻育种思路前进，先后育成了蜀恢 162 和蜀恢 527 等重穗型杂交水稻恢复系，组配出Ⅱ优 162、冈优 527 和 D 优 527 等著名品种在内的系列重穗型超级杂交水稻品种，为西南地区水稻高产稳产、节本增效做出了突出贡献。

一代代人不断的努力，把杂交水稻的研究一步步推向深入。

大穗型高配合力水稻优良不育系冈 46A 的投石问路

2000 年获得国家科技进步二等奖的"大穗型高配合力水稻优良不育系冈 46A 的选育与应用推广"成果，由黎汉云领衔。这虽然还不是重穗型杂交水稻，却也是一次对适应四川区域特点品种的有益探索，也是重穗型杂交水稻的前期探路。

20 世纪 70 年代后期，在生产中应用的不育系都是由长江流域的中穗或小穗早籼品种转育而成的。水稻所针对四川稻区的生态特点，产生把选育大穗高配合力早籼不育系，组配出大穗强优势组合为主要育种目标的想法。

一般来说，长江中下游地区的杂交水稻品种并不适合长江上游地区，因为四川寡照潮湿，云雾多，温差小，对水稻的品种、株型要求不一样。水稻所逐步意识到创造适应中稻育种所需要的大穗型高配合力不育系，对进一步提高杂交水稻产量具有重要意义。

经过十多年的努力，水稻所成功选育出大穗型高配合力水稻优良不育系冈 46A。通过选择可恢性好、配合力强的优良不育系珍汕 97 的保持系，和根系发达、株叶型好、穗大，具有地方良种马尾粘血缘的中间材料雅矮早为骨干亲本，与开花习性好、制繁产量高的二九矮和 V41 组成复合杂交亲本。这就相当于把不同生态类型亲本的优良基因聚合于一体，有意识地设计水稻的理想株型。同时，创造性地使用了早代配合力测定的

技术路线，有利于淘汰配合力较低的早代不育株系和相应的保持系，集中力量在高配合力后代内继续自交和选择回交，可以更节约时间和精力。

大穗型高配合力水稻优良不育系冈46A不仅因率先提出人工培育大穗型高配合力的不育系组配大穗型组合的学术思想而熠熠生辉，更在生产应用上显示出强劲的势头。1992年到2000年，全国累计推广冈46A系列杂交水稻1.74亿亩，增收节支94.43亿元。

突出的社会经济效益也让这项成果顺利获得了国家科技进步二等奖。

黎汉云教授在田间查看水稻长势

高配合力优良杂交水稻恢复系蜀恢162的另辟蹊径

2004年，由汪旭东领衔的"高配合力优良杂交水稻恢复系蜀恢162选育与应用"成果获得国家科技进步二等奖。

培育高产、稳产的杂交水稻，恢复系是一个重要的方面。如果说不育系冈46A是侧重母本的改良，恢复系蜀恢162则侧重父本的改良。为杂交水稻选出优秀的"父亲"，对提高杂交水稻的产量、米质、抗性及适应性起着重要的作用。虽然不是重穗型杂交水稻的既定研究路线，却也是为提高杂交水稻产量而进行的另一种生物杂交技术路线的有益探索，显示出"多条腿"走路的特征。

课题组采取常规育种技术与生物技术相结合，株型育种与杂种优势相结合的技术路线，引进国外优良稻种资源，创建了"复合杂交＋花药培养"相结合的育种新方法，利用韩国稻密阳46作母本，（707×明恢63）F8中间材料作父本，杂交F1经花药培养，通过测交，注重选择根系不早衰、秆硬抗倒等，最终成功育成具有韩国稻密阳46和非洲稻等血缘的优良恢复系蜀恢162。

蜀恢162的特点是一系多用，能组配出多个不同熟期的组合，恢复力强，恢复谱较广，抗稻瘟病能力强，配合力好，组配的Ⅱ优162、D优162等杂交水稻增产幅度大、品质优、抗稻瘟病，实现了优质、高产、抗病的结合，D 优 162 于 1996 年、2002 年通过四川省和陕西省审定。Ⅱ优 162 于 1997 年、1999 年、2001 年分别通过四川省、浙江省、湖北省审定，2000 年还通过国家审定，1999 年被四川省农业厅评为一级杂交水稻优质米。Ⅱ优 162 被列为科技部和四川省科技厅重中之重推广品种，被农业部和四川省农业厅推荐为四川省杂交水稻主推品种。到 2001 年由蜀恢 162 作亲本配组的Ⅱ优 162、D 优 162 等杂交水稻已累计推广 3000 多万亩，新增产值 13.5 亿元。

也许这些数字非常抽象，但是其中的创新性和巨大的经济效益却是实实在在的。

蜀恢 162 是国家"九五"规划农业科技攻关唯一获后期补助的恢复系。用生物技术育种快速选育恢复系，在当时非常具有创新意义，而且由蜀恢 162 作亲本配组的Ⅱ优 162 等杂交水稻高产、稳产、抗病，成都平原达到亩产 650 千克，比一般品种高 100 千克，在云南丽江金沙江河谷甚至达到亩产 1100 千克，表现异常突出。

"九五"攻关，国家推进生物技术和育种相结合来选育品种。以前也有生物技术育种攻关，但多是由生物技术专家领衔，后来则由育种专家领衔攻关。周开达承担了生物技术育种的领衔攻关任务，有效组织起全国育种的研究资源力量。"从南到北，从广东农科院院士，到中国水稻所，到江西、湖北、黑龙江佳木斯、吉林农科院，都组织人员来参与。"吴先军回忆，汇聚众人力量，最终获得了成功。

汪旭东教授（右）与周开达院士在田间做实验

重穗型杂交水稻绘就的新蓝图

沿着周开达院士提出的重穗型杂交水稻道路继续前进，李仕贵在分子遗传育种时代创造了新的辉煌。他主持的"骨干亲本蜀恢 527 及重穗型杂交水稻的选育与应用研究"成果获得 2009 年国家科技进步二等奖。

传统水稻育种主要靠经验和易观察测定的外观性状进行选择，育种周期长、效率低，随着现代遗传学与分子生物学理论和技术的不断突破，为育种开辟了新的途径，历史的接力棒交到了李仕贵一代人手中。

李仕贵教授在田间工作

20世纪90年代，周开达敏锐地注意到传统育种必须要与分子生物学接轨，所以，大胆派出博士生到中国科学院学习。学校选送李平到中国科学院进行联合培养，踏出了试水第一步。紧随其后，1995年，李仕贵开始攻读作物遗传育种专业水稻分子生物学及其在育种中的应用研究方向博士，由周开达院士和中国科学院遗传与发育生物学研究所朱立煌研究员共同指导，如果说在水稻所李仕贵是接受了很多育种实际的训练，拥有了令人羡慕的田间试验基础，那么在中国科学院则更多地打开了他研究的深度，分子生物育种在当时方兴未艾，他站在这波浪潮之端，领略到了别样的风景。

在中国科学院遗传与发育生物学研究所学习和做试验的日子给李仕贵留下了美好的回忆，看资料、做实验、写论文，常常是凌晨一点才睡觉。如此地投入，李仕贵并不觉得很累："一则这是自己的爱好，二则那里有着分子遗传学方面的前沿知识、有最先进的实验条件，感觉自己应该好好利用。"正是在那里写出来的《水稻几个重要性状的遗传分析和分子标记定位》学位论文，获得了2000年全国百篇优秀博士论文，这也是学校首篇百优论文。

李仕贵很形象地将杂交水稻比喻成"混血儿"："我们的工作就是将水稻亲本中的优良基因选择出来，组合成高产、优质的水稻品种。"以往的研究方法是直接将两个水稻亲本进行配种，而李仕贵则创新采用基因定位的方法，先选择基因，然后据此选出亲本进行配种。

"我们要做的就是把基础研究和应用研究结合起来，在长江中上游形成自己的特色。因此利用分子生物学技术对重穗型杂交水稻进行改良提升、协同创新是重点。"李仕贵对自己的研究方向很明确。"抗逆、品质、安全"是李仕贵率领团队近年来科研攻关的关键词，他和团队一直都在为提高水稻的产量、品质不断努力。

通过十多年的努力，李仕贵率领团队首次发现并定位了多个具有重要利用价值的新基因，克隆了抗稻瘟病基因 pi-d（t）2，建立了高效分子育种新体系，针对西南稻区

"阴雨多、日照少、温差小"的生态条件，育成了高配合力、优质、抗病的突破性恢复系蜀恢 527，组配出经国家或省级审定的三系和两系杂交水稻组合 38 个，实现了优质、高产、抗病三者统一，是我国组配出超级杂交水稻最多的恢复系。

针对蜀恢 527 抗倒性不足、难以适应机械作业的难题，李仕贵从玉米轮回育种成功经验中受到启发，建立了分子轮回育种方法，育成了新一代重穗抗倒型优质抗病恢复系蜀恢 498 和不育系川农 1A 等，组配出多个新一代重穗抗倒型杂交水稻组合。其中，F 优 498 被列为全国主导品种，Ⅱ优 498、川农优 498 被列为四川省主导品种。F 优 498 被农业农村部认定为超级稻，并遴选为长江上游国家区试对照品种，目前正大面积推广应用，取得巨大的社会经济效益。这些水稻品种已经在全国十几个省（区、市）和东南亚地区推广 2.1 亿亩，新增产值 133 亿元，出口创汇 976 万美元，新增稻谷 87 亿千克，够 6000 万人吃一年。

育种人能有几个十年？

在梳理成绩的时候，往往令人感慨万千，水稻所一路走来取得的每一个成绩都不是一年两年能快速做出来的，都是以十年为起步的付出，而一个育种人的黄金岁月能有几个十年？

这是一代代水稻人不辞辛苦南繁，追太阳抢时间缩周期的原因，也镌刻下一代代川农人勇敢接过前辈接力棒，瞄准目标不放松的坚守和毅力。

李仕贵博士毕业的时候，有单位向他伸来橄榄枝，被他婉拒了。是老师们的坚守感染了他："一个新的水稻品种从研发到推广，往往需要十年，人生能有几个十年？老师们的研究已经奠定了扎实的基础，我有责任将他们的科学研究薪火相传下去！"

1983 年，李仕贵从阆中来到雅安，进入作物遗传育种专业学习，1990 年获得硕士学位后留校。"我们这一辈来自农村，对农村有一种天然的依恋。作为一个育种科研工作者，希望能为农民群众真正把好水稻优良品种这道关，能够让自己的科研真正造福农民。中国人的饭碗要端在自己手里。"这就是他研究的初心。兴趣是最好的老师，对李仕贵也不例外。他不止一次地流露出对育种工作的热爱之情。

李仕贵一直很感念自己很幸运，在学校碰到了那么多好老师。"周开达院士在育种理念方面给予我很深影响。由于我硕士期间是搞小麦研究的，黎汉云研究员甚至手把手教我具体的水稻育种知识，传授如何进行田间育种，怎样进行品种设计。林文君教授、任正隆教授传授了系统的遗传学知识和国外先进知识理念，也给予我很大帮助。"这份知遇之恩，让他投之以桃李，报之以琼浆，不为利益所动，不为个人得失计较，坚持把先生们的科学研究接力做下去，并用新的基因技术赋予研究新的生机与活力。

"基因的重新排列组合既有规律性又有随机性。"正是这样的"规律性"，让他积累多年的遗传、土壤、气候、分子生物学、基因等方面的知识找到了用武之地。而"随机性"又让他在日常的工作中收获到意外的惊喜。"育种材料年年不同，因此培育出来的水稻品种也年年不同，这让育种工作不会像工厂流水线一样乏而无味。"他说，"育种就

是一个淘沙金的过程。我们根据常识选定了淘金地点，然后就靠运气了，而正是这样的运气，带给了我无穷无尽的奇妙乐趣。"

三分之二看不见的工作

实验室选育品种成功往往才走了三分之一的路程，剩下还有种子生产、技术推广三分之二的路要走。有人甚至说，好成果是推广出来的，一个品种到底好不好，还要看它在各地的实际表现到底怎样，经得起实践的检验，才是成功的品种。

而这，既需要技术，更需要时间。

重穗型杂交水稻不仅是品种的改变，也是栽培技术的变革。稀植，要减少一半的栽种量，更需要专家的示范。因为农户已经习惯密植，看到田间稀稀拉拉的秧苗，会非常怀疑："到底行不行？"这个时候，就需要专家上阵，用示范田的实实在在的产量，告诉所有人：行！一定行！

为此，课题组在各地建立了示范推广基地，每年召开大规模的技术示范会和总结表彰会。永川、泸州是主要的试验示范地，宜宾、泸州、南充等地都留下了他们的足迹。

搞栽培，示范点要有专家长期驻点指导，马均就是其中的长期驻点专家，往往在乡上的招待所一住就是几周，与农民打成一片，示范在前，做给农民看，带领农民干。

参与现场推广会的人就更多了，一般放在水稻成熟季节来举行。在炎炎烈日的8月，水稻所虽然有辆丰田面包车，但车上没有空调，热得冒烟，跑土路，人在车上是灰尘满面，汗流浃背。到达目的地，大家第一件事是换衣服、洗脸，他们笑称自己像叫花子一样。永川离雅安远，天不亮就出发，路况也不好，有些老师吃了饭坐车，会晕车呕吐，只能从早上一直饿到晚上才吃饭。

给基层农技人员或者老乡们做技术培训，水稻所的老师们也很快总结出一套方法：说话要接地气，不要太文绉绉，最好学会当地的语言、土话，会显得亲切易懂。于是，一群博士教授开始学着大着嗓门吼，扯起嗓子开玩笑。"做讲座的时候，一两个小时，他们比学生听课还要认真，鸦雀无声。"回忆起当年的现场推广大会，大家都印象深刻，用"盛况"来形容毫不为过。当时优良品种少，一个新品种出来往往会受到广泛关注，农技站、种子经销商都会来实地看看新品种的田间表现，听听新技术的要点。有一次在长江中下游地区开示范推广会，当地会场有限，一个会场容纳500多人，现场会开了3天，来了1500多人。参会人员在大食堂吃饭，人山人海。"如果在一个地方搞现场推广会，只来了200人，都算失败的。"

品种育、繁、推实现了有效对接，这里不得不提到水稻所原所长李平。他做了一项非常具有争议性，也极富有前瞻性的工作——抓知识产权保护。简单地说，就是种子公司用这个品种要交钱。此举让李仕贵团队的三系研究组成为所里最富裕的课题组。

而在此前，黎汉云还曾因为科研经费不足悄悄找当时是副所长的李平"化缘"："我们有两个恢复系527、537，给一个你。"当时李平做两系杂交水稻选育和推广，项目多，1997年国家有300万元支持，省上还配套300万元。"我支持课题组科研经费，不带任何条件，你们有这么多成果，肯定会有好的收益。"李平对黎汉云说。

2000 年，李平主持工作时，调整成果转化办法，让研究人员的育种积极性得到明显提高。一个小细节能说明这种热诚：1999 年所里在海南岛基地投入 30 个床位，当时预计 10 年以内基地都住不满。到了 2001 年，基地的高低床上下铺，全部住满。这种全体上下对育种投入的热情，也一度让水稻所从 2000 年到 2010 年于品种选育和推广上在全国水稻领域拥有绝对的优势。

新世纪的巨大挫折

2000 年 6 月 9 日，周开达赴北京参加院士大会，在作报告时突发脑出血晕倒在讲台上，后确诊为"脑干出血"，昏迷不醒直到 2013 年与世长辞。

噩耗传来，举世皆惊，这对于水稻所来说，更是巨大的打击。拿李平的话来说，就是"全体年轻人都做好了大树下面好乘凉的准备，草帽也没戴。现在大树轰然倒下了"，摆在他们面前的，只有拼搏一条路。

2003 年度获得的国家科技进步二等奖是一个非常曲折的奖项。2004 年 2 月，排名第一的汪旭东不幸病倒，再也没有办法重返岗位，和他的恩师周开达的命运惊人的类似。当年，排名第三的吴先军心情复杂地赶赴北京领回了这个大奖。

能够在现有的资料中找到关于汪旭东的东西不多，但他留在同事们的回忆中却很是鲜活：开朗、热情、爱喝酒，负责协调上下左右，是周开达的得力助手。育种攻关项目整合了政府、企业、科研机构等多种力量，总指挥是周开达，沟通协调汪旭东冲锋在前，尤其是在科研推广上，做出了很大的努力。

吴先军讲了一件小事，他从四川大学硕士毕业时，想要读周开达的博士，然后毛遂自荐在成都招待所找到了周开达。这是和周开达的第一次见面。在他记忆中，周开达不善言辞，招呼了他一声后，双方就站着沉默着。汪旭东立马热情地招呼他们"坐到说话"，坐了一会儿，周开达说着说着又背过身去，汪旭东就笑着把他椅子拉回来，让他面对着客人说话。吴先军毕业时，周开达还特意让李仕贵叫上所里的切诺基小车第一时间到四川大学学生寝室去接吴先军到温江报到，爱才之心可见一斑。

老师的倒下，让水稻所一群年轻人不得不快速成长起来。李平接过所长一职的时候，年仅 36 岁。作为大师兄，他带领着水稻所的年轻人，把对周开达院士的敬爱和思念化为了求索的力量，在科研的道路上不断创新，用行动坚守与呵护着院士的心愿——中国人的饭碗要端在中国人自己手中。

2000 年，李仕贵的论文刚刚入选全国百篇优秀博士论文，一切才起步。他默默地投入后续研究中，披星戴月、风雨兼程，传承老一辈"高调做事低调做人"的品质，继续跋涉在杂交水稻和超级杂交水稻育种研究中，其成绩受到多方肯定：成为学校第一个杰出青年，获得四川省最高科技奖"四川省杰出科技贡献奖"，荣获全国先进工作者，新中国成立 70 周年、建党 100 周年之际均被邀请到天安门现场观礼。

搞研究要像谈恋爱

搞水稻研究很辛苦，必须下田，田里湿度大，穿着筒靴，里面都是水。"刚来没有现成的试验田，只好自己找；没有拖拉机，只好自己耕。"李仕贵指了指自己的脚，"成都湿气重，穿雨鞋下地栽秧很不舒服，只好光着脚。可田里到处是玻璃碴，扎得我满脚都是血。"

李平记得一件趣事。在邛崃基地时，他们租住农民的房子，赶在天气最热的时候下田，经过农家，正在吃西瓜、扇扇子、打麻将的老乡们用同情的眼光一路目送他们，还悄悄议论："听说那个还是教授，那个帅小伙还是研究生，要是我的儿子这么吃苦就对了。"

不过，再苦，只要钻研进去了，就会收获乐趣。正如周开达院士所说，搞科研就像谈恋爱，多培养感情，要从内心里觉得一日不见如隔三秋。

所以，再苦再累，他们对稻田总有一种别样的亲切感。他们说，一天不下田，就心里慌，对育种材料的关心超过子女："毕竟子女还怕管多了。但是所有的爱都可以倾注在育种材料上。"出差回来第一时间也是迫不及待地去田里看看，看看关注的品种、长势。水稻所刚迁到成都温江的时候，大家都住在原来温江农场的单人间，条件不好，但是出门就是稻田，上班从寝室出来走两步就下田。大家吃了晚饭就走上田坎，看看水稻长势更是每天的必修课。

经常观察接触水稻，水稻那种低调朴实的品质也深深影响着水稻研究者。"结实饱满的水稻，总是低下高贵的头，稗子的脑袋则在风中飘荡。人要像水稻一样实诚，每一步都走得踏实，做沉甸甸的稻穗。"这是李仕贵老师的座右铭。虽然已经获得众多的荣誉，但是他一贯保持低调朴实的风格，即使周末和节假日也总能看到他忙碌的身影。每年七八月，他都坚持在田间地头开展研究。在午后两点经常可以看到李老师带着学生一块田一块田、一行一行地观察所有材料，边看边进行详细记录，一丝不苟地拿到田间第一手数据资料。他不追名不逐利，像田里的稻穗一门心思低头充盈自己，言传身教。他做人做事的态度感染了无数学生，激发着他们在新的阶段创造新精彩。

2022年10月，为深入贯彻落实习近平总书记来川视察的重要指示精神，把服务更高水平的天府粮仓落到实处，以李仕贵、陈学伟、任万军为首席的科技服务团，积极行动起来，对口支持东部新区、崇州、大邑三大区（市）县5个10万亩和26个1万亩粮油园区的建设，共同打造"天府粮仓核心承载区"样板田。

"品种选育要始终心系粮食安全这个国之大者，进一步凝心聚力发挥水稻所在育种领域人才科技优势，推陈出新，在水稻重大新品种取得突破，筑牢种源基础，为打造新时代更高水平的天府粮仓提供品种和技术支撑。"作为水稻所第三任所长，李仕贵对水稻所更好服务天府粮仓建设的新目标提出了新要求。

第三章　水稻研究原始创新的攻坚路

在国家重点实验室的墙上，挂着 3 张论文封面图，静静述说着水稻人致力基础研究，用科技护卫粮食安全，不断在世界水稻研究前沿刻下川农大名字的故事。

所有的成功并不是来自偶然和幸运，更有着多年的坚持和固守，有着对农业农村的一片赤诚。就让我们以这些基础研究成果为代表，来看看川农人心怀国之大者，在科技原始创新征途中锲而不舍的跋涉之路。

第一节　向"水稻癌症"发起挑战

2017 年 6 月 29 日，全球顶尖学术期刊 Cell （《细胞》）在线发布了学校为通讯单位、陈学伟为通讯作者，李伟滔、硕士研究生朱紫薇、加州大学戴维斯分校 Mawsheng Chern 博士、学校水稻所尹俊杰博士、硕士研究生杨超和冉莉为共同第一作者的论文 "A natural allele of a transcription factor in rice confers broad – spectrum blast resistance"（《一个转录因子的天然变异赋予水稻对稻瘟病的广谱抗性》），实现了学校乃至整个西南地区高校在 Cell 主刊发表论文的零突破。该项研究成果也成功入选 "2017 年度中国生命科学领域十大进展"和"2017 年中国农业重大科学进展"。

"得知论文被接收，没有觉得特别兴奋，对我们来说，这是一步步研究最终水到渠成的结果。"谈起在国际顶尖学术期刊 Cell 上发表的论文，西南作物基因资源发掘与利用国家重点实验室主任陈学伟显得很平静。相比于最终的结果，他更享受于平时的积累和收获："研究的过程让人享受，每一个发现、每一个进步、每一个过程，都会带来兴奋。"

追求水到渠成，是陈学伟一贯风格。这种看似自然的水到渠成，并不是信马由缰的偶然，而是根植于对整体思路的精密部署和对细节的完美掌控，历经千锤百炼，成果斐然。

一份研究了 20 年的材料

这次发表文章中使用的研究材料叫"地谷"，这个水稻材料颇具传奇色彩，陈学伟从 1997 年读研究生的时候就开始和它结下不解之缘。"这个材料是当年陶家风老师那一

辈从其他地方引进回来的，具有高抗性，水稻所很多人都研究过它。"

地谷本身品质一般，籽粒比较小，产量也不怎么高，一开始并不引人瞩目，毕竟大众的研究重点一直在高产上。但是地谷表现出来非常醒目的特性——高抗性，高抗意味着抗性强，染病少，使用农药少，节约成本，也引起了研究人员的注意。这个材料也是李仕贵教授当年写博士论文的材料。"我的硕士论文其实是在李老师博士论文的基础上进行的。"陈学伟说。师从周开达院士、朱立煌研究员和李仕贵教授，陈学伟的学术之路起点高。三位导师对待学术的严谨、执着精神也深深影响了他。水稻所打开眼界做学问的风气更是让他受益匪浅。硕士一年级下半年，陈学伟就非常幸运地被选送到中国科学院遗传与发育生物学研究所联合培养。当时，周开达院士在水稻育种上成效卓著，中国科学院朱立煌老师则是水稻界分子生物学的开山大师，强强联合的培养方式在水稻所发展历程中写下了浓墨重彩的一笔。

地谷具有持久广谱抗病性，在几位老师的指导下，陈学伟鉴定和定位了几个抗病基因，但没能成功克隆。陈学伟没有放弃，师从朱立煌老师并完成了博士学业。他的博士论文依然是研究这个材料。在朱立煌老师的精心指导下，李仕贵老师的鼎力支持下，师弟尚俊军的通力协作下，陈学伟先后成功克隆了两个抗病基因，但这两个都是小种特异性抗性基因，不具有广谱抗病性的特点，"它为什么具有广谱抗病性，我就想把它弄清楚。"2004年他赴美先后在加州大学欧文分校、加州大学戴维斯分校从事博士后研究工作，在著名植物病理学专家 Pamela Ronald 教授的指导下，继续从事水稻抗病性研究，着力点是抗病分子信号转导及抗性机理研究。研究期间，取得了相当丰硕的成绩，他先后在 *PNAS*、*PloS Biology* 等国际顶尖学术期刊上发表多篇论文，申请多项专利。

"经过多年的积累后，重新来审视地谷这个材料，我有了一些新的想法。"2010年在决定回水稻所组建水稻重大病害理论与应用研究室后，他就委托李仕贵老师帮他准备材料。

之所以决定回国，其实是一场双向奔赴。当时，学校强力推进人才强校战略，发布面向海内外诚聘英才的公告，惜才的李仕贵第一时间告诉了陈学伟这个好消息。虽然此时陈学伟已经晋升为加州大学戴维斯分校助理项目科学家，发展势头较好，但是回国回母校创业的心意更为迫切。"我就是想找个工作，可以投入自己喜欢的事业中。"他一直觉得自己的根在川农大。学校也为他干事创业营造着有利环境：300万元引进人才启动经费、150万元"杰青"培养经费，为他启动科研工作提供了支持。学校还特意为他配了三个助手，李仕贵也把最优秀的硕士、博士分到他的研究团队以支持他开展工作，充实实验室人手。

2011年，陈学伟正式回国组建研究团队。而这一年，李伟滔也正好从澳大利亚学成归来，加入水稻研究所陈学伟教授团队，从事专职科研，"这是我科研生涯的新起点，也是事业发展的关键期。"

新的研究正式拉开帷幕。而这一攻关就是6年。

科研如同解密，充满乐趣

稻瘟病被誉为"水稻癌症"，可引起大幅度减产，严重时减产 30%～50%，甚至颗粒无收。世界各稻区都可发生，而且它在水稻的各个生长环节都可能发生，所以防治非常困难，一般只能靠施药或者使用抗病基因改良的种子。一直以来，科学家致力于发现不同的抗病基因，导入材料中形成具有抗病性的水稻品种，但是，随着病原菌进化，抗病基因也需要不断迭代更新，不然就会失去作用。

地谷是少数具有广谱抗病性的水稻材料之一，然而这类抗病性背后的作用机制，研究人员一直不清楚。科学家也一直在致力于解开广谱抗病性水稻背后的秘密。

"发现一个新东西、新现象，就有好奇心，想去知道根源，愿意想办法去找答案。"在陈学伟看来，科研就像解密一样，投入其中就能享受到乐趣。"这个世界非常奇妙，都有规律，只是我们不晓得规律在哪儿。在我看来，自然科学、社会科学都是相对的，有很多相通的地方，都是有现象、有本质，都需要抓住现象，去看本质到底是什么。"

重新着手攻克难关，陈学伟带领团队开始尝试不同的研究方法，他们抛开经典的图位克隆方法，使用了全基因组关联分析方法，从 1000 多个相关基因中确定 3 个候选基因，其间要付出的努力可想而知。

"我们这个研究是在前人基础上才得以展开的。"陈学伟介绍，国内外对不少水稻都进行了基因组测序，这为全基因组关联分析提供了基础。他们将地谷和基因组已经测序的 66 份非广谱抗病水稻进行分析，终于发现了这个处在极易被忽略部位的具有广谱抗病性的天然变异位点，这是地谷具有广谱抗病性的重要原因。

陈学伟研究团队发现的水稻天然变异位点——编码 C2H2 类转录因子的基因 Bsr-d1 的启动子，其作用可以有效提高对稻瘟病的抗病免疫能力，这一位点是水稻本身存在的，纯天然的，不是外在的导入变异，这非常罕见。这个具有稻瘟病广谱持久抗性的水稻天然变异点的发现，可以说为防治稻瘟病提供了全新路径，如果把目前广泛使用的抗病基因方式比作"服预防药式"防治，那么天然变异位点的方式则可称为"提高免疫水平式"的防治，应用到实际生产中，可培育具有广谱抗病能力的品种，将在保证品质、产量的同时，大幅度提高水稻对稻瘟病的抵抗力，并将有效避免病原菌进化导致的抗病能力失效的问题，有效减少农药使用，非常符合生态绿色环保的需求。

该篇论文之所以能被 Cell 刊用，陈学伟介绍，主要是因为研究上的突破：一是发现的天然变异位点极其难得，这个位点不在一般人认为的编码区，而在启动子区域，这也为发现它增添了更大难度。这一变异位点在提高抗病性的同时，对产量性状和稻米品质没有明显影响，因而具有十分重要的应用价值。二是清楚完整揭示了抗病调控机制，发现的新抗病调控机制在水稻等植物中尚属首次。在他们的研究中，描绘了这个天然变异位点的"作用路径"，分析了它究竟如何与上游基因发生作用，并如何作用于下游基因的"全路径"：C2H2 转录因子和其上游的 MYB 转录因子通过协调减弱过氧化氢的降解来提高广谱抗病性。这对小麦、玉米等粮食作物相关新型抗病机理研究也提供了重要借鉴。其研究上的新突破获得了论文审稿专家的高度认可，他们评论说："This outstanding body of work provides the rare combination of findings that will carry a high impact to both basic and applied researchers."（这是一项罕见的对基础研究和应用研究人员都具有很高影响力的杰出研究成果。）

"发表 Cell 论文，更像一个 PCR 过程，将杂乱无序的一个个碱基组装成一个完整的、能够行使功能的基因序列，是一个发生了从量变到质变的过程。"李伟滔说，"这既是为自己几年的工作做了一个小结，更是为以后的科研事业打开了一个新的局面。"

第二节　夯实高产高抗育种理论基础

2018 年 9 月 7 日，国际顶尖学术期刊 Science（《科学》）在线发布了川农大和中国科学院遗传与发育生物学研究所、加州大学戴维斯分校合作完成的研究论文 "A single transcription factor promotes both yield and immunity in rice"（《水稻转录因子 IPA1 促进高产并提高免疫》），报道了在水稻产量与抗病协同调控机制研究中的最新进展。该研究发现了水稻理想株型建成的关键基因 IPA1 在水稻稻瘟病抗病过程中的作用，并揭示了 IPA1 既能提高产量又能提高水稻对稻瘟病的抗性的调控新机制。王静、硕士研究生周练、石辉、加州大学戴维斯分校 Mawsheng Chern 博士以及中国科学院遗传与发育生物学研究所的余泓为该论文第一作者，陈学伟、李家洋和王静为论文通讯作者。

陈学伟（右二）、王静（右三）在实验室做试验

一项持续 10 余年的研究

对 IPA1 基因的关注与研究，王静早在 2006 年进入中国科学院遗传与发育生物学研究所攻读博士就开始了。IPA1 是中国科学院遗传与发育生物学研究所李家洋团队早期在水稻中克隆得到的一个调控理想株型建成的关键基因，它对水稻理想株型的建成起

核心调控作用，IPA1 的功能获得性突变体植株具有多种优异的农艺表型，包括茎秆粗壮、无效分蘖数减少、穗子变大、产量增加等，在实际育种中已经得到大量应用，引起了学术界的广泛关注。

王静博士毕业时，正值陈学伟老师从国外回到川农大，组建自己的研究团队，急需人才，她被陈老师研究思想的前瞻性和对科研的执着精神打动，最终选择到川农大开启自己的事业之旅，继续在这一领域深度探索。

"我们在实际育种中，发现 IPA1 除了能促进高产，也可以在一定程度上提高基础抗性。这是一项非常有趣的发现，我们觉得非常有必要去深入解析这一现象背后的具体作用机制。"王静说，"这项成果可以说是在几个团队通力协作、共同努力下取得的。李家洋老师团队主要从事植物发育领域的研究，而陈学伟老师团队则侧重植物抗性领域的研究。"

这是一个非常大胆而创新的研究思路，因为在实际研究中，鲜有单基因具有提高抗性并同时促进高产的相关报道。

众所周知，培育高产抗病品种是水稻等粮食作物安全生产的重要保障。传统观点认为，植物抗病与产量之间存在此消彼长的关系，犹如鱼与熊掌不可兼得。高抗和产量往往难以平衡，抗病性强的作物品种可以有效地控制病害，然而高抗性经常以"牺牲"产量为代价。这是因为植物受到病原菌侵害时，为达到生存目的，会优先将物质能量代谢用于抵御病害，其不利结果是使植物发育受阻。深入解析水稻发育与抗性的协同调控机制，对于培育高产高抗水稻品种具有重要意义。近年来，虽然已报道了多个基因在提高植物抗性的同时不影响产量，但是，同时增加植物的产量并提高抗性的单个基因尚未报道。

观察到 IPA1 不仅能增加水稻产量，还可以提高水稻对稻瘟病的抗性只是第一步，如何解析出它的作用路径才更重要。等待陈学伟他们的不是一马平川的坦途。

猜想很大胆，求证很谨慎

猜想很大胆，怎么弄清它作用的机制，面临诸多困难。"有两年的时间我们可以说处于极度困惑中，一直找不到突破口，尝试了很多方法，都以失败告终。"王静对这段曲折的研究过程记忆深刻，一次次失败，一次次推倒重来，他们没有放弃，起早贪黑，周末、节假日都奉献给了实验室，根据新数据，建立新假说，不断调整优化实验方案和思路。每周团队的交流汇报会，都是一次"头脑"峰会，"团队讨论非常多，大家都各抒己见，有时候一讨论就是一天。"在讨论中每个人都发挥能动性，激发共同思考，碰撞交流智慧，推动课题研究一步一步迈向深入。

田间实验也相当考验人的意志。盛夏时节，大家头顶烈日，连续一个月，每周有 4 天都泡在田里。每天带着一身泥回家，王静的家人都开玩笑称她是"农民博士"。

正是这样的坚持，终于迎来了希望的曙光。2017 年初，他们慢慢接近真相，发现了 IPA1 的磷酸化修饰是平衡产量与抗性的关键调节枢纽。IPA1 受稻瘟病菌诱导磷酸化，该磷酸化能改变 IPA1 与 DNA 序列的结合特性。通常情况下，IPA1 结合 DEP1 等穗发育相关基因的启动子，促进其表达，负责水稻理想株型的建成，调控水稻产量；而受稻瘟病菌诱导磷酸化后的 IPA1 更倾向于结合抗病相关基因 WRKY45 的启动子，促进其表达，增强免疫反应，提高抗病性。

这是他们最激动的一天，整个实验室兴高采烈，大家一起围着实验结果看了又看，兴奋不已。"得知论文被发表时都没有这么激动。"王静说道。

对待学术，团队一贯坚持大胆假设、小心求证的理念。虽然研究在 2017 年初已初步成型，但他们并没有急于求成，接下来，团队花了一年的时间不断细化实验步骤，补充实验数据，反复验证结果，把"求真务实做学问"的精神发挥到极致。

研究进一步发现，在稻瘟病菌侵染 6~12 小时，水稻体内 IPA1 的磷酸化受诱导程度达到峰值，随后逐渐降低，并在 24~48 小时后恢复到正常水平。这个结果表明，水稻体内的免疫系统被激活后，IPA1 很快恢复到低磷酸化状态，以保证水稻发育的正常进行。单个基因同时实现增产和抗病的调控机制，为高产高抗育种提供了重要理论基础和实际应用新途径。

第三节　守好中国"芯"

2021 年 5 月 28 日，国际顶尖学术期刊 *Cell* 在线发布了国家重点实验室、水稻研究所李仕贵与钦鹏教授团队联合中国科学院遗传与发育生物学研究所梁承志团队完成的题为 "Pan－genome analysis based on 33 high－quality assemblies provides insights into hidden genomic variations in rice"（《基于 33 个水稻遗传多样性材料的泛基因组分析揭示"隐藏"的基因组变异》）的研究论文。该论文被 *Cell* 审稿人评价为"泛基因组学研究的经典之作"。同年 6 月 16 日这篇论文被列为世界学术组织 "Faculty Opinions" 推荐论文。有植物学专家认为，这一研究成果为基因组学和进化生物学研究提供了巨大的新资源，也将很好地促进水稻育种。

打破壁垒的合作

拥有丰富育种经验的李仕贵教授越来越深刻认识到，要培育好的品种，关键在技术上要有新突破，要对水稻的认识进一步微观化、系统化、深刻化。

"我们的水稻育种要进一步增加产量、提高品质，应该从哪些基因入手？"

"我国各个稻区的基因组成有何特点？分子模块是什么样的？"

从这些根本问题出发，李仕贵带领团队联合中国科学院遗传与发育生物学研究所梁承志团队开始了研究攻关。两个团队各有所长，各尽其能。梁承志团队擅长生物信息学与基因组学分析，李仕贵团队对水稻了解更深，在重穗型杂交水稻遗传育种方面取得了突出成绩，擅长解读数据背后的生物学意义和育种利用价值。两个团队密切合作已有

10 余年时间。

从 2010 年开始，他们对 1275 份涵盖中国广泛种植的水稻品种和杂交水稻亲本开展研究，获得了 146 套包含抽穗期、株型、粒型、籽粒品质等 29 个重要农艺性状的多地区表型数据，通过全基因组关联分析共计挖掘了 143 个显著关联位点，确定了多个调控产量性状和稻米品质等重要性状的新候选基因或优异等位基因，为中国水稻的分子遗传机理和分子设计育种研究提供了大数据基础。"遗憾的是，由于技术所限，虽然看到了很多基因，但还有更多的庞大数量的基因是看不到的。而且这些基因测序的精度不够，很难真正运用到育种中。"李仕贵说。科学与技术进步相互依存。科研只能一步步往前走，一点点积淀，同时等待时机。

潜心钻研勇求索

幸运的是，转机出现在 2015 年。

通过分子测序，他们完成了一套近乎完整的蜀恢 498 基因组序列，其序列完整度高于水稻日本晴和拟南芥参考基因序列，且有更低的错误率，成为当时所有高等动植物中组装质量最高的基因组。这不仅有利于以蜀恢 498 为代表的重穗型杂交水稻骨干亲本中优异等位基因的挖掘和利用，也将为整个籼稻优异等位基因的挖掘和利用提供重要参考，为新的优质水稻品种培育奠定坚实基础。因其重要性，这一成果在 *Nature Communication*（《自然通讯》）上正式发表。

就在大家都认为，现有的研究成果已经足够应用到育种工作中时，李仕贵却提出，把研究再往前推进一大步。原来，在这次研究中已经发现了一些基因组结构变异，但是，只有一两个材料的代表性不够，是不是还有更多的结构性变异等待发现呢？

随着整个团队在基础与应用研究不断推进的过程中，发现越来越需要高质量基因组和全部的序列变异。随着长片段测序方法的进步和成本的下降，以及结合所承担项目的需要，李仕贵派出团队中的骨干钦鹏前往中科院遗传与发育生物学研究所开展相关内容的联合攻关。

联合攻关小组选取了遗传背景具有高度代表性的 33 个水稻材料，包括亚洲栽培稻各亚群代表性材料和非洲栽培稻材料，以及水稻生产、育种上广泛使用的优良品种和核心亲本材料，采用最新的第三代基因测序技术，对其中 31 份材料进行了长片段测序、高质量基因组组装及基因注释。结合已报道的日本晴和蜀恢 498 两个材料的参考基因组，经过系统的比较分析，共鉴定到 171072 个结构性变异和 22549 个基因拷贝数变异。

而这些基因组变异无法利用传统手段鉴定到，绝大多数在先前研究中均未发现。例如，著名日本优质稻品种"越光"中一个早熟位点（qDTH7−3），可能由 OsMADS18 基因在"越光"产生两个拷贝，导致表达量升高从而表现早熟表型。

揭示这些结构性变异的方向对理解水稻的进化和驯化遗传基础也有重要意义。有研究认为，籼稻群体中两个与植物激素"独脚金内酯"合成相关基因 SLB1 和 SLB2 的缺失是被人工选择到的。但此次研究分析，发现很可能是粳稻中获得 SLB1 和 SLB2 基因

序列，或因其能帮助磷的吸收提高产量而被保留下来。

结合鉴定到的大量结构性变异，研究人员首次构建了水稻图形基因组，是水稻中迄今最为完整的基于图形结构的泛基因组。此研究打开了结构变异研究的大门，推进水稻高质量泛基因组研究，将为研究水稻等作物进化与驯化、基因组研究、种质资源的精准评价、优良基因的挖掘、基因功能解析奠定坚实基础；为解决种源"卡脖子"问题中的优异基因资源发掘与利用奠定了良好基础；有助于加速水稻功能基因组学和分子设计育种研究，为选育高产优质、绿色安全水稻新品种提供基础支撑。

第四节　科技原始创新永远在路上

种业是农业的"芯片"，是确保"中国人的饭碗主要装中国粮"的基石。

虽然我国水稻育种在功能基因组及杂交水稻等研究领域已经取得多项世界领先成果，但在种质资源发掘利用、现代育种技术应用，以及加大优质品种的选育推广等方面还有很大的潜力可发掘，存在"卡脖子"难题。

"'卡脖子'实际上就是卡在基因上。"李仕贵表示。如果说以前的"战场"更多地在田间，那么现在更多地转移到了实验室，从科技源头上创新，揭开更多水稻之谜，从而为护卫粮食安全奠定坚实的理论基础。为了解决这一问题，这几年水稻人前赴后继，不断开拓。

跋涉之路上的小闪光

2013年1月30日，以郑爱萍为第一作者、李平为通讯作者、四川农业大学为唯一署名单位的论文"The Evolution and Pathogenic Mechanisms of the Rice Sheath Blight Pathogen"（《水稻纹枯病菌的进化和病原机制》）刊发在 *Nature Communications*（《自然通讯》）上。该文为国际首次报道水稻纹枯病病原菌测序成果，揭示其进化地位和病原机制。同时，也是首次对含有100多个种属的立枯丝核病原菌基因组测序，为研究该类病原菌与寄主互作、necrotroph 类病原菌与寄主互作机制提供研究模式，可谓揭开了世界公认的难题水稻纹枯病的神秘面纱。

纹枯病是世界上水稻产区普遍发生的重要病害之一，与稻瘟病、白叶枯病构成水稻的三大病害。纹枯病易发于高温高湿地区，可使植株茎秆、叶鞘干枯至腐烂，引起结实率下降，千粒重降低，甚至植株倒伏、绝产。立枯丝核病原菌 R. solaniAG1IA 是水稻纹枯病的主要致病菌，也是玉米纹枯病、大豆纹枯病的重要致病菌。该病原菌寄主范围广，具有多核、杂合、有性生殖退化等特性，病原机制复杂，人们对其病原机制和生物学特性的认识十分有限。目前，尚未发现高抗纹枯病的农作物品种资源，抗病育种未取得突破性进展，生产上不得不大量施用化学农药进行防治，既增加生产成本更污染环境。郑爱萍他们的研究从基因组水平全面解析水稻真菌病害的病原机制，为全面认识此类具有多融合群、多核杂合的重大真菌病害具有重要意义。该基因组框架图是用新一代测序技术，运用多种组装技术并通过 Sanger 方法验证的具有高质量的真菌基因组图谱。该新型效应因子等的发现和研究为水稻、玉米和大豆农作物纹枯病抗性种质的发掘、创制和应用以及病原菌－寄主互作新机制研究奠定了重要基础。

2013 年 11 月 18 日，*Nature Communications* 发表了以水稻研究所李双成为第一作者、在读博士生李文博和 2009 级硕士黄斌为共同第一作者、李平教授为通讯作者、四川农业大学为唯一署名单位的研究论文 "Natural variation in PTB1 regulates rice seed setting rate by controlling pollen tube growth"（《PTB1：通过控制花粉管生长调控水稻结实率》）。论文首次报道了一个控制水稻结实率的关键基因的图位克隆，并深入分析了基因功能，在水稻生殖发育和产量性状解析方面取得了突破性进展。

近年来，针对穗着粒数、有效穗数和粒重等性状相关基因的克隆取得了长足的进展，相关生物学过程的分子机制也逐渐明朗。由于结实率易受多种环境因素的影响而发生较大的波动，是水稻产量因子中最不稳定的因素，研究难度大，尚未获得突破性的研究进展。水稻结实率的高低不仅决定产量的高低，也是品种适应性和产量稳定性的重要评价指标。因此，揭示水稻结实率的分子机制，对于理解水稻生殖发育和高产稳产具有重要意义。

该研究利用一个水稻低结实率突变体，成功克隆了一个控制水稻结实率的主效基因 PTB1，并证实其通过控制水稻花粉管生长从而正向调控结实率。该研究综合利用组织细胞学、遗传学和生化分析等手段系统证实了 PTB1 基因是控制水稻花粉管生长、调控水稻结实率的关键基因，首次解析了水稻结实率这一重要产量性状的分子机制，为进一步理解水稻花粉管生长和明确水稻结实率的相关调控通路提供了全新视点，并可能促进其在水稻高产稳产中的直接应用。*Nature Communications* 审稿人评价："该文的科学实验水准相当高，其发现非常新颖和独特，该文将为植物科学家提供新的知识。"

只要潜下心，一切皆有可能

循着水稻研究者的经历走下来，可以发现一些很有意思的点。

李仕贵最初是搞小麦的，后来转成了搞水稻。吴先军是搞生物的，后来也转成了搞水稻。李平最早的愿望是当医生，最后兜兜转转转成了研究水稻的。当然还有后来的陈学伟和李伟韬，一个是学茶学的，一个是研究小麦的，最终都汇入水稻研究的大河中。

人生不是爱一行干一行，而是干一行爱一行。他们用行动证实了这句话。

陈学伟本科学的是茶学。他其实没有想过读大学，当年成绩好的同学都选择读中专。1990 年，尽管中考成绩特别优异，他却因身高缘故落榜中专。1993 年，考大学时，分数超过了重点线，但再次因为身高的缘故，没有被第一志愿学校录取。"当时觉得读川农大也没有希望了，义父准备托点关系，去读个中专。"没想到，意外地领到了学校茶学专业录取通知书。

后来为什么会跨专业考研，陈学伟的回答很简单："那个时候川农大茶学还没招研

究生。"而之所以选择作物遗传育种，师从周开达院士做水稻研究，只是因为"川农大的作物很强，而水稻是粮食主食"。家住农村的他天然对水稻研究有种敬意。

有这样一段小故事。当年，郑有良还是农学院院长，有一天，陈学伟直接到办公室来找他，第一句话就问："我是园艺的，想考作物遗传育种的研究生，可以不？"郑有良不假思索地回答："当然可以！"当然，他的这个不假思索的回答也是受到自己导师颜济先生的影响。颜济先生经常说美国一位世界知名小麦育种专家就是杀猪匠出身的，跨专业也并不可怕。

陈学伟顺利通过研究生考试的笔试。在面试时，由周开达、荣廷昭、郑有良等学术专家组成的"豪华"阵容面试团，集中火力考查了陈学伟。陈学伟表现相当优异，"不仅是考查他本科学的茶学知识、作物方面的知识，他能答得上来，而是他对问题的反映敏锐度，他的思维能力很优秀。"郑有良当时就觉得这个年轻人将来肯定会有所作为。

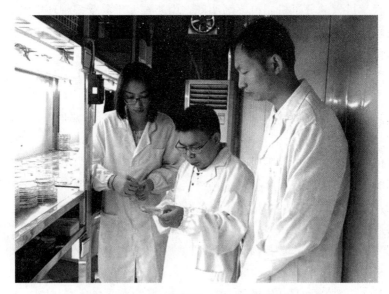

李伟滔（右一）与陈学伟（中）在实验室做实验

李伟滔则用坚持和毅力创造了诸多转折点。从一名入学成绩垫底到学校优秀博士论文的获得者，从工作起始的默默无闻到 Cell 文章的发表，这些经历在他看来就是，"绳锯木断，水滴石穿"的这份毅力必不可少。本科毕业后，李伟滔考入学校小麦研究所，开始了研究生阶段的学习。"那是 5 年半重复、忙碌，至今仍让我感激不已的难忘时光。在这个阶段，有第一次独立完成实验的喜悦，有第一次撰写英文文章的煎熬，有第一次为师弟师妹传授科研经验的细心与耐心，……这再次明确了自己想要从事科研工作的决心。"

读博期间，在学校和导师魏育明教授的支持下，李伟滔赴澳大利亚进行了 1 年半的联合培养博士学习。在那里，他增长了见识，明白要做好科研就必须具备国际化视野，也取得了较好的成绩，获得了学校的优秀博士论文。

从小麦领域尽快转型到水稻研究领域，他付出了比常人更多的努力。他也常常以自己的亲身经历教育学生："要做好学术研究，必须不畏艰辛。当其他人正纳凉休息时，你们却需要顶着炎炎烈日在田间授粉；当其他人正在享受和家人团聚的寒假时，你们却要长期驻扎南繁基地。要做好学术研究，必须耐得住寂寞，需要几年如一日地埋头苦干。"

李仕贵（左一）与钦鹏（右一）在实验室做实验

钦鹏在与水稻研究结伴而行的道路上也充满了不确定性。从2002年考入川农大农业高新技术专业到2012年博士毕业，十年求学中，钦鹏曾两次面临重大人生抉择，差点就与水稻所擦肩而过，走上与现在完全不同的人生道路。

本科毕业，钦鹏认为自己对科研了解不深，也没有什么明确的生涯规划，一边准备考研一边着手找工作，至于为什么考研选择水稻所，钦鹏的想法很简单，就是觉得水稻研究所有院士，也有一群专注科研的"大牛"。"考上了就去呗！"他"有点随波逐流"地走进了水稻所的大门，一心想着研究生毕业就去工作。但导师李仕贵老师却认为，钦鹏是块做学问的料，不该轻易放弃学术之路。他不断做钦鹏的思想工作，语重心长的劝说最终使钦鹏下决心继续在科研路上走了下去。

只要潜下心来，一切皆有可能。

一路走来，川农水稻研究人一直以咬定青山不放松的姿态，立足西南水稻生产区域，肩负国家粮食安全的重任，深刻把握世界水稻研究趋势，在基础研究和育种推广上齐头并进，创造出一个又一个的辉煌，顶天立地做科研，坚持把论文写在大地上，为农业强国建设源源不断贡献力量。

第四章 黄富：30 余年，寻觅川米好种

30 余年，春播秋收，农学院黄富和一个水稻品种死磕，让培育的宜香优 2115 创造了诸多高光时刻。

自宜香优 2115 于 2011 年通过省级审定后，获得 10 余项殊荣。2015 年被农业部确认为超级稻品种，成为西南稻区首个国标二级优质超级杂交稻品种，连续 19 年次被遴选为国家、省级主导品种，3 次被四川省政府和农业主管部门确定为"重点推广的优质稻品种"，先后荣获中国"最受喜爱的十大优质稻米品种"、四川省第六届"稻香杯"优质米特等奖、"2020 中国农产品百强标志性品牌"等称号，入选 2020 年全国"十大优质籼型超级稻品种"（这也是四川省、长江上游自主选育、本土推广唯一入选品种）。2018 年、2022 年分别获四川省科技进步一等奖、全国农牧渔业丰收一等奖。

2022 年 6 月 8 日，习近平总书记来川视察，首站到眉山市东坡区永丰村调研。在稻米品种展示区，习近平总书记亲自抓起一把大米（这把米就是优质抗病超级稻品种——宜香优 2115），细细端详，仔细询问大米的品质、产量和价格，充分体现了习近平总书记对粮食安全的高度重视，对宜香优 2115 及其科研团队的充分肯定和关怀激励。为迎接党的二十大胜利召开，宜香优 2115 被写入"中国这十年·四川"，走进北京展览馆四川展区参加"奋进新时代"主题成就展，走进中国农业展览馆参加"'三农'这十年——新时代农业农村发展成就展"。2023 年，宜香优 2115 入选农业农村部首次发布《国家农作物优良品种推广目录》骨干型品种。宜香优 2115 有 300 余次被 CCTV7 等媒体宣传报道，引起广泛关注。

黄富携选育的宜优香 2115 参加产品推荐会

科研的萌芽

黄富是安岳一个农家子弟,从小帮着父母放牛、耕田,对农业、农村、农民有着天然的亲近。1982年,黄富如愿考入西南农业大学,学习植物保护专业。1986年,毕业分配至四川省农科院水稻高粱研究所工作。研究所在泸州,一个长江边上的、以酒闻名的火热城市——在那里,黄富一待就是16年。16年来,他投身植保研究,承担了课题"杂交稻粒黑粉病发生流行规律及综合防治技术研究",并获得了部、省级奖项6次,先后被评为四川省首批"技术带头人后备人选"和"四川省杰出青年技术创新带头人"。2001年他被评为四川省农科院最年轻的正高级职称研究员。他边工作边完成了硕士学业,并于2002年考上四川农业大学作物遗传育种专业,攻读博士学位。

那一年,他38岁。对于有些人来说,人生已基本定型,对于他来说,一切才刚刚开始。

2003年,在攻读博士学位期间,黄富迎来两个人生转变。一个是通过人才引进,加盟川农大,这个改变显而易见,他把家从泸州迁到了雅安。另一个改变虽没有那么瞩目,却对他未来产生了巨大的影响。他在雅安草坝镇拥有了自己的一小块研究点,并在这里培育出了日后令他名声大震的水稻新材料。

从学校到草坝基地,要转两次车,大公交转小公交再转火三轮。常年春夏之交,水稻栽种下去后,黄富干脆住在基地,几周才回家一次。

与此同时,黄富在海南三亚市崖城镇设立了10余亩南繁基地——这是育种界的标配,毕竟一年一季对育种专家来说,时间太宝贵了,温暖的海南一年两季到三季,可以尝试更多的组合,加快育种进程,只为抢时间。条件艰苦——租一两间农民简易住房,除了简易床没啥家具,没有风扇更遑论空调,蚊虫叮咬,老鼠横行……米是自己种,菜在田边摘,吃饭自己做,几个人睡一间屋……

对于黄富而言,生活和科研上的苦,都不算什么——像农民一样面朝黄土背朝天每天扎在田里;起步阶段除了学校投入10万元科研经费,他只能去找学友、刚刚创业的岳元文寻求合作,每年赞助几万元;研究团队除了他是川农大教师,就是学生,有一年连学生也没有,"可能是听说跟着黄教授太苦了",他只好把父母、妹妹、妻儿一起动员到基地上帮忙,短则暑假期间,长则数年。

"远看像叫花子,走近看才发现是育种专家",这句玩笑是黄富常挂在嘴边的,以此调侃和自嘲。每年春天,为了不跟草坝基地农民争抢用水而早行一步,黄富带着学生去疏淘堵塞了一冬的水渠,半夜十一二点去3公里外的渠头守水,一守就是半月、一月。

海南3月份的气温一般在26℃~34℃,下田、剪颖、杂交、选育优良新材料,白天要带"三件宝"——雨靴、草帽、打狗棒。"在海南南繁期间,遭蚂蟥吸过血,遭田里的玻璃划破过脚,遭田埂上的蛇咬过,为保护种子,也遭老鼠咬过。种种艰辛,不是一句两句能说完。"

2006年4月初在海南基地,水稻逐渐成熟,田里水干了,他穿着拖鞋就下田了。

正在田里观察选种，他突然感觉小腿剧疼，一看，有条蛇咬在小腿上，慌忙中用力一甩，也没看清是条什么蛇，只见伤口鲜血直流，"幸好不是毒蛇，后来想起真有点害怕。"2016年8月的一天下午，雅安草坝基地突遇狂风暴雨，在晒场抢收科研材料的过程中，由于地面湿滑，他不幸摔了一跤，头上鲜血直流，在医院缝了4针，他却说："幸好没有伤到后脑壳，不然就惨了。"第二天，他带着伤冒着酷暑陪同来访客人到草坝基地和兄弟单位郫县、温江基地考察水稻，还差点晕倒在田间。他说："搞农业科研，长期在田间地头，要想做出成绩，不仅要流汗，有时还要流点血。"

科研是偶然中的必然

说起2005年与"2115"的初次相逢，黄富暗称侥幸。

2005年9月，秋收时节，100多个经过测产后的新恢复系材料测配的杂交水稻组合出了米质样本，每个组合50克，它们是从田间试种的几百个组合中筛选出来的。每年，基地形成各种新材料及杂交水稻新组合有5000份至8000份。

黄富逐一拿到眼前细看，进行检测。突然，一个米粒晶莹剔透、整精米率高的米样让他眼前一亮。

"这不正是我日思夜想的优质组合嘛！"黄富兴奋得手舞足蹈。"快看看这个组合亲本是啥？"黄富找来找去，这个组合的亲本恢复系竟然不在入选清单里。他及时赶到草坝基地，根据这个样本组合的亲本恢复系种植位置信息去到田里寻找稻桩。

他弯腰在田里细细搜寻，终于在排序"2115"号的稻桩前，找到了它的家。原来，它在田间"海选"阶段就被弃之出局，因为"披头散发，叶长披垂，一点也不好看"，"幸好我们对每个材料在田间的栽种位置及生长情况都有详细记录。"黄富激动地将该株系稻桩搬回实验室，再空运到海南基地繁殖。

每亩有效穗数15万穗，每穗总粒数156.5粒，结实率82.2%，千粒重32.9克；整精米率54.5%，长宽比2.9，垩白粒率15%，直链淀粉含量17.1%；高抗稻瘟病，中抗稻曲病……

"这是一个苗头优质新材料"，黄富按捺住兴奋，追溯这个材料的来源。他敏锐地意识到，在水稻育种普遍追求高产的当下，应该开始对优质大米品种进行研制。

自1992年起，他就开始通过各种途径，陆续在国内外收集了3000多份水稻种子材料，历经10余年进行抗病性评价、农艺性状观测、米质评价、对三系不育系的恢保关系测定等系统研究，发掘出高抗稻瘟病、大粒优质种质资源IRBN92-332，这是来自位于菲律宾的国际水稻研究所组织的国际稻瘟病鉴定圃的材料。2001年起，黄富团队将IRBN92-332与泸恢17进行杂交和回交，通过抗性精准鉴定、南北穿梭选育、低世代米质和配合力测定，终于得到了令黄富兴奋的雅恢2115——雅安、恢复系、田间序号2115，黄富在纸上重重地写下"雅恢2115"字样，成为后来的宜香优2115的"核芯"之一。

2010年，黄富成功创制出高抗稻瘟病、中抗稻曲病、大粒优质、高配合理、高肥效、抗倒伏的新恢复系雅恢 2115，通过省级田间技术鉴定。他又将其与宜宾市农业科学院的不育系宜香 1A 配组，育成了宜香优 2115。历经 18 年艰难探索，宜香优 2115 终于问世，成为"川种"在长江上游 5 省（区）第一个比对照增产 5% 以上的优质二级"好看又好吃"的大品种。

"偶然中有必然，不然至少还要煎熬 10 年，甚至一事无成。"他感叹说。

科技创新无止境

宜香优 2115 进入市场后的 12 年表现，充分说明了它的推广价值——丰产，参加长江上游中籼迟熟组区域试验平均亩产 603.9 千克，比对照增产 5.6%。2013 年在雅安汉源百亩高产示范测产结果，平均亩产高达 921 千克，2015 年被农业部确认为超级稻品种。

宜香优 2115 抗倒性强，适宜机插机收，深受新型农业经营主体和农户喜爱，米好看、饭好吃，被誉为"中国泰米"，已成为西南稻区大米加工企业打造优质大米名优品牌的优选品种，深受城乡各类消费人群喜爱。2016 年成为西南稻区年推广面积最大的品种，至 2022 年已累计示范推广 2000 余万亩，生产优质稻谷 100 多亿千克，新增社会经济效益 91 亿元。

同时，因为抗病性强，氮肥利用率高，大幅度减少了农药和化肥用量，实现水稻生产资源节约、环境友好和可持续发展，生态效益显著，为水稻产业供给侧结构性改革、精准扶贫、农民增产增收、壮大种业企业、新形势下水稻产业绿色转型升级和乡村振兴发挥了重大作用。

许多水稻品种在使用 3~5 年后，会出现抗病性丧失等退化现象，黄富对宜香优 2115 的稳定性非常有信心。"宜香优 2115 的重大突破，在于攻克了多个优良基因和多个优异性状聚合的难点。"黄富说。

黄富并没有止步，在让新品种更适应机械化耕作上，不断探索，正陆续迎来新的重大突破。黄富教授团队主持育成的川康优 2115 于 2021 年通过国家审定，在宜香优 2115 基础上"外观品质更好、抗倒性更强、产量更高"，"实现了稻麦全程机械化栽培"，再次取得重大突破，名列 2021 年全国农技中心重点推荐的西南稻区 43 个优良新品种之首。2022 年，名列第二届天府国际种业博览会遴选推荐的 50 个优良品种之首。2022 年 9 月，川康优 2115 在大邑百亩高产示范测产验收平均亩产达 809.6 千克，刷新了成都平原麦茬机插优质杂交稻高产纪录，被农业农村部遴选为"2022 年粮油生产主导品种"。2023 年川康优 2115 入选农业农村部首次发布的《国家农作物优良品种推广目录》苗头型品种。业界普遍评价，川康优 2115 作为西南稻区继宜香优 2115 之后的又一重大突破性新品种，经大面积推广应用，必将为打造新时代更高水平"天府粮仓"、促进乡村全面振兴、保障国家粮食安全发挥积极作用。

"成果是过去努力的结果，科技创新无止境，新材料新品种创制没有最好、只有更好"。目前，黄富带领团队与中种集团、荃银种业、金色农华、丰乐种业等国内知名企业广泛开展合作，在多抗优质水稻新材料创制和品种选育的"稻"路上继续前行。

第二部分

玉米地里创奇迹

1492 年，哥伦布到达新大陆后，发现这里的印第安人常以一种奇异谷物为食。"我发现了一种叫'麦兹'的奇异谷物，甘美可口，焙干，可以做粉。"这种奇异谷物正是今天我们生活中平常吃的玉米。玉米原产于墨西哥等中美洲国家，哥伦布把这种作物带回欧洲，随即在全世界传播、种植。

16 世纪初期，玉米传入我国，明正德六年（1511 年），安徽《颍州志》里就有相关文字记载。最初，我国是把玉米作为一种"救荒作物"在丘陵山地等处垦荒种植，直至 17 世纪以后，玉米逐渐传播至广大平原地区以及沿海地区。

四川是我国玉米种植最早的地区之一。早在明朝末年，四川不少山地和丘陵地区已广种玉米。随着时代的发展，人们对玉米的需求越来越高。数据显示，近年来中国玉米进口量呈逐年递增趋势，是世界上最大的玉米进口国。玉米在粮食安全中占有重要的战略地位。《中共中央　国务院关于做好2023 年全面推进乡村振兴重点工作的意见》中多次提及玉米，仅次于大豆。着力破解"卡脖子"难题，把中国人的饭碗牢牢端在自己手中是玉米人的使命与担当。

传承先人之志，百余年来，四川农业大学的玉米科技工作者在这片热土上，倾情挥洒智慧和汗水，在巴蜀大地奏响了玉米丰收曲。在荣廷昭院士的带领下，两次获得国家技术发明二等奖，新型饲草玉米研究开辟了玉米育种新方向，鲜食甜糯玉米研究向着为满足人民日益增长的美好生活需求的目标持续发力，为实现农业强国贡献川农人的力量。

第五章　为了玉米的丰收

——让人民吃得饱

　　9000 多年前，人类祖先就已经开始驯化野生玉米了。作为人类"超级"驯化的作物，玉米已经失去了其他作物具有的最基本特性——自然繁衍的能力，即玉米繁衍必须靠人为传播，物种才能得以繁衍。

　　玉米的传统生产方式在传播和发展中曾发挥过重要的作用，但随着时代的发展，越来越无法满足经济社会的需要。科技的进步，让人们意识到杂交活力在提高玉米产量方面的潜在价值。

　　1847 年，美国 Reid 家族在伊利诺伊州的自家农场种植从俄亥俄州带来的"Golden Hopkins"品种时，因缺苗补种了部分当地的"Little Yellow"品种，自此拉开了杂交玉米育种的序幕。

　　我国从 20 世纪 20 年代初开始杂交玉米育种工作。当时，我国近代农业教育开始发展，不少学生到海外深造，学成后回国，报效祖国。曾任四川农学院（四川农业大学前身）院长的杨允奎就是其中的一位。

薪火相传的伟大事业

　　1932 年在美国俄亥俄州立大学获得博士学位后，杨允奎回国，先后任教于河北省立农学院、国立四川大学农学院，从事玉米杂交育种工作。

杨允奎

1937 年，在应四川建设厅厅长卢作孚之请，创办四川稻麦试验场之后，杨允奎组织和带领科技人员赴四川 52 个县进行大规模的粮食作物地方品种资源普查，与助手张连桂共同撰写了《玉蜀黍农家品种改良推广纲要之刍议》，论述四川玉米在农家种植的适应性以及挖掘地方种质资源的潜力和前景，确定熟、硬粒和抗倒伏为当时四川玉米间、套、复种的育种目标和方向。1942 年他又撰文《杂交优势之各家臆说》，最早向国内介绍玉米杂交优势研究进展和学术观点。

抗日战争爆发后，国内粮食产量锐减，国外进口粮食的渠道被切断。杨允奎发表了《讨论抗战开始四川粮食之筹划》一文，对如何提高四川粮食产量以应对时艰进行了探讨。他曾连续在《美国农艺学会学报》发表论文，其中《玉米杂种优势涉及株高与雌花期之研究》在国际学术界获得很高评价。

杨允奎还从美国农业部莫里森（Morrison）教授那里得到一批原产路易斯安那州、得克萨斯州的优良玉米品种，如"可利"（Creole）、"得克西"（Dexi）等。1944 年 6 月，在美国时的同窗好友、美国先锋种子公司创建人、美国副总统华莱士访华时，送给他一批玉米育种材料。他用漂洋过海而来的玉米品种和四川当地的品种进行杂交，开始培育自交系。到 20 世纪 40 年代中期，他和同事先后培育出 50 多个玉米双交、顶交优良组合，增产幅度达到 10%～25%。在当时的抗战后方，杨允奎主持玉米育种工作的卓越成就为农业界所瞩目。

1936 年，杨开渠提出在四川试植双季稻的计划，杨允奎佩服他的真知灼见，便提请国立四川大学农学院院务讨论，院长曾省拍板决定在四川开展双季稻栽培试验。该计划获得国立四川大学校长任鸿隽的大力支持，在杨允奎和杨开渠的带领研究下，四川双季稻研究结出了累累硕果，并获得了大面积推广。

杨允奎当时主持四川农业改进所工作，同时又在国立四川大学农学院任教，因此两家机构常常合作开展农业科研。在两家机构通力协作下，全面抗战时期四川的水稻、玉米、小麦等农产品产量都有很大的提升，从而有力地支援了全面抗战时期的粮草供应。

1945 年，四川省政府主席张群称，全面抗战时期，四川征购捐献粮食 7100 万石，居全国各省之首。1945 年 10 月 8 日，《新华日报》发表社论《感谢四川人民》，指出"历年来四川贡献于抗战的粮食占全国征粮总额的三分之一"。曾省教授在 1938 年 3 月关于国立四川大学农学院的一份报告中讲道："本院同仁对于后方生产的农垦事业，向甚关心，总希望在危急存亡之秋，打通一条血路。"

《新华日报》发表社论《感谢四川人民》

　　毋庸置疑的是，四川作为全面抗战时期对前线输送粮食数量最多的省份，恰是源自以杨允奎、杨开渠等为代表的国立四川大学农学院等机构的农业科研人员在抗战时期"打通一条血路"的努力工作。正是他们在民族危亡之际各尽其职而殚精竭虑，以教民稼穑之术换来四川粮食增产，使中华民族在日寇铁蹄入侵之际能够有充分的底气与敌周旋决战直至最后胜利。

　　抗战胜利后，杨允奎开始致力培育高产、优质、适应性强的玉米综合种，将9个优良自交系混合授粉，育成6个综合品种。其中的川大201直到20世纪50年代仍是四川部分地区的玉米当家品种。而从美国杂交种分离出来的优良自交系可－36、D－0039和金2都是玉米育种的宝贵原始材料。特别是优良自交系可－36，直至20世纪80年代，用于玉米杂交育种的骨干自交系自330，以及推广面积很大的单杂交种丹玉6号和中单2号都有它的血缘。

在杨允奎主持下，团队于20世纪50年代先后育成玉米杂交种川农56-1号、顶交种金可和门可等，第一次在四川省开创了利用顶交种生产玉米的新局面。特别是川农56-1号，亩产达到434.2千克，在四川省平原和丘陵山区推广种植有较大的面积。60年代团队结合数量遗传学研究，选育出双交1号、双交4号、双交7号、矮双苞、矮三交等，在四川雅安、乐山等地区种植，增产显著，为大面积推广玉米杂交种开辟了道路。

杨允奎是我国最早从事玉米数量遗传学研究人员之一。新中国成立后，他最早向学术界介绍国外数量遗传学的研究进展，并率先在玉米育种工作中运用。1955年，他作为中国科学家代表团成员出席在匈牙利召开的社会主义国家玉米遗传育种学术会议，在会上做了关于这门学科的研究进展和发展方向的发言。他曾两次应党中央和国务院的邀请，参加制定《1956—1967年科学技术发展远景规划纲要（草案）》和《1963—1972年全国农业科学发展规划》。1956年8月，杨允奎参加了中国科学院和高等教育部在青岛召开的遗传学座谈会，并在会上提出重视数量遗传学研究的建议，指出"数量遗传，就植物来说，如像植株高低、成熟期早晚、籽粒轻重等，在生产实践上很重要，但过去对这类性状的遗传研究是做得比较不够的"。在杨允奎教授的倡导下，农作物数量遗传学研究正式列入全国科学发展规划。经农业部批准，1962年在四川农学院正式创立我国第一个农作物数量遗传实验室，杨允奎为主任，这也是今天四川农业大学玉米研究所最早的雏形。

杨允奎为了给后人"铺路筑桥"，让更多的人加入数量遗传学研究的队伍，领导数量遗传研究室制定10年发展规划，开办数量遗传学训练班。他风尘仆仆，南下北上，不辞劳苦，为很多大学讲授这门学科，为我国培养了一支老、中、青结合的数量遗传学教师和科研队伍，其中不少人成为精通这门学科的教授、研究员和学科带头人。

杨允奎教授提出，数量遗传学必须同育种工作相结合，才会有更大的发展，并率先在玉米育种工作中加以运用，取得了玉米主要经济性状遗传和配合力的第一批数据。他在玉米遗传学理论与育种实践相结合方面的贡献，首推利用玉米雄性不育特性培育杂交种。1958年7月，他在试验田里发现玉米杂种US13子代中有许多雄性不育株，用优良自交系可36、金57和门5-2等的花粉与之杂交，其杂种后代显示雄性不育，再进行多年的选择与回交，直至达到饱和状态而与原自交系没有差别。最后选用雄性不育系、一般自交系与恢复系组成三交和双交种。用这种方法制种，省去了田间人工去雄的烦琐操作并保证了纯度和质量。杨允奎及其助手杜世灿、段光辉等的这项研究，以题为《利用玉米雄性不育特性制造杂种的研究》发表在《作物学报》上，为我国利用雄性不育法培育玉米杂交种迈出第一步。

杨允奎是我国著名农业教育家和作物遗传育种学家，是我国农作物数量遗传育种学科的创始人和奠基人，是我国利用细胞质雄性不育系配制玉米杂交种的开拓者之一，也是"川农大精神"的奠基人之一。在"川农大精神"的感召下，一代又一代川农人接续奋斗，驰骋在农业科学的广阔天地里。

历经重重磨难，依然坚守热爱

1970 年 9 月 14 日，杨允奎因病在成都逝世。荣廷昭在同其他工作人员一起清理先生身后遗物时，发现杨允奎留下《玉米自交数量性状遗传研究初步报告》和《数量遗传与育种》两篇遗稿。

《玉米自交数量性状遗传研究初步报告》创造性地提出了双列杂交配合力的简便估算方法。这个方法比通常采用的格列芬估算法简便得多，而且实用有效，现已编入国内高校作物遗传育种学教材和《玉米遗传学》之中。五万余字的《数量遗传与育种》则是国内最早系统介绍数量遗传学原理和方法的一部专著，也是杨允奎呕心沥血从事数量遗传学研究与育种实践相结合的心得体会。大家无不感慨万千，为杨允奎先生身处逆境不气馁、孜孜不倦为科研的顽强精神所感动。这种精神也激励着当时年轻的荣廷昭坚守热爱的事业。

彼时，正值"文化大革命"，一切正常的教学科研活动完全停止。但只要条件稍一允许，荣廷昭和同事们又投入玉米遗传育种研究，并在雅安多营农场为农民开办玉米杂交育种训练班，坚持科学研究与技术推广。然而在那个年代，厄运又再次来袭。荣廷昭因办培训班和进行育种试验被批判。他的一切教学科研工作被迫停止，直到 1980 年才正式恢复工作。在这场浩劫中，他的育种材料丧失殆尽，没有试验田，也没有科研经费，一切都要从零开始。

这种情况下，荣廷昭和两位同事找到了当时农学系主管科研的副主任李实蕡教授，表达了想要继续进行玉米育种研究的愿望，当即得到了李实蕡教授的肯定和支持。他说："你们想出来工作很好，我就怕你们受点挫折就一蹶不振。"并从自己承担的一个农业部课题中拿出一些经费支持他们开展研究工作。

当时，在四川乃至整个西南地区玉米自育的品种很少，生产面积也小，产量很低。农民大多种的是北方玉米品种。然而"橘生淮南则为橘，生于淮北则为枳"。虽然西南地区处于亚热带范围内，且大部分地区跨中亚热带，受季风影响，气候温暖湿润，雨热同期，有利于玉米生长；但四川盆地光能不足，阴雨多、雾日多，土壤瘠薄、旱涝灾害频繁、病虫危害重等，又不利于玉米生长。实践证明，其他地区选育的玉米杂交种并不能适应或不能完全适应西南地区玉米生产的要求。

面对这种情况，荣廷昭和同事们心急如焚。培育出适合西南地区土壤、地貌、气候等综合因素种植的玉米品种成了他们的目标。

从北纬 45°~48°至南纬 35°~40°，无论是低于海平面的里海盆地，还是海拔 3500 米的秘鲁安第斯高原；无论是夏季短暂的加拿大北部，还是终年炎热的哥伦比亚赤道地区，玉米都可以种植并生长良好。除南极洲外，世界六大洲都种植玉米，其分布之广是其他栽培作物所不可比拟的。在人们长期的生产和科研实践中，以及不同的气候带及土壤环境的影响下，有着丰富的适合不同生态环境条件的玉米类型和品种，且有各自不同

的形态性状特征。

玉米有热带种质和温带种质之分。一般而言，温带种质具有株型优良、经济系数和产量配合力高等优良特性，但抗病抗逆性较差。而热带种质则具有叶片持绿期长、生物产量高、抗病抗逆性强等突出特点，但玉米籽粒产量不高。

为了利用杂交优势，荣廷昭、刘礼超、冉国风等从 20 世纪 70 年代开始，相继开展了合成玉米温－热种质综合种及其改良工作。由于当时国内已开始推广单交种，推广温－热种质综合种的思路显然已不适应形势发展的需要；同时还限于当时的科研条件与技术水平，从合成的温－热种质综合种中分离自交系普遍存在"后代疯狂分离、难以稳定，育成自交系配合力不高"等现象，难以培育出优良杂交种。

为充分利用热带玉米种质的优良特性，荣廷昭总结在热带种质利用方面的经验和教训，依据西南玉米育种实际，提出"从热带种质直接分离自交系，再与温带种质自交系杂交，把温、热种质的优点组合到杂交一代中"的育种新思路，希望培育出高配合力、高产、高抗多种病害的新自交系，用以组配出有突破性的高产、优质、多抗杂交种。

然而这一因地制宜的想法一提出，就有所谓业界"权威"人士发表观点："你们还用得着搞玉米？"在北方玉米种子几乎一统全国农业市场的情况下，荣廷昭团队并不被看好。但他们并不理会这些杂音，依然按照自己的思路潜心研究。

巧解难题，独创技术路线

同全国相比，西南地区的玉米生产水平不高。以四川为例，1965—1998 年玉米单产由 1455 千克/公顷提高到 4560 千克/公顷，提高 213.4%。其中，前 15 年四川年均增长为 127 千克/公顷；后 20 年四川年均增长只有 66.7 千克/公顷，低于当时全国年均增长量 106.7 千克/公顷。主要原因是多数新品种没有解决好抗倒伏、耐密植和抗非生物逆境（如高温、低温、干旱、渍水、盐碱胁迫等）等适应性问题，良种良法配套研究应用不够，从而导致实际产量增长缓慢，甚至呈下降趋势。

荣廷昭团队认为，热带地区的玉米种质是温带玉米育种一个丰富的资源库。同时，把热带种质引入温带种质中，是不同适应性组间的玉米杂交（即温热杂交），将会取得更好的杂种优势，得到强优势的组合。

当时，人们已经筛选鉴定出许多优良的热带玉米种质及其改良群体。要选择哪一个呢？荣廷昭团队把目光锁定在来自泰国的 Suwan-1（苏湾 1 号）上。

1979 年 4 月，广西百色地区玉米研究所从泰国玉米研究中心引进了由该中心运用当地优良农家品种混合授粉选育的综合种——Suwan-1（苏湾 1 号）。该品种具有稳产高产、质好、比较抗旱耐涝、比较抗病虫、生育期适中、发根及生长速度快等特点。1980 年，Suwan-1（苏湾 1 号）先由百色地区玉米研究所、百色农校，以及德保、靖西、隆林县等单位试种。1981 年扩散到乐业、那坡、田东、凌云、百色等县试种、示范。1982 年分布全地区 12 个县（市），种植面积达 1.13 万亩。此后，Suwan-1（苏湾 1 号）迅速推广到广西、云南、贵州多地，持续丰产多年。

　　但是，在温带利用热带种质面临着一个最大的难题，就是生育期的调节问题。因为适应12~14小时日照的热带种质，在温带的长日照（14~16小时）下开花要延迟，生育期变长，植株变高甚至不能开花结实。这样一个简单的日长反应，导致人们以前利用热带种质存在着很大的界域性或者只能用非常早熟的品种，掩盖了热带种质真正的育种潜力，严重限制了热带种质在温带地区的利用。

　　面对难题，荣廷昭团队认为，无论在温带利用热带种质光敏反应的遗传特征是什么，它一定存在着遗传学上合理性，让人们加以认识和利用。关键是要找到可以采取的切实可行的策略（诸如驯化）、合理的交配（通过回交程序或其类似程序）与选择方法，克服困难，使热带玉米优良基因转移到温带适应性良好的原种上。他们决定，选择适应性强的优良热带种质材料，应用适当的测定方法，直接选育自交系，再与温带种质自交系杂交，把热带种质的优良特性组合到F1代中，从而把不适应的热带材料变为可用材料，进入育种方案。

　　于是，在20世纪80年代初，针对西南山区玉米杂交种的特殊要求，即不仅要求高产、稳产、抗病、优质及熟期对路，还要具有苗势旺、营养体发达、耐粗放栽培、耐阴湿、抗逆性强等，结合育种实践，荣廷昭团队总结分析多年来利用温带材料选育山区杂交种进展不力的原因，主要是温带种质一般植株营养体较弱小、果穗苞叶松散、抗阴性较差、抗病性较弱等，不能很好地适应山区复杂多变的环境。他提出了选育适应山区的玉米杂交种，必须利用热带种质的优良特性，使之在杂交种中利用。在此基础上，制定出分别选育各具有温、热带种质优良特性的自交系后，再进行杂交的技术路线。

"膏药一张，全靠各人熬"

　　"杨允奎先生有句话令我铭记一生：'膏药一张，全靠各人熬。'其实农业科研基础理论并不高深，关键在于各人研究的方式和途径有所不同。研究成果究竟能不能在实际生产中起作用，全凭各人的功夫，就像熬膏药的秘方不同，出来的膏药能不能治病止痛，效果自然也不同。"荣廷昭如此总结自己的科研心得。当研究遇到困难的时候，他也发扬"熬膏药"的精神继续攻坚克难。

　　荣廷昭发现，尽管许多科学家在玉米育种理论及其方法的研究上已取得若干满意的结果，然而，这些结果在遗传研究与育种的结合上还不够完善，没有把研究数量遗传与群体改良结合起来，也没有把群体改良与自交系和杂交种的选育有机地结合起来，在一定程度上影响了育种效率。

　　为了提高育种效率，荣廷昭将数量遗传研究与玉米育种实践相结合，借用三重测交的遗传交配方式，创造了数量遗传研究和群体改良与自交系和杂交种选育同步进行的玉米育种新方法。这一方法克服了传统的群体改良、自交系选育和杂交种组配分段进行耗时多、效率不高、准确性差等弊端，将一般需要8个以上生产周期才能完成的育种程序缩短到3~4个生产周期，大大提高了育种效率。得益于这一方法，他们每年都推出1~2个玉米新杂交种。

根据西南山区玉米育种目标要求，荣廷昭团队特意选择生态差异大、抗逆性强的热带种质 Suwan-1（苏湾1号）为基础群体，以来源于温带种质的自选优良系合二和外引系331及合二 x331 为三个测验种。经过研究发现，S37 及姊妹系不仅保留了一些热带种质的优良特性，如较强的适应性和抗逆性、茎秆坚韧、苗势旺等，而且由它组配的杂交种具有西南山区玉米杂交种特殊需要的优良性状。

自 1984 年以来，S37 已组配优良杂交种 10 余个，累计推广千余万亩。S37 以它优良的特性被认为是西南山区玉米杂交育种用的一个不可缺少的优良自交系。另外，S37 还是山区玉米育种的优良种质资源，全国十多家育种科研单位用 S37 与其他材料杂交、回交等方法，选育出了多个优良自交系，并组配出一批优势组合。比如，四川雅安农业科学研究所和贵州农学院利用 S37，采用"温带种质自交系×热带种质自交系"组配方式，育成了包括雅玉二号（7922×S37）等"雅玉系列"和包括贵毕 301、302 等"贵毕系列"的优良杂交种。为此，S37 获 1994 年四川省科技进步奖。

优良自交系 S37 成功的选育和应用，充分表明热带种质在温带玉米育种中有着重要的利用价值。这一成果的取得，也是荣廷昭团队所倡导的"把群体遗传组成、群体改良和自交系、杂交种选育同步进行"的玉米育种新方法具体应用的结果。同时，也有力地证实这种新策略是完全正确的，既要利用热带种质的优良性状，又要保留热带种质的独立特性，把它的优良性状组合在与温带自交系杂交的一代种中，而不必过早地让其种质"杂交"，以最大限度地利用两种遗传种质的遗传差异，组配出强优势的玉米杂交种。

科研成果能不能转换为生产力，关键还是看它的应用。为了推广新品种，荣廷昭对每一个环节都亲力亲为，一抓到底，严肃认真。然而在推广初期并不顺利。由于当时四川的玉米种子基本上都是从北方调入，不仅种子公司不愿意进本地种子，就是免费送给农民，有时也不愿意种。荣廷昭知道，农民是被贫困吓坏了，他们不敢用新品种去冒险。为此，荣廷昭带领同事搞起了示范田，让事实说话。由于他们选育的玉米种无论是产量还是抗逆性都比外面调来的好，一下子成了农民的抢手货。

20 世纪八九十年代，荣廷昭团队培育出新品种过后，就可配制一些杂交种子出来，在雅安直接向农民销售并进行指导生产。当时川农大的杂交玉米种子在雅安赢得了很好的声誉，除了品种优良、产量高、抗病等优点之外，更重要的是销售的种子没有假冒伪劣，且服务态度非常好。荣廷昭对工作人员的要求：在销售种子的时候中午不休息，因为农民中午不会休息，要在这个时间段来买种子。哪怕农民购种只买半斤（250 克）或二两（100 克）种子，也要卖给他。他说："看到一些商业部门的服务态度不好，我们就感到很难受，农民来买种子的时候，我们要设身处地为他们着想，我们是不是应该更好地为他们服务。"

沿用群体改良与自交系和杂交种选育相结合的方法，荣廷昭团队在选育玉米优良自交系的道路上继续高歌猛进，选育出在配合力高、自身产量高、高抗病力的结合上有突破性的"三高"自交系48-2，配出川农单交9号、川农单交10号、90074 三个优良杂交种，具有广泛的利用价值。到 20 世纪末，川农大选育的杂交种最高峰时曾覆盖了四川三分之一的玉米种植面积。

1996 年，由荣廷昭、刘礼超、倪昔玉、雷本鸣、黄玉碧、潘光堂完成的科研成果"玉米高配合力、高产、高抗多种病害新自交系 48−2 和 S37"荣获国家技术发明二等奖。

没有最好，只有更好

自我超越是玉米遗传育种的永恒主题。进入 21 世纪，随着玉米产业的发展，玉米育种面临着新的机遇和挑战。

针对西南地区玉米生态、生产条件与耕作制度特点，以及 20 世纪 80 年代后期该区玉米生产经历三次大的品种更替后，仍然存在选育玉米自交系基础材料起点低，常规"二环系"选育方法存在明显缺陷，抗病抗逆选择压力不够，对品质性状重视不足等问题，荣廷昭团队利用美国玉米优良种质 Y78641 为基础材料，改进并完善自交与重组相结合的选育方法。他们通过构建"育种用小群体"，提高有利基因型频率；多种方法加大生物与非生物强胁迫鉴定，提高鉴定、选择准确性与选系适应性；选系与组合选配同步进行，提高育种效率，实现了材料和选系方法上的创新，育成了高配合力、繁殖制种产量高、抗病抗逆性强、适应性广、适宜适度密植、综合性状优良的西南地区玉米杂交育种第四轮骨干自交系 18−599 和 08−641。

18−599 高配高产、抗病抗逆、优质、综合性状优良，是西南地区玉米转基因工程育种研究领域重要的优良受体自交系。08−641 作为亲本选育的 14 个杂交种中，粗淀粉含量最高达 79.6%。18−599 和 08−641 在多次、多组双列杂交试验中，产量的一般配合力显著高于西南地区广泛使用的其他优良自交系。四川春播的繁殖制种产量高达 5250 千克/公顷，08−641 在新疆繁殖制种产量高达 7500 千克/公顷。

截至 2008 年，以自交系 18−599 和 08−641 为亲本育成了经省级以上审定的优良杂交种 33 个，审定的川单 13、川单 14、川单 21 等优良杂交种已在四川、重庆、贵州、云南、广西、湖北、陕西等省（区、市）大面积示范、推广。据不完全统计数据，累计推广面积 8000 多万亩，新增产值 30 余亿元。08−641 及其组配的"川单 21"分别获农业部 2002 年度植物新品种保护。18−599 组配杂交种的制种方法获 1997 年国家发明专利。此外，18−599 作为玉米转基因工程育种的优良受体材料，已经转让或交换给了中国科学院遗传与发育生物学研究所、中国农科院作科所、华中农业大学、首都师范大学、北京农林科学院、山东农业大学等多家科研单位。

2008 年，由荣廷昭、潘光堂、黄玉碧、曹墨菊、高世斌、兰海完成的科研成果"西南地区玉米杂交育种第四轮骨干自交系 18−599 和 08−641"荣获国家技术发明二等奖。

"川农玉米所培育的材料才是真正的原创，推出的杂交种也是最好的效仿模式"，业内多位专家曾如此评价。荣廷昭带领团队始终坚持创新，从来不搞模仿育种。以 18−599 和 08−641 选育与应用为标志，进入 21 世纪的玉米所在种质创新与应用方面不仅实现了自我超越，也对整个行业起到了极大的引领和推动作用。至今，以这两个材料组配

的部分杂交种及其改良衍生系仍在西南地区持续发挥作用。

团队改进并创建了地方种质选育优良自交系的方法，从西南地方种质"邻水大都督"中，育成适宜西南山区玉米育种用骨干自交系 21-ES。该自交系不仅配合力高，还具有耐寒耐瘠耐阴湿、抗西南山区主要病害、抗倒折、无明显光周期反应，以及重金属铅低积累等特性，已选育出省级以上审定杂交种 9 个，组配的川单 14、川单 417 和正红 311 等品种广泛适应西南山区的生态特点与生产条件，深受山区农民的喜爱，有效解决了选育西南山区强优势杂交种的优良亚热带种质缺乏的问题。用 21-ES 组配的川单 14 自 1997 年推广至今，仍是四川山区主推骨干品种，创造了西南玉米品种推广最长的纪录。

团队集成玉米太空诱变和常规育种相结合的技术体系，育成高配合力、高产、高抗西南丘陵区主要病害，耐旱耐瘠、株型优良、磷高效利用、光周期反应弱，适宜组配西南丘陵区强优势杂交种的优良自交系 SCML202 和 SCML203。以它们为亲本已选育出经国家或省级审定杂交种 9 个，如国审品种川单 418、川单 189、荣玉 1210，比对照增产 10% 以上，能广泛适应西南丘陵区的生态特点与生产条件，提升了西南丘陵区 21 世纪初以来玉米杂交种的选育水平。后续选育的 SCML0849 等材料也因为具有一般配合力高的优良特性，被西南同行广泛应用。其中，由 SCML0849 组配的最新突破性杂交种川单 99，正在加速示范与推广，又一个西南地区新一轮骨干大品种呼之欲出。

川单 99 具有高产、优质、抗逆、广适和粮饲兼用等突出特点，具体而言，它的抗病性强，对灰斑病、穗腐病等玉米病害有极强的抗性，并且枝干挺拔、抗倒伏。玉米秆青籽黄，包谷硕大粗壮，粒粒饱满，在海拔 2200 米以下的山地皆可种植。它是"十三五"规划国家重点研发计划、"十三五"规划四川省玉米育种攻关项目标志性品种，已经先后通过了云南中高海拔、广西全区、四川山区、西南春玉米中低海拔、西南青贮玉米、黄淮海区青贮玉米等组别审定，是近年来国内审定玉米品种中适宜区域最广的品种。自 2019 年首次审定以来，川单 99 已累计推广 600 余万亩，是近年来西南地区育成品种推广区域、推广面积和市场影响力最大的玉米单一品种。

2019 年 8 月，川单 99 在云南大理开展大面积生产示范，平均亩产 1078.17 千克，创我国南方地区玉米连片生产示范高产纪录。2020 年 10 月，川单 99 在云南红河通过国家重点研发计划项目重大新品种指标评价，专家组一致认为该品种是一个具备年推广 300 万亩能力的重大新品种。2022 年，川单 99 入选农业农村部粮油生产主导品种，是西南主要省区唯一入选品种。

2020 年玉米成熟的季节，一位初次种植川单 99 的农户给种子公司打来电话，电话里惊叹连连。这位农户说，当地海拔 1000 多米，病虫害也多，以前种植玉米亩产最多只能达到六七百千克。没想到，2019 年种川单 99，不需要特殊管护，亩产轻松超过 1000 千克。"这一年多来，已经听了太多种植户感叹：这个品种太牛了！"

荣廷昭一直大力倡导和支持"产学研、育繁推"一体化，努力将科研成果转化为现实生产力，尽快将新品种推广到农民手中。从 20 世纪 80 年代初至今，为了推广"川单"系列新品种，为保证亲本繁殖、制种纯度与高产，荣廷昭身体力行，事无巨细，周到细致，走遍了巴山蜀水，甚至多次远赴甘肃、宁夏、新疆等地的繁殖、制种基地现场考察，指导生产。

荣廷昭在玉米地里做研究

搞玉米育种可以说是作物育种中最辛苦的，因为它的育种关键时期是一年中气温最高的盛夏，授粉时还必须在露水全干的情况下进行，大多数都是骄阳似火的中午，在高过人头、密不透风、热得像蒸笼的玉米林中穿来穿去，玉米叶片像刀片一样在人的身上刮出一道道口子，加上浑身汗水，令人疼痛难忍，但荣廷昭却带领团队乐此不疲。他时常对学生说："搞玉米育种的，就得经历苦和累的磨炼。"

20世纪90年代，"川单"系列新品种在南充市顺庆区、嘉陵区、高坪区等地繁殖、制种。曾记得，团队在南充市顺庆区找了一片亲本的繁殖基地。一天，荣廷昭和几位老师到现场查看亲本纯度，到基地时天空正下着大雨，为了及时去杂，没有等雨停，荣廷昭就带领大家赤着脚，撑起伞，下地亲自去杂。在荣廷昭看来，做科学研究不能因为一时的困难就放弃或马虎，只有科学严谨、艰苦奋斗才能做出成果。

荣廷昭带领团队在基地考察

有一次，团队到南充玉米生产基地考察。由于连续下了几天雨，汽车没办法开到基地，因此那天一早他们就动身，在泥泞的路上走了5个小时，等考察完基地已是下午两点。匆匆吃了午饭，又赶到下一个基地。当时陪同的当地科委和农业局的领导无比佩服地对荣廷昭助手说："你们荣教授也太吃得苦了！"

1995年的夏天，荣廷昭一行到广元市剑阁县实地检查种子基地。考察结束后，剑阁县种子公司派了一辆通工车把他们送到绵阳乘坐火车，车上没有空调，加上路况不好一路颠簸，走走停停，到达绵阳时又错过了回成都的火车，直到晚上9点多钟才回到成都川农大招待所。当时正值酷暑天气，荣廷昭身上的汗衫是湿了又干、干了又湿，当天晚上，他就发起了高烧，腰病也复发，同行的老师赶紧把他送到医院紧急处理后才转危为安。

由于川单9号等"川单"系列在四川推广应用效果很好，为了学习山东登海种业玉米育种与推广的先进经验，荣廷昭于1997年组织了"川单玉米生产协作组"一行到山东莱州进行现场交流学习，还请了校长胡祖禹莅临指导。由于长途奔波过于劳累，到达莱州的当天晚上，荣廷昭发起了高烧，盖了两床被子都还冷得发抖，老师们赶紧把他送进医院。第二天一早输完液后，他没有休息，拖着病体又马不停蹄地赶往会场参加大会，不耽误一点工作。

为了玉米的丰收，荣廷昭带领团队在科研的道路上披荆斩棘。自20世纪90年代以来，以分子标记和基因工程为代表的现代生物技术掀起了玉米遗传基础理论研究和育种应用的新一轮浪潮。长期从事经典数量遗传学和常规育种应用的荣廷昭深知传统理论方法的优势和不足，对新方法和新技术极为渴求和重视，积极鼓励团队年轻人跟踪基因工程技术，加强国际学术交流合作。由此玉米所在国内较早开始了优良基因工程受体筛选和组织培养技术研究，中国科学院遗传与发育生物学研究所、中国农业大学、华中农业大学等都主动加强与玉米所在转基因研究方面的合作。正是由于超前的预判和扎实积累，在国家"十一五"规划期间启动的转基因重大专项时，玉米所能成为首批主持重大专项委托项目的研究单位。同时，玉米所加强和国际玉米小麦改良中心（CIMMYT）、中国农科院等国内外单位合作，2000年首批加入亚洲玉米生物技术协作网（AMBIONET），并逐步建立了较为完善的玉米所分子生物学实验室。2002年5月，中共中央总书记江泽民同志到玉米所实验室检查工作，接见了荣廷昭教授，并给予了充分的肯定。随着基因工程和分子生物学实验室条件的不断改善和完善，2011年成功申报建设了西南玉米生物学与遗传育种农业部重点实验室，为团队在基础理论研究和研究生培养奠定了坚实的基础平台。

"跟踪而不跟风"，是荣廷昭带领团队开展前沿基础研究的重要原则。他们运用现代分子生物学方法和技术，针对西南玉米重要育种目标性状，率先在国内开展耐纹枯病、耐低磷、重金属等性状的遗传基础研究；针对玉米重要性状如产量、品质和耐旱等，始终结合西南特有的资源，并紧密结合育种实践，把应用基础研究转化为指导育种应用的理论与技术。团队相继在 *Crop Science*、*PNAS*、*PLoS Genetics*、*Plant Journal*、*Plant Biotechnology Journal*、*Molecular Plant* 等国际知名期刊发表了一批高水平的论文，反映了团队在引领西南玉米重要性状遗传基础研究、促进玉米遗传育种学科发展进入新的阶段。2014 年"西南玉米育种重要目标性状的分子鉴定与利用"获得四川省科学技术进步一等奖。

吃苦耐劳是玉米人必备的基本素质。玉米是典型的异花授粉植物，为控制玉米的授粉方式，荣廷昭带领团队进行人工套袋授粉。天刚亮他们就下地，早上一身露，露干一身汗，汗干一身盐。一个玉米品种的育成，顺利时也得 15 个生长季节，为加快育种进程，他们每年冬季都要南繁，也就是冬季到南方再种一季。按地理位置，荣廷昭带领老师们首先选择的是海南。因为位置偏远，交通不便，需带着材料和行李辗转一个多星期才能到达，汽车、火车、轮船交替换乘。后来因海南适宜播种时间晚，收获种子也迟，加上路途运输，在四川春播就显得非常紧张，经过几年多地试验后，在云南元江县几经比较和搬迁，终于在景洪找到了相对适合的南繁基地。在基地，工作依然艰苦，他们忙的时候天没亮就出门，天黑才回住地，中午就在路边馆子花十几分钟吃碗米线。荣廷昭带领老师们在这里度过了 20 余个冬天。

曾有人问荣廷昭："为什么您几十年历经风雨，仍如此钟情于事业？"

荣廷昭回答："热爱是最好的精神动力。"他解释说，只要心中还有对祖国和对事业的热爱，以及对农民和农村的热爱，那么什么都不能阻止他前进的步伐。

第六章　让玉米变身"饲料之王"

——让人民吃得好

"膘肥体壮的肉牛特别喜好汁多浆甜的饲草玉米！"2010 年 7 月，在阆中市彭城镇的一处养殖场内，养殖大户何明功欣喜地说，全家养殖肉牛 400 多头，年产值达 200 多万元。自从种植饲草玉米后，自己再也不为肉牛饲草着急了。

在大名鼎鼎的"张飞牛肉"的产地阆中，肉牛饲料资源匮乏一度是"张飞牛肉"生产企业的一大心病。2009 年，阆中市科技局将著名玉米育种专家、中国工程院院士荣廷昭选育的 SAUMZ1 号新型饲草玉米（玉草 1 号）引入阆中，取得良好的经济效益。阆中市委常委、宣传部部长表示，全市种植 2000 亩饲草玉米，带动养殖户饲养肉牛，将最大限度地满足"张飞牛肉"生产加工，促进农民增产增收。可以说，玉草 1 号撑起了"张飞牛肉"半壁河山。

饲草玉米是由荣廷昭团队推出并在全国具有很高辨识度和知名度的一个专有名词，特指收获地上整体生物量用作牧草而不一定具有果穗籽粒的新型饲用作物，有别于传统意义上的青贮玉米和牧草品种概念。通俗地讲，就是不再以原来传统的以收获玉米果穗、籽粒为目的，而是将整株玉米，尤其是其茂盛的根茎叶粒作为饲料，成为家畜猪牛羊等的食物来源。荣廷昭带领团队又为玉米研究打开了一扇新的大门。

高瞻远瞩，保卫粮食安全

20 世纪 80 年代以来，随着我国改革开放的深入发展，人民的食物结构发生了深刻变化。当我们还在议论我国动物性食品的比重是否应该大幅度提高的时候，社会发展的脚步已径直大步前进。现在人粮和畜食比重，如以食物单位统一计算，我们吃的每 1 个单位口粮要搭配 2.5 个单位的饲料。这就是说，饲料需求为口粮需求的 2.5 倍。如果说西方的食物结构中动物性食品过多，影响健康，不妨与我们的东方邻居——韩国和日本做一比较。我国现在的动物性食品，只相当于日本 20 世纪 60 年代的水平，相当于韩国 80 年代的水平。而日本人预期寿命是世界第一，由于日本人的营养改善，日本青年平均身高已有所上升。可见动物性食品比重增加，无论从寿命还是健康来看，都是值得肯定的。目前日本和韩国的动物性食品比重还在缓慢上升。根据日本和韩国的发展趋势，预期今后一个时期，我国动物性食品比重还将继续升高，因此，我国对饲料的需求压力，在相当长的一段时期内将有增无减。

长期以来，党和政府多次把保障粮食安全列为我国重中之重的头等大事。2022年，我国粮食总产量已实现十九连增，连续8年超过6500亿千克，人均粮食占有量达到483千克，高于国际公认的400千克的安全线。但不容忽视的是，食物结构的变化会导致粮食的间接消费量大幅增加，加上城镇化的快速发展，使大量农民从粮食生产和供应者转变为粮食净消费和购买者，粮食供需形势将会发生很大的变化。

早在20世纪90年代末，荣廷昭就意识到，过去在讨论粮食安全问题时，没有注意把人的口粮和饲料用粮分开，因此一提到保障粮食安全，想到的办法就是扩大粮食作物播种面积，把不少并不具备生产粮食比较优势，甚至劣质土地用来种植粮食作物，以保障饲料粮的供应。另外，发展畜牧业又以耗粮型为主，更加重了饲料用粮的负担。因此，讨论粮食安全问题，必须区别对待人的口粮和饲料用粮。

从我国西南农区实际情况出发，荣廷昭认为，用发展饲用作物来促进草食畜牧业发展，将畜牧业中的一部分从耗粮型中解脱出来，才能从根本上减少饲料用粮对粮食安全造成的威胁。要发展饲用作物就面临一个调整种植业结构的问题。因为我们的耕地是有限的，现今饲用作物种植面积所占份额太小，不足以承担发展草食畜牧业的重任，只有将原来种植粮食作物和经济作物的耕地调整部分种植饲用作物，饲用作物才有发展空间。

那么，这样做是否可行？会不会造成与粮争地？荣廷昭及团队认为不仅可行，而且必要。因为农业生产具有地域性，农业发展规划、区域布局最重要的是因地制宜。从优化区域分工、发挥比较优势的角度来看，我国保障粮食安全的核心支撑点更加集中地分布在粮食主产区和商品粮基地县。目前，我国三大粮食主产区分布在东北、黄淮海和长江中下游，而全国九大商品粮基地主要在三江平原、松嫩平原、太湖平原、江淮地区、江汉平原、鄱阳湖平原、洞庭湖平原、成都平原、珠江三角洲。一般而论，一个区域要成为粮食主产区应具备一定的条件，不仅需要地理、土壤、气候、技术等条件适合种植粮食作物，而且粮食产量要高、种植比例要大，除区内自身消费还能够大量调出商品粮。

就整个西南地区来看，虽然成都平原位于四川，但所占面积不大，更多的是丘陵、山地和高原，加上我国西南多数农区常年虽热量充足，但阴雨寡照，光照相对不足，不利于作物籽粒生长发育，产量较低，在粮食生产方面不具有优势。恰巧这种生态条件却适宜以利用营养体为主的饲用作物生长，何况好的饲用作物的饲用品质并不比普通粮食差。有关资料表明，优质牧草的粗蛋白含量远高于小麦和大米，种1亩地的优质牧草作饲料，其营养源相当于3~5亩地的小麦，而蛋白质则多出4~8倍。因此，在粮食主产区重点支持和鼓励发展粮食产业，而在种植粮食不具有比较优势的西南农区适当调整种植业结构，发展饲用作物，实施"宜粮则粮"和"宜草则草"战略，促进草食畜牧业发展，达到"以草换肉"和"以草换奶"的目标，不仅有利于保障国家食物安全、有效解决因饲料短缺带来的"人畜争粮"矛盾，还有利于优化区域分工，提高资源配置效率。

此外，提高农民生活水平的核心是不断增加农民的收入，而提高农民收入的根本途径要靠发展产业。从整体上看，我国西南农区的工业化、城镇化水平还比较低，从事农

牧业生产仍是农民家庭收入的重要组成部分。如果不调整产业结构，沿袭仅在有限耕地上种粮的生产方式，虽在一定程度上保证了农民吃粮问题，但难以尽快使农民增收致富。大力发展草食畜牧业，不仅顺应了人们食物消费结构升级换代对动物性食品消费增加的趋势，而且与耗粮型畜牧业相比，更有助于提供生态安全的畜产品，更有利于提高比较效益，促进农民增收致富。资料表明，世界上发达国家草地畜牧业单位面积产值较种植业产值高出1~8倍，养殖业产值占农业总产值的50%以上，高者达70%以上。任继周院士在我国云贵石漠化地区的多年试验证明，种草养畜较之于单纯粮食生产可提高收益2~3倍。据荣廷昭团队在四川奶牛养殖强县洪雅的调研，发展种草养畜不仅比种植粮食作物经济效益高，而且也比耗粮型畜牧业收益好，增收致富快。因此，根据西南农区生态特点和生产条件，发挥资源禀赋优势，兼顾经济、社会、生态效益协调发展，因地制宜发展"种草养畜"产业，延伸与拓展产业链，提高附加值，是实现农业增效、农民增收、产业增值、企业增益、社会发展与稳定最现实、有效的途径。

更重要的是，生态效益是农业可持续发展的重要保证与必要条件，国土与环境是生态文明建设的空间载体。我国西南农区地处长江上游，生态脆弱，建设长江上游生态屏障是关乎长江中下游生态安全的长远大计。大部分西南丘陵山地多熟制农区，生产条件较差，加之长期不合理的耕作与利用，造成大面积水土流失，土壤肥力严重下降，农业生产往往靠大量施用化肥、农药来维持，不仅效益低下，而且由化肥和农药造成的污染严重。有关资料显示，我国耕地总量仅占世界耕地总量的9%，但所耗费的化肥和农药的总量却分别占全世界耗费量的35%和20%，单位面积化肥、农药的平均用量比全世界平均水平高2.5~5倍，每年遭受残留农药污染的作物面积已达12亿亩。此外，西南农区还有相当部分的岩溶地区，石漠化现象严重，生态脆弱，并有进一步恶化趋势。据国土资源部和国家林业局调查结果，仅1987—1999年，西南岩溶地区石漠化面积就从9.09万平方千米增加到11.35万平方千米，净增2.26万平方千米，平均每年增加1883.33平方千米，年增长率达2.07%。饲用作物尤其是多年生饲用植物，具有覆盖面大、抗逆性强、能较好涵养水土等优点。西南农区通过调整种植业结构，发展饲用作物，减少对土地的扰动，发挥其保持水土、提高地力的作用，必将在很大程度上改变农区水土流失、土壤肥力严重下降、耕地石漠化等状况。同时，通过对中低产田土"种草—养畜产粪—肥地"循环生态系统的构建，将种植的牧草和收获的秸秆等经家畜过腹还田，既可减少温室气体排放，改善空气质量，又可增加土壤有机肥料，改良、培肥土壤，减少化肥、农药用量，降低环境污染，实现土地、肥料等资源的循环利用，促进有机农业的发展，有利于构建西南农区自然生态系统的良性循环。

另外，在西南农区发展饲用作物，也有利于减轻牧区的生态压力。长期以来，由于自然灾害和过度放牧等诸多因素的影响，牧区草原退化、草场沙化日渐加剧。据四川省畜牧食品局发布的《2009年草原资源与生态监测报告》，四川省草原沙化面积已达21万公顷，未沙化的草原退化也很严重，鲜草产量已从20世纪80年代的6.3吨/公顷下降到4.56吨/公顷。另外，西藏也有一半以上的草原草场严重退化，10%的草场明显沙化，全区已经退化而不能放牧的草场面积达0.11亿公顷。草原草场严重退化的形势，决定了在现有生产技术水平下，牧区进一步发展草食畜牧业已经没有潜力，当务之急是抓紧生态环境修复与治理，实施退牧还草。为了既能修复和保护牧区生态环境，又能满足人们日益增长的动物性食品需求，必然要发展草食畜牧业的替代区域。西南农区发展饲用作物具有水、肥、光、热利用率高，生长速度快，生物产量高等优势，是承载这一任务的最佳替代区域。在该区发展饲用作物，调整种植业结构，不仅可以减少整个畜牧业发展对粮食的依赖，而且还可以通过"生态功能置换"，减轻草原草山过度放牧带来的生态压力，有利于牧区生态环境的修复与治理。因此，在西南农区发展饲用作物，调整种植业结构，不仅有利于改善农区的生态环境，还有利于减轻牧区的生态压力，是改善长江上游生态环境的重要战略选择。

按照上述新观念、新思维，根据因地制宜、发挥优势的原理，进一步优化种植业结构，调整部分耕地或利用休闲田土发展优质高产饲用作物，实施"藏粮于草"、建"绿色粮仓"，促进草食畜牧业发展，不仅不会成为保障粮食安全的负担，反而有助于突破传统思维定式，跳出就粮食问题解决粮食问题的怪圈，开辟一条新的保卫粮食安全的重要战略路径。

牛羊猪鹅兔都爱吃的玉草系列

20 世纪 90 年代，我国牧草业经过几十年的发展取得了一些成就，如高丹草、黑麦草、燕麦、冰草、早熟禾、高羊茅、鸭茅等饲草品种选育与推广取得了明显进展，但与诸多发达国家相比还比较落后，水平还较低，远不能满足需要。我国当时育成的当家饲草新品种不多，而新育成适应各地区不同生态环境条件的优良饲用新品种所占比例更低，并且饲草种子生产能力低，远不能满足生产发展的需要。多数饲草品种依赖进口，如墨西哥大刍草、黑麦草等牧草种子每年都需要大量进口。

当时，发达国家已经把饲草产业作为一种重要的新型经济作物来对待，美国、加拿大和荷兰等国把饲草产品出口日、韩及东南亚地区等，赚取了大量外汇。仅日本市场每年需要进口的牧草产品多达 220 万吨，跨洋远运费用昂贵，每吨价格在 200 美元以上，比玉米高出约 1 倍。从国内市场来看，我国每年生产草产品缺口更大，对于优质牧草产品（如草粉、草颗粒等）需求迫切，仅饲料工业每年就有 200 多万吨牧草添加料的需求，远期需求在 600 万吨左右。因此，必须加快优良饲草品种培育与推广以满足养殖大户、农区和牧区饲草饲料和生态农业发展的需要。

玉草系列

荣廷昭团队经过多年研究，利用玉米近缘种，育成了一批产量高、饲用品质优良、适应性强、一年能刈割多次的一年生或多年生优质饲草玉米新品种。其中玉草1号就是其中的优秀代表。它是以通过染色体工程合成的一个玉米代换系材料为母本，与多年生玉米组配育成的杂交种。

在研究中，荣廷昭团队发现，四倍体多年生玉米是玉米的一个野生近缘材料，具有抗寒、抗病、耐涝等优良特性，多年生，根系发达，分蘖能力强，但抗倒伏能力较弱。用它与玉米杂交可以聚合二者的优良特性，有望选育出突破性饲草新品种。可是，玉米与四倍体多年生玉米的亲缘关系较远，杂交亲和力低，导致它们之间的杂交结实率低（5%～8%），且杂交结实的种子发芽率也较低，严重限制了将四倍体多年生玉米有益基因导入玉米而选育推广新型饲草玉米的可能性。

为此，团队提出通过培育普通玉米与四倍体多年生玉米的中间桥梁材料，然后利用中间材料与四倍体多年生玉米杂交，从而提高杂交结实率的技术路线。经过多年的染色体工程研究，获得了玉米—四倍体多年生玉米代换系材料。玉米—四倍体多年生玉米代换系材料与普通玉米有相同的染色体数目（$2n=20$），表型性状也恢复到普通玉米的特征，且含有部分四倍体多年生玉米遗传物质。它与四倍体多年生玉米直接杂交结实率得以大幅度提高，且它们的F1代杂交种发芽率高，F1代具有明显的杂种优势，营养体产量远远超过双亲。

玉草1号植株直立丛生，生长繁茂，根系发达，不刈割时株高可达3～4m，主茎粗1.7～2.1cm，叶片较普通玉米细长，长80～105cm，宽6～8cm，叶片多达110～140片；分蘖能力强，第一茬平均分蘖6～16个，后期平均分蘖60个，最高可达150个以上。抗寒、抗旱能力强，植株能耐−7℃低温。

2004年，荣廷昭团队在雅安进行栽培示范实验，第一期4月初播种，6月2日刈割，在同等种植面积及植株密度的前提下，玉草1号与墨西哥玉米、高丹草相比，其鲜草产量超过后二者一倍以上。第二期4月下旬播种，7月7日由四川省农业厅组织专家进行现场考察和采收，其鲜草产量为4799.48千克/亩，之后对2004年越冬后新萌发的玉草 1 号也进行了现场考察和采收，实测鲜草产量为 4850 千克/亩。第二年他们在重庆、云南、海南、甘肃、江苏等地进行多点示范，玉草 1 号仅第 1 次刈割亩产鲜草 4.8~7.2 吨，最高达 12.6 吨，1 年可收 4~6 次，平均亩产量可达 15 吨以上，若肥水充足、管理得当还可达 20 吨以上。2006 年，四川省农业厅与川农大联合在洪雅、南江、射洪等 10 个县（市、区）进行了面积达 1000 多亩的试验示范，结果显示玉草 1 号每年可刈割 3~4 次，每亩可产新鲜饲草 11.5 吨，比同类饲草墨西哥玉米增产 50％以上，可供一头奶牛食用 280 天，比墨西哥玉米多 90 天。玉草 1 号茎叶嫩绿多汁，清香甜脆，品质好且营养价值高，其茎叶比（茎秆与叶片的重量比）平均为 2.26，叶量丰富，粗蛋白（CP）含量在 12.9~15.8，相对饲用价值（RFV）为 82.62，远远高于一般禾本科饲草。以洪雅县、资阳市雁江区奶牛饲养场为例，饲喂饲草玉米的奶牛每头每天比饲喂其他饲草的奶牛平均高出 1.2 千克。玉草 1 号还具备适口性好、消化吸收率高等特点，无论是在川农大奶牛场、简阳丹景山羊场、云南临沧鸵鸟场还是农户自家喂养的食草性牲畜，牛、羊、猪、鹅、兔等多种畜禽都喜欢采食。

通过示范点测算，每亩玉草 1 号产值可达 1150 元，比种普通籽粒玉米每亩平均增收 550 元。若以每亩玉草 1 号饲喂奶牛可增加产奶量 336 千克测算，将增加纯收入 400 元，两项合计种植 1 亩饲草玉米可新增收入达 950 元。

此外，玉草 1 号根系发达，其匍匐根状茎和须根系能保水固土。除利用种子生产，植株还可分株繁殖和扦插繁殖。其调制性能好，利用方式灵活多样，可直接青饲，也可青贮或制成草粉、草块和草颗粒等。

2009 年，由唐祈林等人选育的玉草 1 号顺利通过国家审定，这也是四川省第一个通过国家审定的饲草玉米品种。

再接再厉，团队继续选育出易种、产量高、品质好、适应性强、生产成本低的玉草 2 号，营养价值高、甜味大、适口性好、生长快速、抗寒抗旱能力强的玉草 3 号，具有耐涝特性、可以充分利用西南亚热带地区"三季不足，两季有余"时间空间资源、促进农民增产增收的玉草 4 号，还有产量更高、适应性更强的玉草 5 号、玉草 6 号、玉草 9911、玉草 9919 等。

沿承这一思路，团队后续还从玉米近缘属材料的利用拓展到饲用薏苡、饲用高粱品种培育，研发形成了支撑西南农区草食畜牧业发展的系列新型饲用作物。

精心绘制草食畜牧业宏伟蓝图

2012 年 6 月，中国工程院在前期调研的基础上，经反复酝酿，正式启动了"发展饲用作物、调整种植业结构，促进西南农区草食畜牧业发展战略研究"重点咨询项目，项目依托四川农业大学，由荣廷昭院士主持。为加强对项目的宏观决策与指导，成立了由中国工程院尹伟伦院士任组长，向仲怀、戴景瑞、傅廷栋、盖钧镒、刘旭、南志标和朱有勇院士为成员的项目顾问组；由四川省农业厅牵头，四川省委农村工作委员会、四川省科学技术厅、四川省畜牧食品局、四川省农科院和四川农业大学参加组成的项目协调组。

该项目在西南五省（区、市）展开深入调研，实地考察了 30 余个大中小型养殖企业，走访 200 余家种草养畜农户，发放调研问卷 1000 余份，组织专题座谈 20 余次，召开了各个层次的项目咨询会，形成了 10 个调研报告、11 个专题报告和 1 个总体咨询报告。

这份咨询报告精心绘出了西南农区草食畜牧业发展的宏伟蓝图，创新性地提出了实施"粮—经—饲"三元结构优化战略，适度规模推进战略和科技创新驱动战略，推动种养业结构调整和饲用作物的发展，实现农业的"转型、提质、增效"，为推动西南农区农业供给侧结构性改革和"粮改饲"提供了政策建议、技术支撑。

荣廷昭团队认为，优化"粮—经—饲"三元结构，就是要解决优质饲草料总量不足的问题。调整部分耕地用于一年生优质高产饲用作物种植，发展多年生禾本科、豆科混播常绿草地或（和）大力推广多年生、适宜多次刈割的新型优质高产饲用作物；充分利用秋冬闲田土和撂荒地，发展一年生黑麦草和其他优质高产饲用作物；因地制宜推行"粮—饲"、"经—饲"轮作或"粮—经—饲"高效间套种植。多元化、多模式发展饲草料生产，大幅度提高优质饲草料产量，解决优质饲草料总量不足。

同时，要优化饲用作物种植结构，解决饲草料供应结构不合理问题。因地制宜大幅度增加青贮专用玉米、饲草玉米等适宜青贮饲用作物的种植，解决家畜冬春季饲草料严重缺乏问题；同时在光照充足、冷凉干燥地区发展燕麦草，以及小黑麦、大麦、青稞、光叶紫花苕和箭舌豌豆等适宜制作青干草的饲用作物，提高青干草的自给水平。通过这两项有效举措，解决饲草料季节性不平衡问题，有利于圈养草食家畜冬季保肥、增膘，更有利于降低生产成本，提高养殖草食家畜的经济效益。

要开发高蛋白饲用作物，弥补蛋白质粗饲料的不足。一是要加强其他豆科饲用作物新类型、新品种的研发，以发展新型饲用作物，调整种植业结构，并探讨豆科与禾本科饲用作物混合青贮技术，提高青贮料的蛋白质含量；二是应加快粗蛋白含量较高的青贮专用玉米新品种的选育与推广利用，并在西南适宜地区发展苜蓿，提高蛋白源饲草料的比例，以弥补蛋白质粗饲料的不足。

要发展新型优质饲用作物，拓展饲草料生产渠道。我国科学家持续努力与不断创新，已研发出了多个适宜于西南地区种植的优质高产饲用作物新类型、新品种，如南京农业大学盖钧镒院士研发的饲用大豆、西南大学向仲怀院士研发的饲用桑、华中农业大学傅廷栋院士研发的饲用油菜、四川农业大学荣廷昭院士研发的饲草玉米等，这些新型饲用作物为西南农区发展优质高产饲草料奠定了物质基础，拓展了生产渠道。比如，高产优质多年生饲草玉米——玉淇淋草，是学校玉米研究所近年研发的又一新型饲用作物。玉淇淋草是玉米、大刍草和摩擦禾三物种的远缘杂交后代材料，具有产量高、品质优、抗寒、抗病、抗倒、植株分蘖和再生性强，以及在我国南方多年生、可无性繁殖等特性。玉淇淋草一年可刈割 2~4 次，年平均亩产一般在 10 吨以上，高产地可达 15 吨以上，粗蛋白含量平均为 9.16%，茎叶嫩绿多汁，香味独特，用于青贮适口性好，是肉牛、肉羊等草食家畜的优质饲草料，具有很大的生产潜力和推广应用前景。2013 年、

2014 年在四川自贡和乐至等地的印证试验中已初见成效，深受农户欢迎，纷纷主动要求扩大种植面积。

根据以上战略重点，咨询报告提出了六项对策措施：一是提高认识、更新观念，引领西南农区种草养畜产业的发展；二是根据生态特点科学区划，按照西南丘陵山地多熟制农区、云贵石漠化地区，以及西藏、四川甘孜和阿坝、云南迪庆高原农区等分区，因地制宜发展饲用作物；三是按照养殖功能区类型合理布局，分为肉牛和肉羊养殖区、奶牛养殖区、家兔养殖区、草食禽类和鱼类养殖区等，因需制宜发展饲用作物；四是加强饲用作物新类型、新品种研发，提高国产突破性品种的自给率；五是强化石漠化地区新建草地的科学管护与合理利用，实现可持续发展；六是完善种草养畜科技推广体系，提升从业人员科技水平。

咨询报告建议将"调整种植业结构，发展种草养畜"纳入国家农业可持续发展战略规划，像种粮养猪一样予以扶持，并提出五项建议：一是制定西南农区种草养畜产业发展规划，二是建立饲用作物西南研发中心，三是按生态功能建设国家级现代种养结合示范区，四是加大饲用作物种植基地基础设施建设的投入，五是构建扶持饲用作物发展的政策体系。

咨询报告得到了由中国工程院副院长刘旭院士、中国工程院秘书长白玉良、西南大学向仲怀院士、南京农业大学盖钧镒院士、北京林业大学尹伟伦院士、兰州大学南志标院士、云南农业大学朱有勇院士、中国农业大学李德发院士等组成的专家组的高度肯定。他们充分肯定了项目实施落实到位，内容丰富，成效显著，研究思路清晰，不仅在战略上有力度，调查上有深度，而且创新实施了咨询研究和实证检验相结合的研究方式，使结论更具说服力。他们建议将咨询报告整理上报四川省委、省政府，推动地方政府落实种草养畜产业规划，充分体现市场的决定作用和政府的引导作用，在四川建立示范区，并对全国产生辐射带动作用。

如今，在全面实施乡村振兴战略的大背景下，饲草玉米的推广种植，正成为各级政府、种养企业与农户调整种植业结构、促进种养结合、致富增收的重要抓手，也是荣廷昭带领团队多年来致力于通过科技创新服务"三农"，把论文写在大地上的新篇章。

第七章　打造玉米界"新晋网红"

——让人民吃得健康

黑色的糯玉米、紫色的甜玉米、乳白色的牛奶玉米······2022 年 7 月，在四川天府新区鲜食玉米新品种选育与产业化示范项目现场会上，四川农业大学鲜食玉米育种团队选育的 20 余个优质、营养型鲜食玉米品种引起了广泛关注。

"真甜啊！第一次见到这样的玉米，还带着牛奶的清香！"大家在田间直接品尝，纷纷感叹。

大家在田间品尝牛奶玉米

"从 2021 年至今，50 余个自主选育的玉米新品种先后在天府新区的示范基地展示。其中有可生食、皮薄无渣、糖分和营养成分高的牛奶玉米，颗粒饱满、糯中带甜的加工型傣香花糯玉米，富含花青素的功能型新品种荣玉糯 21 等。"四川农业大学副校长卢艳丽介绍道。

鲜食玉米新品种"瓜熟蒂落"的背后，离不开科技人才支撑。四川农业大学鲜食玉米育种团队由中国工程院院士荣廷昭领衔，数十位拥有高级职称的研究人员以及多位从事鲜食玉米基础与应用研究的科研人员组成的"玉米天团"，为育种提供了坚实的保障。

鲜食玉米，又叫果蔬玉米，是指在乳熟期采摘鲜嫩果穗或籽粒用于蒸煮食用或加工的玉米类型，属于近些年新开发的高档蔬菜或水果品种，兼具粮、果、蔬三类食物特性。又甜又香的鲜食玉米生吃、熟食均可，口感清甜爽脆，具有低脂肪、无胆固醇、无饱和脂肪酸的营养价值，是抗氧化剂 VC 的充足来源，易于人体吸收，深受消费者喜爱，可谓玉米界"新晋网红"。其在欧美等西方国家主要指甜玉米，而我国鲜食玉米的含义十分广泛，凡是能够鲜食的都可以统称为鲜食玉米，主要包括甜玉米、糯玉米两大类。

早在 20 世纪 90 年代，就在常规玉米研究势头高歌猛进的时候，荣廷昭以超前的眼光意识到，随着人民生活水平的提高，甜糯玉米需求势必日益增强。于是，他继续加强普通玉米育种研究，将一些具体的工作交给了年青一代，自己把更多的精力花在了甜糯玉米的研究上。

天时、地利、人和

"甜玉米产业是一个甜甜蜜蜜的朝阳产业。"2010 年 5 月 20 日，在"甜玉米产业高峰论坛"上，荣廷昭院士一语道出甜玉米产业广阔的发展前景。

甜玉米的起源，可以追溯到 18 世纪，当时的一支远征考察队从美洲印第安人耕地带回一些称之为"Papnoon"（乳，软食、甜味之意）的甜玉米果穗。这种类型的玉米由于携带有与碳水化合物代谢有关的隐性突变基因，直接影响籽粒碳水化合物的代谢，在胚乳中不同程度地增加糖分含量或者改变糖分的性质。一般普通玉米在灌浆期籽粒中约有 4% 蔗糖，而普通甜玉米约有 10%，所以青食香甜可口，有"蔬菜玉米"之美称。甜玉米除鲜食，还可用于加工制成罐头食品、脱粒制成速冻食品、榨汁制成玉米饮料等。

20 世纪 50 年代，我国开始甜玉米育种的研究，随后北京农业大学（现名为中国农业大学）首次将其选育出的"北京白砂糖"甜玉米品种应用于生产实践中，但其后因没有打开市场销路导致研究工作中断，直到 70 年代后期才重新开展。随着我国市场化经济改革的不断深入和国外优质甜玉米品种的大量引进，我国的甜玉米品种在数量和质量上都有了较大提高。

糯玉米又称"黏玉米""蜡质玉米"，是起源于我国西南的特殊玉米类型。由 Farnham 牧师于 1908 年在我国收集到全世界第一个糯质玉米后辗转传入美国，随后开启了美国糯玉米资源的育种研究，并选育出大量糯玉米杂交种。目前，美国已成为世界上糯质玉米种植面积最多的国家，并且发展出颇具规模的糯质玉米淀粉工业和罐头工业。我国糯玉米杂交种的系统选育工作起步较晚但发展较快，到 20 世纪 80 年代已经陆续育成一批高产优质的品种。糯玉米含有人体所必需的蛋白质、氨基酸及各种维生素和矿物质等营养成分，具有较高的营养价值，又易于消化，因此在我国糯玉米以其特有的糯香独特风味为人们所青睐。除鲜食外，糯玉米淀粉是食品加工的优良原料。通过化学修饰作用后，将糯玉米淀粉变为各种形式的变性淀粉，提高其黏滞性、透明性和稳定性，增强其抗切割、抗震动、耐酸碱、耐冷冻等性能，用作增稠剂、乳化剂、黏着剂等。支链淀粉也可酿制优质黄酒，还可广泛应用于纺织、制药、造纸、黏合剂生产、铸造、建筑和石油钻井等行业。

近年来，我国鲜食玉米产业得到了迅速发展，鲜食玉米生产形成了明显的"南甜北糯"格局。2020 年全国鲜食玉米种植面积约 2200 万亩。其中，糯玉米 1200 万亩，黑龙江、吉林、河北、山西、辽宁等北方各省均有较大面积种植，在南方的广西、云南也有部分种植；甜玉米 800 万亩，以华南地区为主；甜加糯玉米 200 万亩。2021 年全国鲜食玉米种植面积为 2269 万亩，我国已经成为全球最大的鲜食玉米生产国和消费国。近年来，广东、江苏等南方沿海地区鲜食玉米产业的发展速度很快，同时也是我国鲜食玉米的主要种植区和消费区。

2021 年中国（四川）鲜食玉米大会

在荣廷昭院士看来，四川发展鲜食玉米可谓天时、地利、人和。四川鲜食玉米产业发展优势，首先离不开"地利"因素，既有全年温暖湿润、雨热同期的亚热带湿润气候区作为主要种植区域，又有山地立体气候显著的复种区域，温带、亚热带、热带血缘品种均能在此找到适宜的生长环境，适应四川的自然条件，为鲜食玉米品种多样化发展奠定了基础。甜、糯、甜加糯、彩甜糯等各型鲜食玉米齐齐登场亮相，种类丰富令人眼花缭乱。其次不得不提"人和"因素，以四川农业大学玉米研究所、四川省农业科学院生物技术核技术研究所和水稻高粱研究所等为代表的玉米科研团队发展迅猛、规模可观，选育玉米新品种数十种，累积推广面积超过 600 万亩。玉米专家与企业、种植户"打得一手好配合"，引领四川鲜食玉米产业不断向深加工领域纵深发展。此外，近年来，四川城乡常住人口增多、居民可支配收入增加、现代人饮食观念升级、大型高端商超及社区生鲜配送发展等因素，使得居民对高端、优质及特殊类型鲜食玉米需求旺盛。四川鲜食玉米集中于 6—7 月上市，其余时间主要由海南、广东、广西、云南等地供应。在本省自给率不足 50% 现状下，较大的供应缺口带来了前所未有的庞大市场潜力。此可谓产业发展"天时"。2021 年，全省鲜食玉米种植面积达 120 万亩，主要分布在川东北、川南、成都平原、攀西 4 个区域，鲜穗产量达 120 万吨，总产值达 24 亿元。除了供应省内市场，这些玉米同时也销往重庆、贵州等地区。

满足人民更高需求

巨大的市场需求推动了鲜食玉米的产业化发展。人们越来越注重鲜食玉米的品质，而鲜食玉米的品质问题历来是玉米遗传育种工作者研究的重点和热点。因此，针对市场的不同需求采用适宜的品质评价标准去筛选鲜食玉米的新品种就显得至关重要。

在育种初期，我国并没有统一的评价标准对鲜食玉米进行选育，都是由育种专家根据当地市场需求，利用个人经验通过品尝来确定鲜食玉米品种的优劣。现行的鲜食玉米品质标准大多采用的是由农业农村部颁布的甜玉米和糯玉米行业标准（NY/T523—2002、NY/T 524—2002），其分为外观指标和蒸煮品质两项，按每项中的具体内容打分，并以此划分成 3 个等级来衡量鲜食玉米的品种品质，该标准在我国鲜食玉米品种区域试验中起到了重要作用。

鲜食玉米的品质，通常指食用品质、商业品质、加工品质、营养品质和安全品质等。作为蔬菜或水果鲜食，鲜食玉米的食用品质毋庸置疑成为决定其品种优劣和经济价值高低的重要影响因素。鲜食玉米的食用品质包括外观品质、品尝品质、营养品质、储藏加工品质及贮运品质等。外观品质是指鲜食玉米果穗与籽粒外形给人的直观印象，是鲜食玉米品质性状中非常重要的一个指标。在其他内在品质差异不大的情况下，外观品质通常是鲜食玉米出售价格和等级标准的决定性因素。品尝品质即要求鲜食玉米适口性要好，具有皮薄渣少、软黏细腻、清香微甜等特点。而营养品质则包括多种营养成分，如可溶性糖含量、维生素含量及种类、蛋白质含量及组成、游离氨基酸及各种微量元素含量。此外，鲜食玉米还可以用于食品加工制作罐头，这时加工品质就十分关键，要求籽粒深、出籽率高；鲜食玉米在储藏运输过程中，也会因为耐储性而对品质产生较大影响，从而影响其商品性。

甜糯玉米由甜质和糯质两类基因共同控制，甜和糯两种类型籽粒在同一果穗上分别表达，鲜食口感表现出既甜又糯的特性。甜糯玉米的甜度主要受一个或多个甜质隐性等位基因互作控制，主要包括 *su1*、*sh1*、*sh2*、*sh4*、*bt1*、*bt2* 等基因，其中，*su1* 控制的普甜性状与 *sh2* 控制的超甜性状为甜玉米育种应用最为广泛的隐性基因。甜糯玉米的糯性受 *wx1* 单基因隐性突变控制，*Wx1* 基因缺失，将改变淀粉的糊化和膨胀等特性，形成具有糯性性状的糯性玉米籽粒。

控制籽粒甜、糯特性的 *su1*、*sh2*、*wx* 等隐性基因各自具有特异的基因效应，其中个别基因的纯合或不同基因位点之间的互作均能引起胚乳中碳水化合物组成的改变，进而改变玉米甜糯特性。在甜糯基因纯合体自交系或杂交种中，受甜质基因与糯质基因互作，糖分积累较多的同时，支链淀粉合成数量显著减少，过低的支链淀粉含量使其糯性难以体现，其鲜食风味无糯性口感或口感较差，甜糯特性协调始终不够理想，不能满足消费者日益变化的口感需求。为了满足消费者需求，实现种植业结构的合理调整与优化，育种专家加大了甜糯玉米的改良和创造力度。目前，甜糯玉米育种主要采用自交系选育和杂交种选育两种方法。

甜糯玉米自交系选育中，可以在原有自交系的基础上，重新组建基础材料，导入所需的甜质和糯质基因，实现甜糯自交系育种工作。最常看到的自交系选育有双隐自交系和三隐自交系两种。无论是双隐还是三隐自交系，都需要经过合理鉴定来确定其中基因成分，确保培育质量。杂交种选育则根据育种目标，选择优良糯玉米自交系与普甜糯双隐性基因自交系或超甜糯/脆甜糯双隐性自交系杂交，也可选择不同类型的三隐性自交系进行杂交，产生的果穗其糯质和甜质的分布将会呈现不同比例。例如，江苏农科所利用谢孝颐先生提出的选育方法，通过杂交培育出了新型的甜糯玉米杂交种苏玉糯 10 号，随后，南京、海南等地也通过类似培育方法的应用，培育出了更多的甜糯玉米杂交品种，为我国甜糯玉米的发展创造了条件。此外，为了迎合市场发展需求，各省（区、市）陆续开展了甜糯玉米的杂交研究工作，并生产出更多类型的甜糯玉米品种，从一定程度上满足了消费者的需求。

当时，我国在甜糯玉米育种上还处在初级发展阶段，品种选育过程中仍存在品种资源挖掘与利用力度不够、遗传基础相对比较单一、亲本血缘关系较近等诸多问题。品种资源是育种工作的物质基础和保障，为了高效选育突破性甜糯玉米型品种，避免品种遗传脆弱性可能带来的安全危害，还需要进一步加强优异甜玉米和糯玉米种质资源挖掘与创新，在切实利用好我国糯玉米种质资源丰富的优势基础上，加强热带甜玉米种质的引进与改良，深入开展甜糯玉米育种技术体系研究，不断提高甜糯玉米育种水平，增加品种核心竞争力。

开展甜糯玉米种质资源挖掘与利用，荣廷昭团队坚持潜心探索。例如，2013 年 4 月，四川省科技厅组织有关专家对四川农业大学完成的"糯玉米种质资源发掘创新及甜糯玉米新品种选育与应用"项目进行了成果鉴定，鉴定委员会认为此项研究成果整体达到国际先进水平。

该成果首次全面系统评价了西南糯玉米种质资源的遗传多样性，多途径、多方法研究了糯玉米的亲缘关系，开发了糯玉米 *waxy* 基因内分子标记，首次将玉米近缘属材料成功应用于糯玉米的新品种选育，选育了西南地区第一个国家级审定甜玉米新品种和达到一级品质标准的糯玉米新组合。该成果在糯玉米基础理论研究上取得了显著进展，甜糯玉米新品种选育方法上创新性突出，育成的强优势组合亲本及其杂交种有重大突破，整体达到国际先进水平。

在荣廷昭的带领下，团队于 20 世纪 90 年代初就开始了甜糯玉米育种研究，历经 30 多年的不断创新，已取得了突出的育种成绩，已有 20 个甜糯玉米品种通过审定。在"川单"和"荣玉"系列甜糯玉米中涌现出了"荣玉甜 1 号"等突破性品种。其中，"荣玉甜 1 号"于 2012 年通过国家级审定，是西南地区第一个通过国家级审定的甜玉米品种。该品种在 2013 年长春全国鲜食玉米联合展示中获得田间展示和室内品鉴综合指标亚军，被全国鲜食玉米产业联盟推荐为 2013 年全国最有市场潜力鲜食甜玉米品种第二名。

"荣玉糯 9 号"是 2014 年通过国家东南区审定的糯玉米品种。该品种是四川农业大学第一个国审糯玉米品种，也是第一个跨区域审定的国审品种。该品种具有产量高、品质优、抗性好等突出优点，是目前市面上糯玉米品种的佼佼者。2015—2018年，"荣玉糯9号"在东南地区累计推广22万亩以上，亩产鲜食玉米棒子1600千克，产值3200元/亩，产生社会效益7.04亿元，较种植大田常规玉米产值1200元/亩增加2000元/亩，累计为种植农户增收4.4亿元。同时，还有部分甜糯玉米品种走进了越南、老挝等东南亚国家，切实推进了国家"一带一路"建设。

2017年6月，由荣廷昭团队选育的超甜玉米"荣玉甜9号"通过国家级审定。该品种适宜在广西、广东、江西、安徽南部、浙江、江苏、上海、福建、云南低海拔地区、四川、贵州低海拔地区、湖北、湖南、重庆和海南等东南和西南鲜食甜玉米区种植。这是四川农业大学选育的第一个通过国家两个大区审定的玉米新品种，也是四川农业大学迄今选育审定适应区域最广的玉米品种。

2017年5月，四川创世嘉农业科技有限公司和四川农业大学正式签署开发"荣玉"系列甜糯玉米新品种合作协议，充分发挥企业经营优势和高校科研优势，加快科技成果转化步伐。按照协议，四川农业大学授权四川创世嘉农业科技有限公司4个"荣玉"系列甜糯玉米的新品种独家生产经营权。4个甜糯玉米新品种分别是荣玉糯9号、荣玉甜9号、荣玉糯100、荣玉甜99，都是玉米所育种团队选育的新品种。

荣廷昭院士表示，这几个甜糯玉米品种无论在品质、抗性还是产量上，都是现阶段的佼佼者之一。甜糯玉米的需求是时代发展、社会发展的必然，适应当前人民的生活需求，也符合农业供给侧改革的需要，符合地方农村发展致富的需要，前景可观。他希望双方诚信合作，共同努力，促进科研成果尽快转化成产品，再变为商品，不仅受到消费者的喜爱，也为种植户创造更高的经济效益。

用科研力量引领高端发展

虽然四川鲜食玉米产业发展已经具备一定基础，但仍有较大提升空间。荣廷昭院士提出，进一步加大川内科研单位之间、科研单位与企业之间、川内与川外科研单位和企业之间的交流与合作，把更多的科研团队、优秀产品、先进技术聚焦到四川鲜食玉米产业发展上，加强育种、示范、推广、种植、物流、销售、加工等环节的政策配套，确保鲜食玉米全产业链的健康发展。

"我省一直是我国农业适度规模化经营试点区和都市现代农业发展的先行者。毫无疑问，四川鲜食玉米产业将拥有广阔前景。"荣廷昭院士表示，希望四川用好物流仓储产业优势、特殊区位优势、鼓励政策优势，抢抓"十四五"时期宝贵发展机遇，为四川鲜食玉米产业发展再次开创无限可能。

目前，四川鲜食玉米产品单一、产业延伸不足是一大短板。同时由于四川鲜食玉米集中上市度高，采收期短，规模化深加工企业有待增加，短期内供远大于求，导致价格波动极大，严重打击种植户积极性，阻碍了规模化集中种植。

短板正是发力方向。四川鲜食玉米产业升级，创新驱动必不可少。荣廷昭团队认为，可利用本省鲜食玉米科研力量雄厚优势，加大鲜食玉米新品种研发力度，更加精细划分鲜食糯质型、超甜型、甜加糯型、加工型、特用型等品种，并进行早熟型、中熟型、晚熟型品种配合种植，用科研力量引领一条高端发展路线。

同时，走出种植规模化、环节标准化路线，要加大培育具有市场运作能力的大型龙头企业和农民专业合作社进行大面积标准化订单生产，进一步把控采收、运输和销售环节。尤其在采摘实现标准化生产，解决好从地里采收到装车这"几百米的距离"，保证鲜食玉米品质。

2023年5月18日，四川农业大学"2023年西南及南方种业科技创新团队鲜食玉米新品种转化"签约仪式在云南景洪举行。学校与厦门中田金品种苗有限公司、昆明金福地种业有限公司等5家企业签订意向成果转化协议，转让多个鲜食玉米品种实施权，品种涉及黑甜、黑糯、白糯、花糯等类别，转化总金额达160余万元。这是四川作为种业大省，为我国西南及南方地区供应优质鲜食玉米品种的生动诠释。

鲜食玉米新品种转化签约仪式

"早在10年前，四川农业大学种业科技创新团队的玉米育种专家就开始前往云南，开展玉米南繁工作。联合云南8个地市州种子管理站和部分育种企业，团队收集国内外大量鲜食玉米种质资源，以我国西南及南方地区为种植范围，开展优质鲜食玉米新品种育种攻关研究。"副校长卢艳丽介绍，从资源创建到一个玉米新品种诞生，即使在顺利的情况下，也需要花费科研育种团队10年以上的时间，作为玉米品种培育基础的自交系更要经过七八代才能纯合稳定。

在农业科研成果转化方面，科研育种团队与种业企业、种植主体的合作，有很多种形式。科研育种团队先育种，后向企业出售成果，是早年较为常见的形式；由企业分析预判市场对于农产品品种需求，并将相关需求告知科研团队，团队育种攻关科研工作者据此"定制"新品种，是近年来一种较为常见的形式。

与这些做法不同，四川农业大学玉米研究团队选择直接与地方种子管理站联合育种、试验示范和协同推广，再由部分企业进行产业化示范。地方种子管理站工作人员与当地种植户保持着长时间的直接联系，"玉米种植户想种什么样的玉米，都会跟我们直接反映"。丽江市种子管理站站长芮体江表示，借力地方种子管理站，育种专家团队得以直接了解种植一线对于鲜食玉米品种的性状需求，让种植户种玉米"更合心"。2020年至2021年的第一轮试验和2021年至2022年的第二轮试验中，他们分别试验了17和21个甜、糯、甜加糯玉米新品种。

"团队除了此次实现落地转化的鲜食玉米品种外，正在与种业企业敲定转化细节的鲜食玉米品种还有至少7个。全部转化后，预计总金额将超过300万元。"团队成员林海建说，玉米研究团队在荣廷昭院士带领下，力求农业科研成果中试熟化转化，推进科技产业发展提质增效，积极探寻西南鲜食玉米更上一层楼的发展密码。

团队还与地方、企业开展合作，从国际玉米小麦改良中心（CIMMYT）引进100份特色甜糯玉米品种资源，并对其产量、品质、抗性等进行鉴定与评价，筛选出适宜四川的品种资源与"荣玉"系列甜糯玉米品种进行资源整合，选育适合四川种植的优异甜糯玉米新品种。同时，研发配套绿色低碳高产示范种植技术和现代农业服务体系，发挥品种最大潜力，进行集成创新和示范推广。

小小的玉米，大大的作为。四川农业大学一代又一代玉米人前仆后继，勇担强农兴农的光荣使命，立志为乡村振兴再立新功。

第三部分

夙愿南风起　小麦覆陇黄

无论是早餐中的包子、油条、三明治，正餐中的拉面、意面、饺子、卷饼、比萨饼，还是茶点中的饼干、泡芙、甜甜圈……世界上大多数国家的饮食文化中都会有几道经典的面食，还有发酵后制成的白酒、啤酒、酒精或生物质燃料……这些人类获取生活资料的生产活动都离不开一种重要的农作物——小麦。今天，全球超35％的人口以小麦为主食，它作为人类三大谷物之一在世界各地广泛种植。

中国是较早种植小麦的国家之一，它在中国的种植历史几乎伴随着整个中国的文明发展史。在大约3000年前的《诗经》中，周人就吟唱着"思文后稷……贻我来牟"，感念遥远时代祖先后稷的功劳。这里的"来牟"也写作"𬷕麰"，就是指麦子。根据考古发现，早在夏代，小麦就已成为继粟、黍和稻之外的第四大重要粮食作物。中华文明迈步而今，小麦产量大约占到全国全年粮食总产量的五分之一，在我国粮食安全和社会经济发展方面具有重要的战略地位。

"水旱从人，不知饥馑，时无荒年"，四川的灌溉之利成就了千载流芳的"天府粮仓"。直到今天，作为我国的粮食主产省之一，四川小麦种植面积全国排名第十一位，小麦生产对四川的重要性不言而喻。

大道为先，学济苍生。新中国成立以来，几代川农小麦人秉持家国情怀和知识分子的理想主义风骨，以始终不渝的激情和不懈的奋斗，从为产量跨越式提升到种质资源的搜集整理再到新品种的研制，他们一步一个脚印，为中国人饭碗里能有足够的好粮，粮袋子装上好面粉贡献了川农力量。

第八章　从"雅安早"到"繁六"的故事

新中国成立后，四川小麦产量曾大跨步迈上两大台阶，"雅安早""繁六"正是推动实现这两次大跨步的重要代表性小麦品种。当我们今天望着天府之国预示丰收的滚滚麦浪时，就不能忘记一个人，他的名字璀璨如星垂平野，他的事业浩荡如江入大荒。他就是我国著名作物遗传育种学家、植物学家，也是学校小麦研究所的创建人颜济教授。没有他的贡献，就没有四川短时间内的两次小麦产量飞跃。

传奇经历兼济之心

颜济，1924 年出生于四川成都一个书香门第。父亲颜楷，1904 年进士，是有名的书法家，深受维新派领袖杨锐等影响，留学日本时又受孙中山等影响，思想颇为激进，是四川保路运动的主要人物。辛亥革命后，他因不愿与窃国的军阀为伍，就和擅长绘画的妻子邹辛士一起卖字鬻画，以书画收入养亲赡家，安贫乐道。他为自己的第三个儿子取名为"济"，并按照"伯仲叔季"的排行和"普济众生"之意为其取字"普叔"。颜济从父亲身上继承了刚直不阿、淡泊名利的品质，也一直记得父亲寄予自己兼济天下的厚望，这成为他后来颠沛中气节不改，青云之志不坠，求真求实坚持科学家精神的内在基础。

颜济 3 岁时，父亲病逝，母亲担负起养育他的重任。母亲邹辛士，因家学渊源，博通文史，工诗能文，擅长绘画，早年毕业于成都女子师范学校，从事教育事业。在教师岗位上，她以渊博的学识、勤恳的工作、高洁的志趣、坦荡的襟怀，赢得学生爱戴。她从小就培养儿子绘画、栽花种树等多种兴趣，还常给他灌输学农的重要性："人首先要吃饱肚子，解决饥饿问题，粮食生产无比重要。"在母亲影响下，颜济初中时就会给植物接枝，认识许多植物，对农作物也有兴趣。这对颜济后来树立潜心搞农业与植物研究的志向产生了重要影响。而母亲对他的绘画启蒙，则为他多年后完成《小麦族生物系统学》《高等植物器官结构的建成——多级次生节轴学说》等重要学术专著并亲手绘制其中大部分生物图谱打下了良好绘画功底。

颜济小学毕业那年全面抗战爆发，抗战形势的不断发展几乎伴随了他整个青少年时期。他就读的中学因战火迁到了温江，跑空袭警报是家常便饭，学生活动就是参加学校剧团宣传抗日，常常哼唱抗战歌曲，最关心的也莫过于报纸上各种抗战消息。

当时为避战火，数十所高校纷纷内迁，四川成为许多学校的落脚地。1943 年，颜

济中学毕业考入华西协合大学牙科。1944 年，日军反扑，大后方吃紧，贵州独山被攻陷的消息传来，来自全国各地的青年学子群情激奋，成都华西坝一时掀起了"投笔从戎""保家卫国"的高潮。此时，成都开始征召抗日远征军，同时国民党空军军官学校也到成都招收飞行员。和许多青年一样，颜济并没想太多，只觉得"日本人打来，中国人应该反抗，去参军不过是一件自然而然的事"。在母亲支持下，还在牙科二年级学习的他毅然报考空军，投身抗战行列以身报国，成为空军军官学校飞行班第 24 期学员。在昆明接受严格飞行训练期间，颜济通过表兄张彦与马识途相识，常听他们讲革命道理，深受影响。约一年后，抗战快要胜利，颜济离开空军重返华西协合大学，把一腔热情投入对个人科学素养的训练和培养之中。

抗战后期，物价飞涨。母亲教书所得无法支撑颜济完成 9 年的牙科学习，他便选择转到农学系。因为两个系许多基础课相同，此前在牙科获得的学分在农学也能保留，学农就只需学习专业课。

为鼓励颜济学农，母亲邹辛士还根据他的字"普叔"，用谐音为他取了笔名"老圃"，以《论语》中"樊迟请学稼"，孔子回答"吾不如老圃"的典故来鼓励他，告诉他在任何领域只要精和专，都能有所作为和成就。

颜济从小经历过战乱，见过百姓流离失所，民不聊生，也目睹平民百姓一年到头很难吃上白面。他心里逐渐有了一个愿望：用科学提高粮食产量，让农民过上幸福的生活。他抓紧时间发奋用功，仅用两年就完成了农学系所有专业课，还因对遗传学产生浓厚兴趣而阅读了图书馆里所有遗传学的杂志。这时他发现，有些问题不是旧学说所能解释的，因此他又开始了解进化论知识。

专业课提前修完，他省出时间去省立成都女中、成都华英女中等学校讲授生物、植物、生理卫生一类课程，还为当时成都的一份学生报投写进化论方面的文章，半工半读，减轻家里负担。

因为成绩出类拔萃，1947 年颜济在华西协合大学生物系当起了学生助教。1948 年春季毕业时他转为正式助教，从而开启了一段在他后来的学术生涯中受用无穷的经历，为他从事科学研究与小麦育种设计奠定了重要基础。

因为当时助教特别少，一人往往要负责几门课的实验实习。颜济除了负责生物系的课程实验实习，还兼农学系的实习课。"真菌学""植物病理学""遗传学""植物学""细胞遗传学""稻作学""麦作学"等课程的实习都由他来负责，甚至连牙科的基础大课——"普通生物学"和"比较解剖学"的学生实习也有他参与。带学生实习不仅要指导学生动手，还要批改各个课程的实习报告。且因华西协合大学是由英国、美国、加拿大的教会联合创办，大多数教材和参考书都用英文编写，一些新开的课还要求用全英文写实习指导。为此，颜济拼命阅读各种书籍和文献，如一些美国大学的教科书与专著，这使他的专业知识和英语水平有了极大提高。指导学生小麦春播、马铃薯抗毒薯病栽种、蚕豆春播……写作《番茄接枝杂交的两年报告》《枣疯病花器之观察》《细胞学实习指导》……这些具体而繁重的工作让颜济不知不觉在品种选育、植物学及遗传学等方面有了深厚的学养积淀。"真是天天都是忙实验实习，"即便数十年后年至耄耋，颜济回忆起那段时光仍旧感慨，"比我读大学时读的书深入得多，刻苦得多，相当于在美国读几个大学的研究生专业。"

除了平时带学生实习，暑期颜济还要兼职当采集员，如帮助生物系的教授采集两栖动物、帮助新西兰采集猕猴桃种质资源等，其中为寻找猕猴桃资源他还曾跑遍了四川境内的邛崃山脉。这些经历对颜济一生的科学研究有着重大影响，他不但从指导老师那里得到教诲，而且从实践中学到了更广泛、更深入、更丰富的知识，积累了丰富的野外工作经验，更重要的是，这些经历带给他的思考如同草蛇灰线、伏脉千里，启发了他后来对小麦族种质资源的高度重视，以及在 20 世纪 80 年代开始的相关搜集、整理与研究。

1949 年成都解放前夕，颜济放弃到美国爱达荷大学留学的机会，在地下党的领导下积极参与护校迎解放运动。新中国成立不久，颜济就加入了中国共产党。怀着一名科学家和建设者的自觉，他在向组织提交的入党志愿书中第一句便写道："我自己有建设一个理想的幸福社会的愿望。"

1951 年全国开始进行院系大调整，颜济先随华西协合大学农学系调入西南农学院工作。在这里的近一年中，他跟随何文俊教授研究水稻病虫害，因在稻田中染上脚腐病，而此时妻子杨俊良也怀孕待产，组织便将他调回了四川大学农学院。回到成都后，因脚病无法再从事下田的工作，搞不了水稻研究，他就转行研究起了小麦。自此，这一对后来在世界小麦研究领域光芒四射的伉俪携手开启了他们与小麦长约 70 年的深厚情缘。

前期工作奠定基础

新中国成立后，中国从民生凋敝、饥寒交迫走向了温饱小康，国富民强，科学文化蓬勃发展，四川的小麦科学研究也在这样一个历史洪流中逐步发展起来。

抗战年代，中国农业科技界的精英大都来到了地处大后方的四川。中国现代小麦科学主要奠基人金善宝教授随中央大学带着英国人收集的一套"世界小麦"来到了重庆。然而这套材料的 1000 多个小麦品种中来自西班牙、美国、苏联、澳大利亚的外国材料居多，来自中国的非常少。要知道，生物的表型受到遗传和环境两大因素共同影响，外国品种来到中国最大的问题就是"水土不服"，普遍都长得不好，抗病性差，最终产量也不高。因此，为保证抗战大后方的粮食供给，还需要中国的小麦研究者开展大量工作，自己筛选或选育出适应中国自然环境的品种。当时，身在四川的小麦研究者为小麦的引种与杂交育种工作做了不少努力。比如，他们选育了一些比较优秀的品种，也从"世界小麦"中筛选出了适合我国种植的意大利改良品种"Mentana"与"Ardito"，前者被称为"南大 2419"，后者音译为"矮粒多"。

颜济大学毕业后，曾着手对四川作物生产状况进行调查研究，积累了大量资料。他发现，总体来看，新中国成立前受到农业生产关系以及自然经济对农民形成的保守思想意识的束缚，我国生产上种植的小麦品种大多为农家种，一些改良品种一直"推而不广"，对实际生产没有起到太大作用，四川小麦的实际生产中仍然是老地方品种当家。

这些老品种虽然植株高大繁茂，分蘖多，但是不耐水肥，倒伏严重，使增产受限，一般亩产只有几十千克，个别好的田块最多 150 千克。到新中国成立初期，一些新品种才得到迅速推广。四川小麦主栽品种大都是从意大利引进的，条锈病和倒伏严重。国外品种几乎替换了所有的地方品种后，四川小麦产量亩产提高到了 100~150 千克，最高产的甚至能达到 200~250 千克，但这还远远不能满足国家和人民的需要。

粮食生产能力低并不仅仅是四川一省的问题。

20 世纪 50 年代初，整个新中国百废待兴，许多物资都比较匮乏。由于全国都存在粮食短缺的情形，当时中央人民政府政务院还决定改变粮食加工标准，规定一切粮食公司商店只许出售粗米粗面，提倡吃"九二米""八一面"。"八一面"就是指每百斤小麦要磨取 81 斤面粉。这样要求的初衷是减少粮食精细化造成的浪费，增加口粮。1953 年中央政务院还发布命令：全国实行粮食计划供应，采取凭证定量售粮的办法。那时的粮食被称为"宝中之宝"，很长时间全国都采取以人定量供应，各种粮食票证也成为人们生活中的"硬通货"。同样，因为小麦产量低，面粉也就成了人们生活中的奢侈品，许多普通老百姓根本吃不起。

然而，根据对四川小麦具体生产实际的调查，颜济发现限制产量的不仅是小麦老地方品种，就算是已经逐步推广的一些改良品种也存在不少问题。例如，推广的小麦品种"川大 101""川福麦""五一麦"等都有秆高不抗倒伏的问题；"南大 2419"难于脱粒，不受农民欢迎；"矮粒多"不能抵抗新出现的"条中 1 号"条锈病；"山农 205"感染白粉病就会造成严重减产，甚至颗粒无收。所以，在生产上急需用新的良种对当时使用的品种进行更换。

一方面是国家人民的需要，另一方面是小麦整体生产的落后，颜济清楚地意识到作为一名农业科学家，应该为国民经济发展、人民生活改善做点什么。他于是下了决心，"我一定要摘掉小麦低产帽子"。

深入思考后，颜济决定首先把育种放在第一位。此外，他还做出了具有前瞻性的判断："育种目标，也就是选什么样的品种，是非常重要的。品种必须适应不断发展的农业生产的需要，为大面积生产服务。由于用杂交的方法选育一个新品种，以目前技术水平看，一般也得四五代。运用一年多代繁育加速世代也得两三年，通常得有四五年，而用于生产也是六七年后的事，到八九年后在生产上才能具备正'当家'的作用。因此选育的新品种要符合八九年后农业生产发展的需要。所以制定选种目标必须往前看，还应尽可能地看得准。这就需要选种工作者深入农业生产实际，调查了解生产发展的需要，同时对其他方面，特别是国民经济的发展，也要有所了解，才能较为切合实际地制定选种目标。"

于是，在产量目标性状上，颜济为小麦增产设计了"三级跳"育种目标：第一级跳，产量由原来的亩产 150~200 千克提高到 250~300 千克；第二级跳，亩产提高到 350~400 千克；第三级跳，选育亩产超 500 千克的新品种。

1956 年，颜济随四川农学院独立建院来到雅安，而妻子杨俊良也在组织安排下从四川大学植物教研室调到了四川农学院农学系的植物教研室任教。

　　学校在雅安建校之初，不管是在教学上还是在科研上都遇到很多困难。比如，刚搬到雅安时学校只有一个校区，校内各类用房均严重不足，上课和办公地点都集中在一个不大的校区内，教学设施设备也十分有限。杨俊良所在的植物教研室提前做了一些准备，从四川大学带了少量植物切片、植物标本、淡水藻类过来。到了雅安以后，他们又自发在平时休息时间和假期到附近各大区县采集相关植物，制成标本。学校因此建起一间标本室，尽可能地满足研究团队科研和教学的需要。颜济和杨俊良一起参与到这项工作中，一有时间就会到野外进行采集，同时也为选育新的小麦良种搜集和积累资源。雅安及周边的山山水水留下了他们夫妇二人许多足迹。他们的小家里除了书就是书，从来不挂什么画，墙上各种代表性的小麦标本、照片就是他们眼里最美的装饰物。

　　此外，四川农学院自 1956 年在雅安独立建院起，就开设有植物学课程。作为亲密战友的颜济和杨俊良很长时间都担任着这门课程的教学工作。对植物学长期深入细致的浸淫，不仅帮助杨俊良后来完成《植物形态学》和《植物生态学》两项著作成果，成为著名植物系统学家，也为他们后来共同主编完成《小麦族生物系统学》等系列专著、选育出改变四川小麦生产的良种奠定了基础。

　　杨俊良在考察中发现，雅安植物非常丰富，当时就有外国友人称雅安为"川西植物王国"。例如，让杨俊良印象特别深刻的是，二郎山的垂直带和植被带因为水、热不同，分布在不同的海拔阶段，植物物种就比较丰富。她说："我们植物学的课程很多，大概有 180 个学时，假期还有一个星期教学实习，雅安丰富的植物物种为开展教学实验活动提供了极大便利。"在颜济夫妇眼中，雅安地区是个生物资源的宝库，各个区县到处都有他们眼中的"宝贝"。一次，四川农学院独立建院后的首任院长杨开渠教授与颜济提起雅安丰富的植物资源，提到"金凤寺一匹山是酸性土，一匹山是碱性土，两匹山又连在一起，只一沟相隔。两山植被也是两种不同的组成，很有代表性，很难得"。颜济随即便补充道："金凤寺还有英国威尔逊采楠木的模式标本树。"这也可见他对雅安各处植物资源的熟悉程度。

"62 型品种"的设计与选育

　　20 世纪中期，世界农业发展史上有一场举世闻名而又影响深远的"第一次绿色革命"。当时一些发达国家和墨西哥、菲律宾等发展中国家，以解决发展中国家粮食问题为目标，开展了利用"矮化基因"对农作物品种进行改良为主要内容的生产技术活动，取得了巨大成功，极大地促进了农作物的增产。当时有人认为这场改革活动对世界农业生产所产生的影响，犹如 18 世纪蒸汽机在欧洲所引起的产业革命一样，故称为"第一次绿色革命"。这场革命主要由总部设在墨西哥的国际玉米小麦改良中心等主导和发起。然而，可能有很多人并不知道，作为有着悠久农耕历史和灿烂农耕文化的农业大国，中国也参与其中并扮演了重要的角色。而颜济所代表的川农在这一时期开展的小麦研究，正是中国参与其中的代表性工作之一。

　　到底该如何提高小麦产量？在前期科学的调查基础上，颜济展开了深入研究和分析。

过去有句俗话叫作"麦倒一包糠，谷倒一包秧"。每年 4 月中下旬期间，麦子正值开始灌浆即将成熟的时期，这时最需要晴空万里才能加速小麦生长，让籽粒饱满，获得丰收。如果出现了阴雨甚或风雨天气，由于雨水浸泡等原因，麦子头重脚轻根系就很容易承受不住出现倒伏。遇到这样的情况基本是没有补救措施的，农户只能眼睁睁看着麦子大幅减产。

通过客观生产实例的对比，颜济明确认识到，优良品种必须具有综合多方面的优良性状，如果不抗病、不抗倒，单一高产性状在实际生产中也是表现不出来的。

当很多人觉得在四川无法育成小麦良种的时候，颜济不相信只有外国的麦种好种田。"对科学家所讲的话不能迷信，实践才是检验真理的唯一标准。"这句后来颜济经常对学生讲起的话，也是他毕生的信条。

同时，颜济还对育种相关的一系列实际问题进行了极有价值的反思。例如，如果育种不能只看田间试验统计分析的产量结果，那么由此引申而来的是，看得见摸得着的形态学指标分析与设计重不重要？抗性如何才能在田间育种过程中作精确的鉴定？过去育种工作者流行"高产必须高秆（高生物产量）""高产必须长生育期"等看法是错的还是对的？……这些问题回答得好不好，对于能否实现小麦产量"三级跳"至关重要。

在朝着小麦"三级跳"育种目标奋斗的第一阶段，针对头脑中的一个个问号，颜济一一进行了探索，坚持以求真的态度、创新的精神，找到令自己信服的答案和解决问题的科学方法。

——他对"高产必须高秆"问题，也就是小麦营养生长和生殖生长的辩证关系问题的深入反思尤其有价值。从"矮粒多"与其他品种的形态学对比结果出发，他明确地提出，要以韧性好的矮秆形态结构与抗根腐病来克服高产与倒伏的矛盾，从而使四川与墨西哥不约而同地进行了矮化育种。因此，他以地方品种为基础，进行矮秆抗倒、抗病的系选，同时引进国外新的种质，施行杂交育种。

——针对抗性如何精确鉴定的问题，他认为，创造能严格鉴定的环境条件以完成按目标进行的严格选择，才能选育出符合育种目标、具有优良综合性状的好品种。因此，他进行了流行锈病与白粉病病菌孢子的人工接种，以加强育种田间的发病概率，提高抗性选择的可靠性。而且，他把以病孢子人工接种来严格鉴定抗性视为关系育种成败的重要手段。

——为使选育的品种具备多方面的优良性状，他以多花多实、不落粒、易脱粒、早熟、高产的综合性状设计为育种目标来进行严格选择。正确育种目标的设计是育种成败的关键，而后来的实践也证明了他的选育思路的正确。

——为让选育品种真正能适应实际生产中的复杂因素，他用田间多次观测评价取代了只看最后的产量统计的评价方法，把产量估算作为综合性状设计之中的一项内容。

——针对此前育种只重田间试验统计分析的产量结果的问题，他还从发育形态学的角度分析出发，估计了试验田与生产大田之间的生态差异。

颜济认为，无论是地方品种系选，还是引进品种、品种间杂交、远缘杂交，只要它们具有育种目标所要求的目的基因组合、能满足育种目标的需求，育种材料的来源以及育种的方法都应当是不拘一格的。在他看来，"一个好的育种工作者是通才，需要有关学科广博的知识"。

1962 年，根据最初的育种设计，他成功选育出以中国城市命名的"雅安早"和以外观特点命名的"大头黄""竹叶青"三个品种。因为是 1962 年开始推广开来的，这三个品种被农民们统称为"62 型品种"。

虽然命名方式不同，外观差异也大，而且亲本来源各异——"大头黄"来自地方品种天然变异的选系，"雅安早"与"竹叶青"来源于地方品种与引进改良品种间的人工杂交子代，但是在相同的育种思路指导下，这三个品种的综合农艺性状却极相似。它们是第一批同时具备早熟、抗病、抗倒等优良综合性状的小麦高产良种，也是四川本省自己育成的第一批大面积推广的品种。

与"南大 2419""矮粒多"等品种相比，"62 型品种"具有更高的产量。而且，经人工接种流行锈病孢子形成的严格抗锈性选择使之具有优良的抗性，具有秆矮、茎秆弹性好、根系抗根腐病等综合性状构成的强抗倒性，还具有颖壳薄、易脱粒、早熟等优良综合性状。

优良的性状让"62 型品种"广受农民欢迎，与当时从国外引进的意大利良种"阿波"平分秋色，在四川的播种面积各占到 1500 万亩左右，成功打破了国外引进品种在四川一统天下的局面。最终，它们的推广使四川的小麦亩产由"南大 2419""矮粒多"的 150~200 千克提高到了 250~300 千克，高产田块达到 350~400 千克的新水平，迈上了一个新台阶。

这一批品种的育成，育种思路起到了决定性作用，也证明了颜济的判断具有科学性和正确性。

"繁六"及姊妹系品种设计与选育

20 世纪 50 年代后期，我国人多地少的矛盾已经十分突出。能不能缩短作物生育期以提高复种指数，同时提高单位面积产量？这个问题在农业生产中被提了出来。针对这一问题，过去农业专家中流行一种看法，即"高产必须长生育期"又突出地反映出来，说这是"又要马儿跑得好，又要马儿不吃草"，"是违反科学规律办不到的事"，并且拿出许多统计资料来证明。

面对这些声音，颜济此时却保持着自己独立的判断。他并不怀疑这些统计的真实性，他认为统计只能描绘客观事物，反映客观事物的现状，但并不是客观事物本身的规律，更不能代表客观事物未来的发展。客观事物变了，统计结果也必将随之而改变。

熟悉植物器官发育形态学的颜济认为，人对农作物的需求不是全植株，而是特定器官，如果特定器官畸态发育，就能提高农作物产量。根据自己掌握的小麦发育遗传学与发育形态学研究资料，他认定小麦的一生具有几个不同的发育形态阶段。他在研究中发现，第一发育形态阶段的长短常决定了分蘖芽的多少，但分蘖芽能否成穗？单位面积成穗多少？这更多的是受播种密度的制约。决定库容的小穗数与小花数，也就是穗大粒多的问题，则由第二、第三发育形态阶段的持续时间长短与发育分化速度所决定；粒重则是由开花灌浆持续时间长短与灌浆速度所决定。因此，缩短第一发育形态时间，适当延长第二、第三发育形态阶段时间和灌浆时间就可适当缩短总生育期而又得到穗大、粒多、粒重的早熟高产新品种。

根据这一发育形态学的分析，他又创造性地设计了新的育种目标思路：采用强春性小麦的亲本来缩短第一发育形态阶段，采用分枝麦来提供第二、第三发育形态阶段持续时间长与发育分化速度快的遗传性，其他的则是仍要满足秆矮、抗病等等诸多遗传亲本的要求。

所需亲本组合不可能用简单的杂交方式来解决。为缩短目的基因杂交聚合的时间，颜济大胆地采用了20世纪40年代美国哈兰教授在理论分析中论证过的"聚敛杂交"法。这种复杂的多亲本多次杂交使得基因组合特别复杂，目标基因的重组概率就变得非常小，因此子代需要很大的群体才不至于丢失。但是，当时我国的试验土地条件与人力、物力都很难满足这样的要求，就是在国外也没有人来实际应用。颜济又想办法对哈兰的聚敛杂交法加以改进。影响生物性状表达的基因有显性和隐性之分，他就创造性地使用选显性的方案来直接追踪目的基因（选用显性目的基因），使得目标组合不易丢失。

为了把全副精力都投入科研，夫妇俩把年幼的子女都留在成都交由奶奶照看；家里几乎从不开火做饭，一天三顿都在食堂解决。"见到父母的机会太少了。爸爸偶尔开会到成都还能回家看看我们，妈妈很少见到。"女儿颜朱回忆起和父母在一起的时光，印象最深刻的就是假期里全家一起帮爸妈数麦子，孩子们就把这权当是做游戏，从会数数就开始，一直数了好多年。

然而，就在颜济和杨俊良沿着既定的育种设计思路，朝着目标全力以赴时，狂风暴雨却让他们的研究之路平添了许多艰难坎坷。"文化大革命"中，学校停摆，师生停课。学校的农场已经不让种科研材料了，颜济和杨俊良把育种的小麦种在雅安沙湾农场，从种到收再到对种子亲缘关系、遗传特性进行细致溯源的考种……一切工作几乎靠他们两个人一手一脚完成。

1966年，在选育"繁六、繁七及其姊妹系"工作正进行到第二代选种的关键时期，小麦田间观测挑选最忙之时，颜济遭受了批斗。

1969年，"繁六""繁七"开始在雅安、广汉、成都等地试种后，产量都大大超过其他品种。成都市金牛区还组织全区各公社在高原道孚县进行"夏繁"，大大加快了新品种的推广速度。"繁六""繁七"很快就成为陕南、甘南、云南、贵州北部，以及四川麦区的主栽小麦品种。

后来干部下放，颜济被下放到了芦山县最偏远的大山区大川乡。当时杨俊良正重病住院，院长杨开渠为颜济求情："是不是等杨俊良病好一些以后再下去？"却没有得到同意。到了芦山，颜济跟着县委书记一道去各乡镇调研农业上的问题，把从川农下放的其他教师组织起来办学，教当地青年农民学农业科学知识。颜济踏踏实实工作，因此还被评为全国劳动模范。

在温江地委支持下，颜济在都江堰农场继续开展小麦研究。没有钱请工人，颜济和杨俊良不仅自己充当了全部科研所涉劳动的主力，而且他们还把家人都安排上了：二女儿颜朱参与进来做些辅助工作；小女儿颜丹就帮大家做饭，搞好后勤工作，照顾大家的生活。1974年的一天，几个人突然冲进农场，把颜济的东西全部用卡车拉上带回了雅安。他本人也因此有很长一段时间不得不停止科研，和学校很多被错划为右派的师生一样停了课，下到农场进行劳动锻炼。

一开始，颜济在校内的农场，有家人送饭照顾，还有不少年轻教师、学生听说后纷纷到农场去向这位大专家请教。颜济也没什么架子，随时耐心回答他们的提问，和他们交流。有人认为颜济这是在趁机消极怠工，耽误了他接受劳动教育，因此又把他安排到了远离学校的军垦农场。

因早年有过空军飞行训练的经历，颜济身体素质一向很好，然而这时生活的艰难困苦也在他的身体上反映出来。他的身体很快变得非常差，还患上了严重的肾结石，经常尿血。就算这样，看管他的人坚决反对他就医。后来，一位农场干部出于同情，自己驾车送他到成都找到是老中医的颜济舅舅给开了张药方。此后，他又重新被转回学校"牛棚"继续关押。

别人的"牛棚"可能只是个形象的比喻，但颜济的"牛棚"货真价实。他被关押在学校农场的乳牛场里，和几十条奶牛住在同一栋房子，睡觉就在又臭又湿的小工具间里，一张小床就是唯一的生活家具。他身体太差，但家人也没有更多的办法，只能设法尽量为他补充营养，慢慢调理身体。为避人耳目，杨俊良会悄悄将鸡肉、排骨炖烂成汤，再用这汤熬制中药，每天给他送去。所幸，看守的两位工人十分敬重颜济为人，也敬佩他对科研的执着，无论是他每天坚持写科研论文、做科研观察记录，还是青年学生来找他交流学术，或者是指定家人给他带来纸笔、学术资料，甚至送来"香浓"的中药……他们也都不作干涉。

在简陋的环境和条件下，在被批斗与劳动改造间歇的"牛棚"中，颜济的科研工作没有停下。靠着家人、学生带来的各种资料，他艰难地继续着自己的记录、思考和研究。他敏锐地意识到，"当育种学对新型品种的合理器官结构进行分析、设计与选育创造时，高等植物的器官形态学的理论就直接成为育种学这样一门应用技术学科必要的基础知识。"在"牛棚"期间，没法去试验田，他就对植物形态进行观察思考，继续对高等植物器官形态构造单位问题、器官建造规律问题进行研究。借助朋友蒋雨竹冒着危险偷偷借给他的一台显微镜、杨俊良及子女们暗地里提供的必要书籍和笔墨纸张，他还进行了不少科研记录，完成了一些研究论文。利用这段失去自由的时间，颜济基本上完成了对高等植物器官结构建成规律研究的观察工作与分析，也为后来成果的出版奠定了坚实的基础。后来在2017年，他的《高等植物器官结构的建成——多级次生节轴学说》以专著的形式正式出版，指出了流行的茎叶节说和顶枝学说的不足。书中还有100多幅他亲手绘制的图片，张张栩栩如生。

有一天，像往常一样，几个1976级工农兵学员带着最新发表的一些小麦科研动态相关的论文来找颜济问学。没想到，当着大家的面，向来沉稳的颜济握着新资料看着看着突然就痛哭流涕。"这本来应该是属于我们中国的发现啊！"在他的失声痛哭中，几位学生才明白了缘由。原来，他看到了一篇以色列人发表的关于分枝麦的论文，而他关于发现分枝麦材料的研究论文早就写成，已经摆在他的案头很久。只是因为身在"牛棚"，被剥夺了科研的权利，发表论文更是不被允许，他就这样永远错失了代表中国人发表它的机会。

自从哈兰教授提出"聚敛杂交法"后，还没有人在实践中真正运用过。原本，颜济和杨俊良估计他们选显性可能纯合期会稍微长一些，但实际上，成功正是专注创造出的奇迹。他们仅用了 8 年时间，在聚敛后的杂种第五代就得到了期望的新小麦。世界上第一次在实践中使用的标准"聚敛杂交法"在中国获得了成功，为小麦育种开拓了一条新路。

颜济观察记录小麦生长数据

依靠使用这一方法，颜济在短短几年间就把包括五一麦、成都光头分枝麦、中农483 分枝麦等在内的 7 个亲本的 10 个目标基因性状都聚敛在了"繁六"及其姊妹系之中。这一次，由他选育的"繁六"及其姊妹系同时具备高产、抗病、早熟、矮秆等优良特性。由于这些优良性状都是显性性状，适应能力特别强，而且"繁六"及其衍生品种生育期特短，比传统播期推迟半个月，满足了多熟制要求，有利于多熟制的发展，从而也改变了整个四川麦区的耕作制。

尤为值得称道的是，它具有抗条中 17 到条中 29 的 13 个条锈菌生理小种、20 个生理型的抗性基因，其高抗条锈病特性持久稳定，能保持连续 20 年抗病性不衰。这不仅在中国前所未有，而且也创造了世界纪录。

此后的整个 20 世纪 70 年代，集 7 个亲本优良性状于一身的"繁六"及姊妹系不仅成为四川主要的换代品种，且由于"繁六"的优良特性是显性，遗传传递力特别强，又作为小麦抗锈育种中最重要的抗源资源在育种上被广泛应用，成为四川麦区小麦品种演变过程中具有极其重要意义的一个小麦育种亲本种质。由它衍生了绵阳、川麦、川育等多个系列一大批品种，其中包括获得国家技术发明一等奖的小麦品种"绵阳 11"。"繁六"及姊妹系衍生的当家优良小麦品种，几乎覆盖了整个四川小麦生态区（包括四川及其邻近省区），年种植面积超过 3500 万亩，占到全四川省小麦栽种面积的 90% 以上，将四川小麦产量由 250~300 千克提高到 350~400 千克，个别田块达 500 千克，让小麦产量增加 20%~50%，使四川小麦生产再上了一个台阶，为解决四川这个人口大省的温饱问题做出了突出贡献。

据不完全统计数据，"繁六"及其衍生品种仅在 1978—1988 年，四川省就累计种植 2.1 亿亩，增产小麦 65.5 亿千克。这些品种还广泛种植于陕、甘、黔、滇、湘等省。据全国统计数据，20 年中"繁六"及姊妹系累计推广 2 亿多亩，新增小麦 15 亿多千克，创造了巨大的经济效益和社会效益。

1978 年，"小麦高产抗锈的优良种质资源繁六及姊妹系"获得全国科学大会奖。同年，新华社记者以内参形式向党中央报告了颜济在"文化大革命"中坚持科研的来龙去脉，中央人民广播电台也报道了颜济的科研事迹。

1990 年，该项成果又荣获国家技术发明一等奖。

第九章　小麦族种质资源研究的故事

在育种中，种质资源至关重要。正如俗话所说，巧妇难为无米之炊，没有种质资源就没有品种改良。而站在科学研究的角度梳理种质资源，在当时属于领域前沿研究，对于小麦研究水平的整体推进也会起到"基石"的作用。

由于"62 型品种"和"繁六"及衍生系的推广应用，四川小麦生产自新中国成立以来已连续跃上了两个台阶。深厚的生物学基础让颜济和杨俊良清楚地知道，四川小麦要迈上原来计划的"第三跳"台阶，选育超过 500 千克的新品种，从现有推广品种遗传潜力看，已是不可能的。那么，究竟该怎样实现小麦产量的"第三级跳"育种目标？他们的答案是：必须开发和利用新型的优良种质资源。

为了推动世界小麦研究向前，同时为了实现第三级育种目标，选育出稳产千斤、优质、抗病、抗逆的新一代品种，颜济和杨俊良将育种研究的重心放在育种资源的挖掘和创制上，进而深入更为基础性的领域——小麦族种质资源的研究上。

转向：了不起的放弃

成功实现小麦育种的前两级目标后，颜济和杨俊良继续探索着新的产量提升方法，向着第三级育种目标前进，同时也在发掘和研制更多的育种资源方面做了大量工作。

生物生长要符合自然的规律，想要小麦产量再得到提升，那就需要对这种植物生理方面的潜能进行继续挖掘。而有了此前选育"62 型品种"和"繁六"的经历，也让颜济夫妇越来越重视对小麦进行更基础性的研究。

颜济认为，在四川盆地生态条件下，增加穗粒数对小麦产量上新台阶很关键。他考虑过两种技术路线：一种是可以通过提高每小穗的小花数，即选用多花多实品种来增加穗粒数。但是由于同一小穗的不同小花之间的发育差异大，最终种子大小很不均一或者低粒重，这样小麦的商业价值也会被显著降低。另一种则是通过提高小穗数的办法来增加穗粒数，达到更高产的目的。

事实上，分枝麦的材料很早就被颜济找到。从 20 世纪 50 年代开始，他就尝试通过分枝麦的方式提高小穗数。他和学生一起，利用分枝小麦创制出多小穗材料"分枝 1号"，并完成了它的相关基因定位工作，使它成为一种可能被更好利用的种质资源。但是，在此后几十年的育种实践中，他从未获得过粒重较好的分枝小麦品系。而且，后来从遗传上也证明，分枝麦中的分枝基因有导致粒重降低的效应。因此，以分枝麦育种的方式是很难行得通的。

科学本就是对未知的探索和发现，此路不通那就换一条路继续摸索向前。于是，颜济又尝试采用了独秆小麦产生大穗的方案。然而经过多年实践，结果却告诉他：独秆小麦虽然可以产生大穗，但其反常的高剂量的内源激素 Auxin 与 Phyllocaline 的作用使构成产量因素的小穗数并未增加，而且这类激素所造成的大叶反而会严重减少单位面积成穗数，同时光合作用所同化的有机物质也不向麦粒转运，会造成瘪粒。因此，这种方案不但不能增产，反会造成减产。

在发现通过分枝穗型小麦或独秆型小麦选育新的高产品种这一方法不可行后，颜济和杨俊良毫不气馁，继续探索。对他们来说，此前的工作既不是失败也并非无意义，只是"成功证明了这种方法行不通"。于是，他们又着重开始尝试进行有正常穗型、株型的多小穗材料的研制和研究工作。

他们尝试将黑麦的多小穗基因导入小麦中。根据这一思路的指导，后来成长为四川农业大学校长的郑有良教授主持完成科研成果"导入黑麦基因创制的小麦多小穗新材料 10－A 及其遗传育种研究"，研制出不分枝的多小穗新材料"10－A"。这种新的小麦种质材料，其多小穗性状能够稳定表达，每穗小穗数多达 30~37 个，小穗数目多于一般普通小麦品种 40%~100%。它既不分枝，也不是独秆，是一种新型的多小穗材料，对实现小麦多小穗育种意义重大……颜济还指导学生进一步完成了相关基因定位，找到了控制小穗数目的多个染色体位置。将"10－A"应用于育种的实践表明，利用这一材料的多小穗基因，完全可以在四川盆地的生态条件下，选育出亩产上千斤的小麦。

育种材料已经制备，这意味着距离亩产千斤目标的最终实现，就只差在实践中选育出综合性状最好的品种这"最后一公里"，实现颜济此前三级育种目标的"第三级"已经指日可待。

然而，让人想不到的是，颜济夫妇却在研究进入这样的阶段时主动放弃了亲手收获最终成果的机会，而是把这样的机会留给了其他后辈学人。"我们决心放弃小麦育种工作，希望在有生之年能全身心地整理好'小麦族生物系统学'。"

原来，全身心投入更为基础的小麦种质资源的搜集、整理和研究工作中，是颜济和杨俊良酝酿已久的一个想法。1984 年川农小麦研究所成立于都江堰，颜济被任命为第一任所长。在他的主张下，这个研究所的英文名称被命名为"Triticeae Research Institute"。"Triticeae"对应的中文翻译正是小麦族或麦类，而不单指小麦（wheat）。他的学生、复旦大学特聘教授卢宝荣就曾叹服于老师的远见："他早就已经敏锐察觉到种质资源在作物品种的改良中具有至关重要的作用，开始广泛搜集小麦族的种质资源，并逐渐开启了与世界顶尖小麦族（Triticeae）科学家的交流，将这个全球拥有 500 多种植物的小麦庞大家族，纳入小麦育种研究与发展的战略构架……这表明了颜济先生在科学研究前沿的站位高度。"

经国家批准，颜济成为博士生导师，小麦研究所也有了博士后流动站。自那时起，颜济与老伴杨俊良就带着他们的研究生一起，在前人的基础上做一些遗传学、细胞遗传学、高等植物系统学的基础研究工作。随着他们一系列研究论文陆续发表在国内外期刊上，逐渐引起了一些国外权威学者的关注。1993 年，颜济、杨俊良和他们的学生孙根楼一起发现了核穿壁现象。这一重要发现发表在世界有名的 *Cell* 杂志上。在细胞遗传学上，这被国际学者公认为一大贡献，并且是继孟德尔阐明遗传性分离规律创立遗传因子说、摩尔根创立染色体基因说、木原均发现染色体组以后，是继 Áskell Löve 后，对世界遗传学的又一大贡献。因此，这一发现获得了学术界极大的赞誉与重视。不但美国著名科学家道格拉斯·杜威来信，细胞遗传学奠基人，在遗传学领域与孟德尔、摩尔根等齐名的元老级人物日本木原均教授也来信与颜济夫妇交流，并赠送签名书籍。自此，颜济和杨俊良与国外同行的合作渐渐密切了起来。

其中杜威教授在来信中表示，他正拟建一个小麦族国际研究协作组，希望邀请颜济和杨俊良加入其中。受邀参加这个协作组的成员来自美国、法国、加拿大、瑞典、日本、南非等国家，而中国只有颜济和杨俊良两人。参加小麦族国际研究协作组，每年要把各自研究计划上报给杜威教授，他再把每个人的研究计划加以总结整理，分发给协作组每一个成员，以便某一些课题由大家共同研究完成。

1987 年，在德国柏林召开的第 14 届国际植物学大会期间，小麦族国际研究协作组的同行，加拿大植物学家、遗传学家伯纳德 R. 包姆找到了颜济与杨俊良，说他完全同意颜济夫妇对鹅观草属的看法以及处理意见。在交流中，他们一致认为有必要对小麦族的生物系统进行一次全面深入的整理。而这个看法也同时得到了小麦族国际研究协作组其他学者的认同。

颜济（右一）与外国同行交流

学者们之所以能达成共识，就在于几百年来植物系统学都是根据人们的直观形态认识所作的主观处理，没有经过严格的试验科学的检验。举个例子，中国的植物志中划分有芥蓝属，其中包括莲花白、苤蓝、花菜、芥蓝菜等蔬菜，只是因为各自形态差别大就被确定为"种"，但它们并不存在物种间的生殖隔离，这其实就不符合"种"的概念界定。在颜济看来，从这个意义上来说，生物学发展到 19 世纪，仍然不是科学，或者说还不够科学。

"当科学已经发展到出现细胞遗传学、分子遗传学的检测数据，就应该以实验的客观数据结论来重新厘清，清除主观错误，从而使植物生物系统学成为真正的科学。"颜济认为，"这是一个划时代的科学人应尽的义务。"在他看来，科学研究作为一项事业是崇高的，它代表了全人类的理想与探索的精神，作为科学家应致力于增进人类对某一领域的认识，并且应该将自己的研究成果服务于全人类。而他所研究的小麦族植物经济价值高。当时全世界都已经投入了不少研究，实验检测的结论也丰富，已经具备进行全面整理的条件。

出于科学家的强烈责任感，他和杨俊良商量，以他俩旧有的植物系统学基础，再加上新的遗传学知识，应该"当仁不让，集中力量把这个重大科学问题搞出来，承担起这份义不容辞的义务"。因此，他们以科学家的襟怀义无反顾作出了一个了不起的选择：下决心放弃小麦育种工作，"希望在有生之年能全身心地整理好'小麦族生物系统学'。"继"三级跳"育种目标之后，这一次，他们又为自己定下了更高远的目标，他们期盼"以小麦族为突破口，作为全面整理植物界生物系统的开端"。

随着小麦育种探索的深入，虽然已经有越来越多的学者参与其中，但对于优良育种材料的挖掘和创制，颜济与杨俊良并没有完全抛下，而是利用手中已有的材料进行种质挖掘，默默做了不少"铺路架桥"的工作。

——"食必常饱，然后求美"，除了产量，颜济更长远地考虑到了人们对生活品质的更高要求。为改良四川麦区小麦品质，他把来源于苏联克里木卡的高分子量谷蛋白5+10亚基基因转育到70-5858种质源中，后来又进一步设计出70-5858与"繁六"杂交组合。为了提高选育概率，扩大选育群体，他毫无保留地把这一组合提供给兄弟单位共同选育。后来，绵阳市农业科学研究所正是利用他提供的材料，选育出了新品种"绵阳11"，其烘烤品质达到全国十佳的水平，从此打破了"四川不能生产优质小麦"的旧有认识。同时，这个品种在成都、广汉、绵阳等地种植的高产示范田亩产超过500千克，也因此在1985年获国家技术发明一等奖。

——颜济敏锐地发现采集自河南新乡的节节麦具有特别强的休眠性：它在四川潮湿的田间，甚至在稻田中也能自然越夏。小麦穗发芽一直是困扰小麦品质稳定的一个大问题，它不仅影响籽粒品质，还影响小麦贮存及下一季或翌年的播种质量，对小麦生产造成较大经济损失。而四川在小麦收获季节容易出现高温高湿的气候条件，更是小麦穗发芽的常发和重发区。为了解决这一问题，颜济指导助手用四川四倍体矮兰麦与节节麦杂交合成新的六倍体小麦，证实了高抗穗发芽基因能在六倍体小麦背景中获得表达，为四川选育抗穗发芽的优质小麦打下了坚实基础。

——赤霉病是小麦的主要病害之一，严重威胁小麦的高产、稳产和优质。为了解决赤霉病带给麦类作物品质的毒害，从1985年开始颜济就指导学生和助手系统地对小麦族（涉及18个属93个种）物种进行了抗赤霉病鉴定和分析，明确了赤霉病抗性在小麦族属种间的基本概况和分布特点，小麦族遗传资源对赤霉病的抗性与其生态环境的关系。他们不仅筛选出了抗性优异的遗传资源供将来的赤霉病抗性育种使用，而且为后来进一步寻找赤霉病抗源提供了指导依据，从而完成赤霉病育种的一项重要的基础工作。

——为解决远缘杂交亲和性问题，他指导学生筛选并创制了以"J-11"为代表（比"中国春"的杂交亲和性更优异）的一批远缘杂交高亲和新种质，并明确了高亲和新种质的遗传机理。这对推动小麦外源基因转移有重要作用。

在资源评价和创新工作中，颜济进行了远缘杂交转移外源优良基因的研究，将小麦与黑麦杂交，并在1973年获得了结实率达40%、抗三锈、对白粉病免疫的小麦新资源；将波兰小麦的籽粒透明琥珀色、抗病性等导入普通小麦，获得高度集约型的稳定远缘杂交材料NPFP系列；指导研究生发现、命名并定位了一批新基因……

颜济深知，"第三级跳"育种目标的完成需要更多的铺路工作，需要有一个新知识、新材料的积累过程，而他所做这些工作无不为后来四川小麦的进一步改良奠定了基础。

奔波：踏平坎坷的坚持

"在育种目标确定之后，首先要正确地选用原始材料，而原始材料的正确选用，决定于对种质资源掌握的深度和广度。"颜济一直有很强的生物种质资源搜集的意识。早年当助教帮助别人采集生物资源时，他就对这项工作的重要意义有比较清晰的认识。比如在20世纪40年代帮助新西兰采集猕猴桃种质资源时，他就曾留下一些果大型好的种籽，其中包括在宝兴采得的无毛型品种。颜济把它们育成小苗，从华西协合大学带到了四川大学，农学院迁往雅安独立建院又将它们带到雅安，种在老板山上一块四亩多的地里。可惜的是，在动荡岁月中，这些都已经快开花结果的资源一棵不留地全部被砍光，损失再无法挽回。"我国的猕猴桃事业就这样推迟了30年！"颜济为此痛心疾首。

从事小麦研究后，下功夫拓展手中小麦种质资源的广度，这其实是颜济和杨俊良从很早就一直在坚持做的事。早年间，他们只要带学生实习，不论是地处高原的甘孜、阿坝还是泥巴山、二郎山、峨眉山等山地，所到之处都会注意对小麦资源的采集。20世纪80年代初他们就发现，仅仅是雅安周边乃至四川已经不能满足他们的科研需要了。于是1983年开始，颜济及夫人杨俊良又开启了一项基础性工作——把覆盖面扩展到整个中国，搜集整理中国最完整的小麦族种质资源。虽然这项工作体量巨大而又艰苦，但是能惠及未来更长远的小麦育种事业。

作为科研工作者，既要有远大的抱负，又要有脚踏实地的精神，颜济和杨俊良就是如此。1983年，颜济参加了新疆野生近缘植物资源的考察工作，正式开启了他们全国范围内野外考察的序幕。这一次的考察中，颜济就在新疆伊犁地区发现了普通小麦的D染色体供体物种——节节麦。

1983年，杨俊良已经年过半百，而颜济则是即将跨进花甲之年的门槛。本该颐养天年的他们，却从此时起到1998年的15年间，年年带领学生和助手，系统地对中国新疆、西藏、陕西、青海、甘肃、宁夏、内蒙古、四川、黑龙江、辽宁、吉林、山东、湖北、山西、江苏、浙江等16个省（区）和美国、加拿大、瑞典、丹麦、日本、澳大利亚等国家进行野外实地调查。无论是森林草原、戈壁荒漠还是高山高原，从海拔-200米到5400多米，哪里有小麦族植物资源，哪里就有他们的足迹。其间，他们深入新疆荒漠 10 次，登上青藏高原 18 次，整个西藏自治区除了因为当时的交通条件无法到达的墨脱，其他县他们都跑遍了。

搜集小麦族种质资源远至边境

每年，等麦子收完一入库他们就抓紧时间出门，差不多 8 月份出发，过了国庆节就赶回来，因为还必须赶上下一年小麦的播种，不能耽误。

每一次出行都像是一次远征，所谓"兵马未动粮草先行"。每次出发前颜济和杨俊良制订出行计划，女儿颜丹负责为整个团队做好后勤准备工作。由于在野外，挤火车、住帐篷、嚼干粮是家常便饭，尤其他们去往的高原地区连面条都可能煮不熟，所以每次要筹集的东西除了准备好生物绘图用的纸笔、标本夹等，还包括好几大箱子的方便面、十几箱压缩饼干和各种午餐肉罐头，还有必备的黄连素、感冒药、纱布、酒精、碘酒等简单的应急医药用品。去山里，水通常是不需要带的，渴了他们就找干净些的水源，捧着就喝了；至于果蔬，颜济和杨俊良本身就是植物分类的大行家，遇到各种野果子、蘑菇之类的一看就知道能不能吃，维生素来源也就有了。他们出去一趟大约要消耗 2 吨的汽油，而在当时汽油是较重要的物资，每次还需要向有关部门提请审批。有一年雅安缺汽油，连石油公司都无法一下子提供这么多，眼看计划的出发时间就要到了，课题组托关系多方筹措，最终在川藏兵站的帮助下才凑够了足够的燃料。

在小麦族国际研究协作组方面，随着联合研究不断深入，他们发现，要研究某些问题还缺少很多研究植物。于是杜威教授就把这个问题反映给了联合国粮农组织国际植物遗传资源委员会（IBPGR）。1986 年，该委员会在华盛顿专门召开了一次会议，决定每年给小麦族国际研究协作组提供研究经费，每年 1 万美元，提供 5 年，由颜济担任中国片区小麦族种质资源调查项目负责人，负责组织开展相关科考活动。

参加调查研究的还有来自瑞典、丹麦、加拿大、日本的科学家。为方便野外科考，

国际著名的横滨市木原生物研究所向颜济赠送了一辆尼桑越野车。但当时越野车进口税得 10 多万元，小麦所根本没有能力支付。小麦所办公室想法子开具各种资料证明，前后跑了一个多月，终于以科研名义成功办理免税，把车从海关开了回来。四川省为此还专门给颜济配备了一名司机。但从来不服输也不服老的颜济总忍不住要自己驾驶越野车，让司机坐在副驾，谁阻拦他，他就会生气地大声嚷嚷："我有驾照嘛，是国际通用的美国驾照！"

出了门随时可能遇上各种意外，必须充分考虑到各种情况，因此所有来之不易的资源、每一分钱都要精打细算省着用。有一年，进入高原不久的瑞典皇家科学院院士不幸感染肺炎，在高原上这是一不留神能要命的病，于是他们不得不滞留马尔康治疗一周。这下预计的考察时间就不够了，他们不得不另乘飞机赶往拉萨贡嘎机场与先行一步的其他成员汇合。虽然有 4 名外国学者同行，按惯例可以住单人间，但为了节约开支，他们就住双人间。为有更多经费支持，1987 年杨俊良作为项目负责人还以"小麦族系统学与种质资源的研究"申请到了国家自然科学基金项目，争取到经费 2 万元。

苦和累是野外考察的家常便饭，在新疆、西藏一些地方喝不上水，更谈不上洗脸和可口的饭菜，颜济、杨俊良就带着课题组成员吃大饼、糌粑和压缩饼干充饥，喝马奶、酥油茶解渴。晚上，就借住在藏族和哈萨克族牧民的帐篷里。一次前往西藏的路上，因为有 5 名外国专家同行，想着对待外宾不能太马虎，他们晚上就住在工布江达的县招待所。说是招待所，其实就是一溜房间不大的平房，没有厕所，床上虱子多得根本睡不着。类似的情况在新疆也遇到过，那一次他们住的是牧民废弃的牧场窝棚，睡的是杨俊良亲手为大家缝制的睡袋，他们躺下的简易床板不远处就是堆积的牛粪、羊粪。

颜济（左一）、杨俊良（左二）带队深入高原山区考察

颜济、杨俊良带着考察团队不辞辛劳，他们和年轻人一同奔波在黑龙江一望无际的白桦林里，游走在内蒙古的大草原上，攀爬在西藏高原海拔 5000 多米的峻岭上，以及迷茫在新疆的戈壁大漠之中。在西藏山南县与不丹接壤的浪卡子、喜马拉雅脚下靠近尼泊尔的聂拉木，在新疆塔什库尔干的红其拉普边防站，在靠近吉尔吉斯斯坦、巴基斯坦

的国境线旁都留下了他们的足迹。

颜济和杨俊良的学生周永红还记得,颜老师70多岁、杨老师60多岁还带团队上高原。5000多米的高原上,缺氧,呼吸困难,每走一步都比平时累上几倍,但他们仍然上山下沟找材料。最难受的是高原反应,头痛、流鼻血,课题组有的同志有严重的高原反应,虽备有药品和氧气袋,但仍受尽煎熬,而"颜老师动作麻利,健步如飞,干劲十足,丝毫不受影响"。高原上的天气往往瞬息万变,他们的采集工作动作不麻利不行。

一发现材料就必须迅速拿出勾线笔完成生物绘图,记录采集信息,对标本进行简单保存。生物绘图与普通素描不同,要求严格得多,不仅植物的器官比例、构造要严格按照原有比例绘出,而且线条还要一笔画出,粗细均匀,光滑清晰,线条接头处不能有分叉,绝对不允许重复描绘⋯⋯是个极为细致又耗时的活儿。

有一次,两位先生带着学生周永红、张新全以及一名司机在新疆最南端的且末县考察。听说在距且末100多公里的地方还有一处牧场,夫妇俩便想要去看看,因为有牧场就可能有属于小麦族的牧草。当时下了雨,尽管当地农业局的同志都劝说"不能去","泥巴路下了雨根本找不到路",但他们还是冒着危险义无反顾一大早就出发了,在驱车至少七八个小时后,终于在当天黄昏成功抵达。

同样参加过野外考察的学生卢宝荣已经不记得有多少次在长途跋涉的旅途中,因为买不到有座位的长途客车票,杨俊良就坐在采集植物的标本夹上,度过了一天又一天颠簸。他印象最深的是,"有一次在内蒙古考察,为了能采集到偏远地带的小麦族资源,先生与我和罗明诚师弟一同乘坐在一辆敞篷货车上,从一大早一直颠簸到傍晚,与大草原上的蚊虫相伴"。

颜济和杨俊良用一言一行为身边的年轻人树立了榜样,也告诉他们:"要做科学研究,没有坚持、没有精神,再聪明也是枉然。你们年轻人就要像戈壁和沙漠中的胡杨,不畏干旱盐碱,不畏严寒风沙,就是要屹立在大地上,不倒而不朽。"多少年后回忆起来,卢宝荣仍十分感叹:"有幸跟随先生行万里路,在踏遍祖国大江南北考察植物、搜集种质资源的野外工作中,学习到了先生对科学和大自然的无比热爱和执着追求,学习到了对小麦族野生近缘种质资源的情感以及对科学的奉献精神!"

"搞我们这一行的人一点都不怕苦,也并不觉得苦,我们的工作就是这样。"面对这些困难和艰险,颜济、杨俊良并不以为意,甚至还乐在其中。因为他们的科考就像在自然的大海中淘金,每一次与新发现的不期而遇都是惊喜。

颜济把从新疆采到的一株植物带回实验室研究,发现这株植物有六倍体染色体。他大胆判断,这是鹅观草属的StY染色体与冰草属的P染色体结合形成的小麦族的新属,并把它命名为仲彬草属。一开始,这一成果发表在学校的学报上,为纪念中国最早从事禾本科研究的植物学家耿以礼,颜济将它命名为"耿氏草属",后来他又将其命名为"以礼草属",并写信向同为植物学家的耿以礼先生之子耿伯介征求意见。后来,根据耿伯介的意见,他最终以耿以礼的字"仲彬"为这一新发现的禾草确定了中文名。1990年,颜济夫妇在加拿大植物学杂志上发表戈壁仲彬草 *Kengyilia gobicola Yen et J. L. Yang*,并以该种为模式建立了新属:仲彬草属 *Kengyilia Yen et J. L. Yang*。在国际第二届小麦族学术研讨会中，*Kengyilia* 的染色体组符号 StYP 被正式收录。这是国际上有史以来第一次以染色体组型为依据发现的小麦族新属。

后来有一次在新疆哈巴河，加拿大植物学家伯纳德 R. 包姆在特力克阿尔泰山的落叶松林的小溪旁采得一株禾草，拿来问颜济："这是什么种？"颜济接过一看，很快从形态上判断应属于仲彬草属，但与已知的仲彬草都不同。颜济就对他说："这是个新种，仲彬草属的新种。"他说："为什么我知道它是仲彬草属的新种呢？因为我熟知仲彬草属所有的旧种。"他的这份底气源自长时间的细致观察和深入研究。

面对搜集的大量材料，整理、鉴定、入库保存和研究需要大量的时间。颜济夫妇和课题组成员，不分节假日、寒暑假，一直沉浸其中。

经过 20 多年的不断搜集和完善，颜济和杨俊良建立了全世界唯一的小麦族专有标本室，保存了国内外小麦族近 80％的种和属，其中有一半来自中国西部。后来，日本京都大学的小麦族权威坂本宁男教授又赠送了几百份标本，再加上小麦研究所通过与国外学者、种子基因库交流获得的材料，川农大拥有了全球最完整、最丰富的小麦族种质资源基因库和标本室，这为川农大在小麦种质资源研究与利用方面长期处于世界一流地位奠定了坚实基础。

在生物技术高度发展的今天，种质资源早已成为一个国家重要的战略资源。种质资源越丰富，基因开发潜力越大，就越有利于农业科技原始创新与现代种业发展。当年颜济教授夫妇半生心血辛苦积攒的资源给了今天川农小麦人不断创新、迎接挑战的底气，也给了中国小麦人把小麦种子"芯片"掌握在自己手中的充分的底气。

著述：当仁不让的担当

一般来说，亲缘关系越近，越容易杂交成功；亲缘关系越远，远缘杂交越难。因此对小麦族种质资源进行全面深入的研究，厘清它们的关系，对后续的育种工作有重要意义。搜集到足够的材料后，颜济和杨俊良决定尽快完成对小麦族种质资源的全面整理，并将总结成果形成文字出版，以早日开启植物生物系统学的新开端。

"年寿有时而尽，荣乐止乎其身，二者必至之常期，未若文章之无穷。"儿时习诵过的曹丕《典论·论文》的句子常在颜济心头萦绕，晚年他和杨俊良期望能"把科学留给后人"，但又担心来日不多而不能为人类科学积累一点有益的新知。为了尽快实现目标，他和杨俊良没有在家含饴弄孙、颐养天年，而是远离故土，避开一切社会关系可能带来的干扰，去到美国一心一意地抓紧有限时间完成著述工作，以总结他们对小麦族种质资源的研究，推动世界小麦科学研究向前迈进。

写作过程中，除了结合多年搜集到的材料，还要不断查阅相应的其他资料。要查阅、复印国内的有关标本材料，就让女儿颜丹帮他们做跑腿工作，南京大学与南京植物所、中科院北京植物所、武功西北植物所、青海西宁西北植物所、新疆八一农学院、中科院新疆植物所，都曾一一登门拜访。要找国外的一些材料，他们就通过美国与加拿大的标本馆的馆际关系查阅其他国家的有关标本，有时还会去瑞典、德国、英国、美国、日本、俄罗斯、澳大利亚等有关标本馆查阅模式标本，或者干脆就两人相携去实地走一趟，亲手采集。那些他们留在世界各地的足迹、一份份标本和生物绘图，还有满头苍苍白发见证了他们对科学的信仰，也见证了他们对科研事业的热诚与挚爱。

"小麦族种质资源研究"全面系统考察、搜集和征集我国和世界范围的小麦族资源，不仅建立了国内外完善的小麦族种质资源基因库和标本室，并且在国际上第一次按细胞遗传学的证据建立了新属——仲彬草属，发现新种 12 个，新变种 1 个，新组合 19 个，新分布 3 个；还首次报道了 42 个物种的染色体数，28 个物种的核型，首次确立了 16 个物种的染色体组组成；应用细胞学、细胞遗传学、分子生物学等方法对资源进行整理、鉴定和分类，确立小麦族属间、种间系统亲缘关系，澄清了小麦族系统学上一些疑点，订正了分类学上的一些错误。他们的研究全面筛选和评价小麦族资源，并应用遗传学原理和现代手段对重要性状的遗传本质和规律进行研究……可以说，这一项目对可持续利用小麦族种质、培育上新台阶的小麦新品种，提供了重要的理论依据与育种新材料。

1997 年，香港"何梁何利基金"授予颜济"科学与技术进步奖"，以表彰他为促进中国科学技术事业的发展所做出的杰出贡献。

1998 年，颜济和杨俊良合著的《小麦族生物系统学》第一卷《小麦－山羊草复合群》定稿于美国南达科塔州的布鲁金斯。因为全面系统地总结分析了小麦－山羊草复合群近 300 年来的研究成果，图书出版后在国内外引起了很好的反响。日本小麦族权威坂本宁男教授说："这部书全面覆盖了小麦与山羊草属的分类学以及系统分化。因此，这是一部非常优秀的教科书，总揽了这两个属。我非常钦佩你们的研究与卓越的工作，搜集了迄今为止已有研究中最为详尽的数据资料。这部书不仅仅对小麦专家非常有用，同样对经济作物科学家也非常有用。每个种的绘图非常好并且非常容易全面地理解。"另外，国际著名的横滨市木原生物研究所演化遗传研究室主任辻本寿博士、美国农业部牧草与草原研究室王瑞其教授等专家也都纷纷来信称赞。

这部书的原稿用英文写成，中国农业出版社找到颜济希望能有中文版在中国出版。于是，颜济和杨俊良又将之译成中文，1999 年 8 月由中国农业出版社出版。

1984 年考上研究生的黄钢清楚记得杨俊良在当年"小麦族系统学"课程上第一次授课时就开宗明义地讲道："当我们进行科学研究时，首先遇到的一个问题就是你研究的对象究竟是什么？例如说我们现在研究小麦，究竟我们研究的是什么样的小麦？它与其他小麦、其他禾谷类相同还是不同？它们的自然关系亲缘系统究竟怎么样？这当然是首先需要搞清楚的问题。这也就是分类学的问题，也是生物系统学的问题。"令黄钢没有想到的是，15 年后，当他翻开老师《小麦族生物系统学》第一卷第一页时，居然惊奇地发现杨俊良当年授课的开场白就跃然于这部科学巨著的第一段。这样的一部巨著可以说倾注了颜济、杨俊良先生对小麦族研究的毕生心血。

2001 年 2 月 19 日，在庄严的人民大会堂，颜济代表"小麦族种质资源研究"课题组，接过了朱镕基总理颁发的 2000 年度国家自然科学奖二等奖证书（当年一等奖空缺）。手里捧着国家科技大奖，那一刻，这位从事小麦研究已近 60 年的科学家流下了激动的泪水。

国家科技大奖的获得没有让颜济和杨俊良停留，相反，他们步履不停，步伐迈得更加坚定，后续的一部部书稿经由他们的辛勤耕耘在接下来的十多年里相继问世。

2003 年，书稿第二卷定稿于美国加利福尼亚州戴维斯，2004 年在中国出版。

2003 年初冬，第三卷完成于加拿大渥太华，2004 年于中国雅安译成中文稿，2005 年定稿于美国加利福尼亚州戴维斯，2006 年在中国出版。

2005 年，第四卷在美国加利福尼亚州戴维斯完成初稿，2008 年春定稿，2011 年在中国出版。

2012 年，最终卷第五卷定稿于美国加利福尼亚戴维斯，2013 年在中国出版。

颜济夫妇耗费近 20 年时间编撰的这部皇皇巨著共五卷，共计 300 余万字，全面系统总结了当今世界对禾本科小麦族生物系统学的研究材料，囊括了从经典分类、细胞遗传到分子遗传系统发育各个领域的研究成果，在国际小麦界产生了重大影响。它是 1753 年以来全世界有关小麦族系统学研究的系列专著，也是当今世界全面总结小麦族生物系统学研究成果的唯一专著。

颜济在 93 岁高龄时完成五卷《小麦族生物系统学》后，老而弥坚的他感觉自己还有精力，于是又将早年写成的《高等植物器官结构的建成——多级次生节轴学说》一书进行修订完善，并于 2017 年 6 月出版，为自己的学术生涯画上圆满的句号。中国工程院副院长刘旭院士在评审意见中认为，该书"是现今我国植物科学家对世界植物科学重大的贡献，它纠正了现今植物科学中存在的严重错误，使人类第一次真正客观地认识高等植物的器官是如何建造的。它是人类了解高等植物如何演化的基础知识，当然也是应用演化的科学知识进行科学育种必要的基础知识。这是对我国乃至世界科学发展的重大贡献"。颜济说："我一生追求的是科学真理、客观认知。"

卓越的学术成就令颜济夫妇由此成为国际小麦族研究领域公认的重要科学家。同时，由于对小麦系统学的研究必然也是对小麦种质资源的研究，他们的工作也为小麦研究所积累了更为丰富的种质资源。这不仅奠定了川农大小麦研究所的小麦种质资源与小麦种质资源研究在国内外的重要地位，也以杰出的贡献推动了世界小麦族的研究向前发展。

今天，翻开由北美一流科学家编写的《北美植物志》第 24 卷，会发现该书是以颜济和杨俊良论证的规范来界定的植物属的范畴，其参考文献也引用了颜济和杨俊良以及他们多位学生的文章。

2017 年在德国召开的第八届小麦族国际学术会议上，国际组织委员会八位成员中，川农大小麦研究所毕业的博士就占到三位，而颜济也是大会的四位顾问之一。大会的主题报告综述了世界小麦族植物学研究进展，其中将颜济夫妇与美国犹他州州立大学杜威教授、加州大学斯提宾斯，俄罗斯的列夫斯基、兹维列夫并列，一同认定为小麦族科学研究上的重磅科学家。

第十章 小麦新品种的故事

三十功名，八千里路。经过 30 年持续全面系统考察、搜集和征集我国和世界范围的小麦族资源，小麦研究所建立起了一座麦类种质资源宝库——目前国内外最完善的小麦族种质资源基因库和标本室。到今天，它保存了世界范围的小麦族 30 属 400 余种 3 万余份小麦族种质资源。

如何将种质资源转化成基因资源？如何实现从"基因资源"高效地培育出"好品种"？为了更好更充分地利用这座宝库，近 10 年来，小麦研究所的后继科研工作者重点围绕小麦族属种进化生物学、基因资源发掘、种质资源创新与育种利用等方面进行了一系列的研究和探索。他们有针对性地把主要努力方向聚焦到当前小麦育种面临的品种同质化严重、遗传基础狭窄、难以产生突破性品种等问题。

精准鉴定：夯实基因资源利用基础

要为优异基因发掘与利用打下坚实的基础，对丰富的种质资源开展一系列精准鉴定是必由之路。为了全面掌握种质资源中可供育种利用的优异基因，综合利用农艺学、生物化学、分子生物学和基因组学等分析技术，小麦所一批年轻的后辈学人对 7000 份种质资源进行了精准鉴定。"近些年，我们已经明确了这些种质资源中能影响高产、抗病（条锈病、赤霉病）、耐逆（穗发芽）的潜在优异基因。"小麦研究所陈国跃教授说。

仅以抗条锈病资源的研究和创制为例。自"十一五"以来，年轻一辈川农小麦人聚焦我国小麦地方种质条锈病抗性鉴定与评价、抗性基因/位点/区段发掘及其育种利用研究，依托"十一五"和"十二五"国家科技支撑计划、"十三五"国家重点研发计划、国家自然科学基金，以及四川省麦类育种攻关、重大专项、生物育种等项目，至少从三条不同的路径上做出了努力：

一是筛选优异种质。在室内和田间条锈菌诱导环境下对来自中国不同麦区的 1200 余份小麦地方种质进行了条锈病抗性表型精准鉴定，筛选出一批具有条锈病稳定抗性的优异地方种质。

二是定位抗性基因。结合小麦高通量芯片技术，发掘了包括 $YrHY$、$YrYL$、$QYr.GTM-5DL$、$QYr.AYH-5BL$ 等在内的一批重要的条锈病抗性新基因、位点或区段。

三是创制新种质。利用常规育种技术并结合分子标记辅助选择及多基因聚合技术，创制了一批遗传背景清晰、抗条锈病基因明确、综合性状优良且高抗条锈病小麦新种质。

这些努力和尝试是有益的，也颇见成效。近年来，围绕中国小麦优异地方种质条锈病抗性鉴定、评价、新基因发掘及育种利用等研究，川农小麦人已在 *Theoretical and Applied Genetics*、*Plant Disease*、*Phytopathology*、*The Crop Journal* 和《作物学报》《中国农业科学》《植物保护学报》等国内外知名杂志发表近 40 篇论文；获得涉及条锈病抗性新基因及其育种利用授权国家发明专利 3 项；小麦条锈病抗性基因源的发掘与育种利用的相关成果作为"小麦重要育种目标性状基因的鉴定与利用"和"小麦近缘资源发掘及种质创新与利用"项目的重要组成部分，分别获得 2011 年度和 2016 年度四川省科技进步一等奖；出版专著 1 部；毕业研究生获校级优秀博士学位论文 1 篇、优秀硕士学位论文 2 篇。

种子被称为"农业的芯片"，而每一颗优秀的"芯片"都来之不易，它们的诞生需要建立在充足种质资源基础上。为把更多种质资源掌握在中国人自己手里，小麦所年轻的学者们还将目光投向了更广阔的地方。

2022 年 7 月 18 日，小麦研究所彭远英教授的论文《基于参考基因组揭示六倍体燕麦的起源和进化》在国际知名学术期刊《自然·遗传学》上在线发表。该项研究首次破译六倍体栽培裸燕麦的基因组，绘制出燕麦的"基因密码图"。这项成果将加速栽培燕麦的遗传改良和分子设计育种，对培育优良燕麦品种、提升中国燕麦产业竞争力将产生重要作用。审稿人也评价这一研究"代表了植物基因组学特别是谷物基因组学的重大进展"。

从小麦延伸到燕麦，为保障国家粮食安全，川农人又迈出了重要的一步。

要知道，燕麦是世界第六大粮食作物，具有很高的营养价值。而中国也是裸燕麦的起源中心并拥有上千年的燕麦种植历史，如今全国每年消费的燕麦总量也相当可观；其中包括籽粒约 100 万吨，燕麦干饲草约 300 万吨。目前，中国多数食用燕麦和燕麦饲草都依赖从国外进口。

然而，中国在燕麦品种选育、燕麦基础研究上远远落后于西方国家。新品种选育依赖于遗传资源，具有优良目标性状的种质资源是培育出新品种的关键，也就是我们常说的"卡脖子"问题。没有好的资源，就不可能培育出好的品种。在这方面，目前在加拿大和美国农业部的种植资源库中搜集和保存了来自全世界各地的燕麦种质资源超过 5 万份，中国各科研院所、育种单位保存的资源加起来不到 5000 份，而且很多资源还存在同质化问题。此外，我国燕麦基础研究也十分薄弱，从事燕麦基础研究的科研人员和单位都较少。面对这样的落后于人，川农人心头是沉甸甸的。

在所里的支持下，彭远英成为小麦研究所唯一一个专门从事燕麦研究的人。她先是通过国内外合作等方式，搜集了来自世界 50 多个国家和地区的燕麦种质资源近 1000 份，构建起了一个核心种质资源库，并且通过对这些资源多年多点的性状调查，发现了不少资源在农艺和品质性状上的丰富多态性，为培育适应不同气候环境、不同用途的品种打下了基础。此后为使研究进一步深入，即便知道国外早已行动，彭远英还是坚定地开启了属于中国人自己的栽培燕麦基因组破译工作。她顶住巨大压力争分夺秒与国外同行赛跑，终于成功绘制出了体量约为水稻40倍的六倍体栽培裸燕麦基因组分子图谱，注释出12万个蛋白编码基因，推动中国的燕麦基础研究向前迈出了重要而坚实的一步。

技术创新：为野生资源利用提速增效

粮食安全是21世纪人类面临的重大问题。经过此前几十年的育种努力，作物单产水平已很高，进一步增加变得更加困难。遗传基础狭窄成为育种难以取得突破的"瓶颈"问题。国际上普遍认为，从外源物种导入遗传多样性对作物育种的可持续发展至关重要。种质资源是人类赖以生存和发展、不可再生的核心战略资源，全球种质资源的基因争夺已成为21世纪世界各国战略竞争的高地和热点。发掘利用外源物种基因是解决遗传同质性问题的重要途径。

小麦的现代栽培品种都是从野生祖先物种经过长期的起源、进化与驯化逐步形成的。然而，在长期自然和人工驯化选择的过程中，很多高产、抗病、耐逆的优异基因已经在现代品种中发生了"丢失"。如何找回这些因驯化而"丢失"的优异基因，并使其在当前育种和生产上重新绽放"光芒"，是克服现代品种遗传多样性低的有效途径。

围绕这些目标，川农小麦人一方面深入基因层面开展探索，另一方面在育种技术方法上进行了卓有成效的开发和研究。

要育好种，做好基因层面的基础研究势在必行。颜济教授就曾感叹："突破产量结构的基因都还没有组装起来，还是'繁六'的框框，产量怎么不停滞不前呢？……不在目的基因的研制上下功夫，突破性的品种如何来？"他一再告诉后辈学人："（各种育种材料的创制）这就是攻关，我认为这就是育种的中心工作。不搞这些基本功，要有大的贡献是梦呓之谈！"他的思考由他的学生们默默记取并实践着。

四川所在的长江上游麦区，生态条件总体上存在阴雨多湿、云雾多、日照少的情况，小麦品种因此也存在产量偏低、抗病能力弱、品种退化严重等问题。郑有良教授带领团队利用自己创制的含黑麦外源基因的小麦材料为亲本，与四川主推品种川育12杂交，通过分离世代连续选择最终育成具特异优良株型和分蘖力强的优质、高产、抗病的穗数型小麦新品种——川农16。它能在四川等长江上游地区多雨、寡照的条件下提高亩有效穗，从而提高产量及广泛适应性。它也是小麦所选育出的首个国家级审定品种，是集高产、稳产、优质等优点于一体的突破性小麦新品种，创造了四川小麦区试产量的高产纪录，创制的独特理想株型不仅解决了在光照不足条件下的有效穗数难以提高的难题，而且还创造了数十年不退化的奇迹。川农16作为2002年国家"十五"农作物首批后补助8个小麦新品种之一，被列入国家重点推广计划。

从此前利用节节麦引入抗穗发芽基因，到这一次引入黑麦外源基因培育新品种获得成功，无不印证了远缘杂交渗入一直是小麦遗传改良的重要方法。但野生近缘物种与现代品种杂交不亲和、结实率低、后代分离时间长、不良性状难以克服等原因却限制了这些基因资源在现代育种中的广泛利用。

　　近年来，小麦研究所以刘登才教授团队为代表的科研工作者聚焦于解决小麦外源优良基因有效利用的难题，围绕小麦远缘杂交和异源多倍化过程进行研究，为远缘杂交的遗传育种设计提供新知识、新技术，培育新品种。

　　团队从现代六倍体普通栽培小麦的"身世"出发，深入研究后一个大胆的猜想被提出：节节麦本身就是四倍体小麦的伴随杂草，因此四倍体小麦和节节麦远缘杂交形成普通小麦是一个必然发生的偶然事件，也就是它们的"孩子"就应当会出现异源六倍体。那么是不是可以人为模拟小麦起源，充分利用野生种质资源四倍体小麦与节节麦杂交，创制人工合成的新小麦？

　　科学靠的就是"大胆假设，小心求证"。于是，相关实验随即开展。"我们利用76份四倍体小麦和24份节节麦杂交组配的115个四倍体小麦–节节麦杂交杂合发现，绝大多数四倍体小麦–节节麦杂种均能通过未减数配子途径，成功实现自动染色体加倍。"参与到实验中的刘登才教授团队成员郝明副教授说："该研究首次证明了未减数配子诱导基因的普遍存在。我们发现并定位了这种'自动加倍基因'，由此解决了杂交不亲和与结实率低的问题。"团队通过黑麦、易变山羊草等近缘属种作为测试物种发现，人工合成小麦同样保留了遗传自亲本，促进未减数配子形成的能力。因此，自动加倍基因在克服小麦与近缘属种之间的生殖隔离，提高导入外源优异基因创制新种质方面具有重要的应用价值。正是利用这种人为能控制一定方向的"多倍化"，小麦研究所创制了一大批新六倍体的人工合成小麦、四倍体小麦–顶芒山羊草、四倍体小麦–尾状山羊草、四倍体小麦–小伞山羊草、四倍体小麦易变山羊草等一系列全新的种质资源。

　　与人工化学加倍方法相比，借助"自动加倍基因"实现染色体自然加倍，具有简便高效、无环境污染的优点。因此，自动加倍基因不仅是小麦起源进化的关键基因，也是缩短小麦育种周期、提高育种效率的重要加倍单倍体育种工具基因，一经发布，它很快成为国际关注的一个研究热点。

　　过去培育一个小麦新品种需要10多年的时间，即便挖掘出"自动加倍基因"后大大缩短了育种年限，这个过程仍然需要付出许多辛劳。大约在2000年，小麦研究所就已经合成了第一个人工合成小麦，但直到2013年才成功选育出第一个人工合成小麦品种。在漫长的选育道路上前进一步，其艰难可想而知。"育种过程是漫长的、艰苦的，有足够的耐心，坚持下去才能慢慢看到希望。"郝明说。这是他的切身体会。为了能让小麦实现早熟早收，方便紧接着的新一轮水稻尽早种下，以形成耕作上的良性循环，他从2010年开始，10多年来年年坚持在五一劳动节假期进行收种选种。和他一样，无论风雨寒暑，为了选育良种，川农小麦人从未停止向前的步伐。

　　由于地方品种、野生近缘种及其衍生的外源导入系会携带许多现代品种不具备的优良基因，是小麦品种遗传改良的重要基因资源。然而，长期以来它们却并未在育种实际中普遍发挥作用。这是因为它们在携带优良基因的同时也具有综合农艺性状差、携带硬壳脆碎基因等不适宜农业生产的野生性状，而要通过杂交分离出人们需要的目标农学性状耗时会非常长，好几年甚至是十几年都有可能。这些都导致了许多育种人员不愿以这些材料为亲本来进行育种利用。为了解决这些问题，川农小麦人一直伤透了脑筋。

一个偶然的机会，郝明接触到了颜济教授从前选育"繁六"的杂交方法——改良的聚合杂交：在不断杂交的过程中降低地方品种的血缘，以此来舍弃一些不良性状。受此启发，他和团队一起在刘登才教授的主持下，以人工合成小麦为对象，开展了原始种质育种技术的研究和测试。经过不断的探索，终于在 2019 年，团队创新的"双顶交-两段选育"原始种质育种利用技术体系获得成功，在杂交方法上实现了巨大创新。有了这种新方法新技术，育种人员便可以使用该方法成体系地去选育更多品种，实现规模化选种。该技术在小麦育种领域取得明显成效。

郝明（左）与刘登才（右）在试验田中

"双顶交"即通过两次顶交，将合成小麦血缘降至 1/8，有利于尽快消除染色体不稳定性、改良综合农艺性状差等问题。尽管"双顶交"将合成小麦血缘大大降低，但是早世代群体的综合农艺性状仍比较差。这时团队又巧妙设计了接下来的"两段选育"的方法：第一段早代聚焦主基因性状选择，模仿自然驯化和"绿色革命"的过程，采用混合选择法，仅聚合易脱粒、矮秆、熟期、抗病等少数受主基因控制的农艺性状，以减小育种群体规模——通常仅用 100~200 株就能选出目标植株；第二段中高世代聚焦数量性状，围绕籽粒产量进行选择，这个方法群体小、易选择，大大提高了人工合成小麦的育种利用效率。

利用"双顶交-两段选育"渗入育种技术方法，刘登才教授团队大大提高了产量等多基因控制性状的遗传改良效率。近年来，四川大力推进种业振兴创新攻关，由川农大牵头承担的"十四五"麦类育种攻关项目中，在小麦育种领域取得了明显成效。他们以人工合成小麦为亲本，先后成功选育出蜀麦 969、蜀麦 830、蜀麦 580、蜀麦 1868、蜀麦 1963、蜀麦 114 等多个小麦新品种。

此外，小麦所还与山东农业大学合作，在国际上首次导入野生节节麦的抗条锈病基因 *YrAS2388*，育成唯一含该基因的小麦品种蜀麦 1675。

蜀麦 1675 的选育既有必然因素也有偶然因素。刘登才教授团队长期致力于人工合成小麦的育种利用，蜀麦 1675 则正是利用了合成小麦为桥梁，渗入四倍体小麦和二倍体祖先种外源基因育成的新品种。2006 年，项目组将四倍体小麦杂种 F1 与二倍体节节麦 AS2399 杂交，创制出六倍体人工合成小麦。2010 年通过杂交顶交方式，与当时的优良品系川 07001、蜀麦 969 配置了组合。2011 年，团队定位了节节麦抗条锈病基因 *YrAS2388* 开发了该基因的分子选择标记，同时与山东农业大学付道林教授团队合作开展 *YrAS2388* 基因的克隆。他们利用 *YrAS2388* 连锁分子标记对杂交小群体进行连续筛选。到 2015 年，团队终于获得了一株携带 *YrAS2388* 基因的植株。通过夏繁加代后，它在当年参加的小麦研究所品比中表现优异，被定名为蜀麦 1675。2019 年，*YrAS2388* 基因被成功克隆，蜀麦 1675 也顺利完成了四川省新品种审定前的所有试验程序，实现了抗病基因克隆和育种利用的同步化。

从发掘定位"自动加倍基因"到设计出"双顶交－两段选育"的育种技术，川农小麦人解决了杂交后代分离时间长和不良性状难以克服的问题，实现了野生种质资源优异基因的快速高效利用，打通了从野生物种到现代栽培品种利用全链条关键环节。

新种培育：因地制宜选育特色新品种

2022 年的春天，来自川农大的小麦育种工作者站在一片快成熟的麦田间，向到场的其他育种专家分享着各自最新研制的小麦育种新材料。

"这是引进南京农大具赤霉病抗性小麦－大赖草附加系 07G173 与自育优良品系 2012A42 杂交、回交、自交而得，具有多分蘖、高穗容量、抗赤霉病等特征。"这是陈国跃教授在做介绍。

"这个新材料首先以地方品种开县罗汉麦和中国春为遗传背景，与秦岭黑麦杂交，获得代换系，同时创制出了含 *Pm56* 基因的抗白粉病优良株系。"这是郝明副教授在做介绍。

"蜀麦 830－R3 这个新材料与蜀麦 830 具有近似株叶型，含 *Yr18*、*Yr36*、*Yr28* 以及未确定的抗条锈病基因，高抗条锈病。"这是黄林副教授在做介绍。

……

他们每一个人的语气里都透着一种隐隐的自豪。

西南麦区包括四川、贵州、云南大部、陕西南部、甘肃东南部、湖北西部。其中，四川盆地温水适宜，但光照少，病虫严重。病害以小麦条锈病、白粉病为主，兼有小麦赤霉病等。每到小麦秋播时节，四川盆地往往多雨，导致小麦播期延迟，不利于高产。针对西南麦区复杂的生态气候，小麦所的科研工作者利用创制的新材料，培育了一系列各具特色的优异新品种。

近 8 年绝对产量最高的强筋小麦——蜀麦 969。它的选育解决了困扰小麦品种的高产、品质、生育期负相关问题。它兼具高产、强筋、早熟、抗冻的突出特点，是近 8 年来四川省统一组织的生产试验中绝对产量最高的小麦品种，是达到四川强筋小麦品种审定标准的少数品种之一，也是生产上成熟最早的品种之一。2016 年 1 月，小麦生产遭遇严重冻害时，它是最抗冻的品种之一。它综合抗病能力强，中抗条锈病、白粉病、赤霉病。2014 年，四川条锈病严重发生的情况下，它是极少数表现较好抗性的品种之一。2014 年被列为科技部农业科技成果转化项目并获得资金资助，2015 年和 2016 年连续两年被列为四川省农业主导品种。目前，它在不同生态区均保持着高产稳产，推广面积累计超过 200 万亩。

突破性的重穗型品种——蜀麦 830。四川寡日照、阴雨潮湿环境下，倒伏、病害等危害严重，选育并推广重穗型品种是未来进一步增产的一个很有潜力的技术途径。川农小麦人选育出的蜀麦 830 是集高产稳产、抗病于一身的突破性重穗型、弱筋小麦品种。它实现了穗重的突破：根据四川历年区试数据，蜀麦 830 是目前四川省单穗最重的品种，单穗可达 2.44 克（千粒重 50.0 克、穗粒数 48.7 粒）。这与四川过去 10 年审定的 100 个品种的平均单穗重 1.98 克相比，增加十分明显。它既增加粒重粒数，又能保持正常熟期；它的新株型结构既保证重穗形成，又能不倒伏；同时，作为弱筋小麦，它的稳产性还特别突出。2015 年省区试 60 个参试品系中它的产量位居第一，达到 423 千克/亩。两年省区试的 15 个试点中它有 14 个试点增产。国家区试长江上游组 2017 年、2018 年两年试验，产量均稳居参试组第一。2021 年 4 月，小麦生产遭遇赤霉病大规模暴发时，它又表现出良好的抗病性。2019 年它被列为四川省科技成果转化项目，2020 年被列为四川省小麦重大技术协同推广品种，2023 年被列为四川省农业主导品种。目前，它已在全省大面积推广使用，面积超过 300 万亩。

较高海拔旱地麦——蜀麦 580。它高产，兼具耐旱、耐寒、抗倒伏、抗穗发芽的特点。在云南省旱地麦两年区试中位列第一，较对照品种增产 9.1%；在生产试验中平均亩产达到 366.6 千克，是唯一超过 290 千克的参试品种，较对照品种增产 55.9%。由于其耐旱特性特别突出，同时含有来源于人工合成小麦在不同环境下均稳定的抗穗发芽的主效基因位点，它在云南省海拔 1200～2100 米旱地麦生产中表现出极佳的适应性。

品质性状过硬的国字号品种——蜀麦 114。它是四川省审定之后，2023 年长江上游国家审定的集穗数型、弱筋、抗病的小麦品种。综合国家区试两年品质分析：容重（品质）799 克/升，籽粒蛋白含量（干基）12.02%，湿面筋含量（14%湿基）23.4%，吸水量 55.2 毫升/100 克，稳定时间 2.8 分，最大拉伸阻力 155E.U.，拉伸面积 38 平方厘米，品质分类弱筋小麦。生产试验亩产 426.4 千克，比对照增产 4.04%。它广泛适宜于长江上游平坝和丘陵地区种植，包括冬麦区的贵州省、重庆市全部，四川省除阿坝、甘孜州南部部分县以外的地区，云南省泸西、新平至保山以北和迪庆、怒江州以东地区，陕西南部地区，湖北十堰地区，甘肃陇南地区等。

摘得四川白粒小麦产量桂冠的全能型品种——蜀麦 133。它是继 2003 年川农 16 完成国家审定 19 年后，小麦所迎来的第二个国审小麦品种。它最闪亮的"名片"是高产，在国家两年区试中分别位居第二和第一位。在 2022 年的农户自主生产实产验收中，它以平均亩产高达 608.3 千克的成绩一举夺得四川白粒小麦产量"桂冠"。不仅如此，蜀麦 133 还兼具抗冻、抗病、抗逆、抗穗发芽以及耐湿耐寒的特性，是一名"全能型选手"。无论南方还是北方，不管地理条件多差，它都能保持高产。而且，由于它属于白粒小麦，其面粉比红粒小麦颜色更白、口感更佳。更为特别的是，蜀麦 133 在不同生态区都能稳定地达到少施化肥、少喷甚至不喷农药的"双减"，因此收获籽粒后，还能将其保持青绿的茎叶收作青贮饲料，一次投入，粮草双收，种养同行。既可以保粮食安全，又供冷季短缺的饲草之需，还无秸秆堆积致环境污染，更免焚烧导致空气污染，能够真正达到高效、绿色生产，可以说是一举多得。

首次导入节节麦抗条锈病基因的新品种——蜀麦 1675。它是四川省农作物品种审定委员会 2021 年审定通过的抗病高产小麦新品种。高抗小麦条锈病是它最为显著的特征。它通过分子标记辅助选择育成，是国际上首次导入野生节节麦的抗条锈病基因 $YrAS2388$，也是目前唯一含有该基因的小麦新品种。在省和国家级的试验及生产中，它都稳定表现出高抗条锈病特性，为实现小麦绿色生产提供了品种保障。通常，作物抗病和高产就如同鱼和熊掌不能兼得，但蜀麦 1675 实现了抗病和高产兼顾。在四川省 2017—2018 年度区域试验中它比对照国审品种绵麦 367 平均增产 6.62%，2019 年度的生产试验比对照品种增产 3.58%。

抗性优良的品种——蜀麦 1868。它株型紧凑，抗倒伏，抗病性突出。2021 年 4 月，当小麦生产遇上赤霉病大规模暴发时，它表现出优异的抗病性。四川区试两年平均亩产 378.52 千克，比对照品种增产 4.97%，生产试验平均亩产达到 426.58 千克，比对照品种增产 0.29%。经由四川省农科院植保所对其进行接种抗性鉴定，结果为高抗条锈病，中抗白粉病，中抗（感）赤霉病。广泛适宜于四川平坝、丘陵地区种植。

亩产可超千斤的优质早熟品种——蜀麦 1963。它是成功实现了产量、品质和抗性的协同改良且早熟的品种。它较一般小麦品种早熟 2～5 天，是目前最早熟的小麦品种之一。在高产栽培条件下，它的产量能达到每亩 650 千克以上。蜀麦 1963 携带节节麦持久抗条锈病基因 $Yr28$，表现慢条锈且抗白粉病。在品质方面，除湿面筋含量一项略低于标准外，它的其余品质指标均达到优质强筋小麦品种标准。适宜四川平坝、丘陵地区种植。目前正在品种繁育推广阶段。

……

"今天四川小麦生产中使用的种子，100% 来自四川育种专家的自主创新。"作为由学校牵头的"十四五"四川省重点研发项目"突破性麦类育种材料和方法创新及新品种选育"的首席专家，刘登才教授带着自豪说道。在前辈学者奠定的良好基础上，小麦所科研人员逐步形成了"人人搞育种"的好传统。经过数十年的不断探索、坚持与传承，学校不断有小麦新品种通过审定并推向生产第一线、服务于地方经济建设。仅近 10 年就相继选育出 20 多个集合高产、抗病等综合性状优秀的品种通过省部级审定。

"民以食为天，无论在何种情况下，保障粮食安全都是我们需要着重关注的头等大事！"小麦所年轻一代科研工作者已经达成了这样的共识："小麦研究所需要衔接上游的研究和下游的育种。我们应该拥有长远战略眼光，比如遗传多样性的布局等，不能仅限于选育品种。""打造更高水平天府粮仓需要遗传上的研究和实际上的应用紧密结合，要发表论文，但更要把论文写在大地上！"

第四部分

技术保障粮食安全

习近平总书记在党的二十大报告中指出："全方位夯实粮食安全根基，全面落实粮食安全党政同责，牢牢守住十八亿亩耕地红线，逐步把永久基本农田全部建成高标准农田，深入实施种业振兴行动，强化农业科技和装备支撑，健全种粮农民收益保障机制和主产区利益补偿机制，确保中国人的饭碗牢牢端在自己手中。"

本部分聚焦川农大马均教授领衔的水稻栽培研究团队、杨文钰教授领衔的大豆玉米带状复合种植与循环利用团队、大豆玉米带状复合种植技术农机团队，通过技术服务打造更高水平"天府粮仓"，通过研发与推广新技术保障粮食安全，推动"藏粮于地、藏粮于技、藏粮于民"，为粮食安全提供坚实支撑与保障，做出川农人应有的贡献。

第十一章 水稻栽培研究团队马均：
俯拾仰取，让"天府粮仓"装满中国粮

2022 年 6 月 8 日，习近平总书记来到眉山市东坡区岷江现代农业示范园区（永丰村）考察调研。成都平原的 6 月，水稻田绿浪翻卷，长势喜人。著名水稻栽培专家、四川农业大学水稻研究所马均教授向习近平总书记汇报了园区所采用的水稻新品种和生产新技术。园区是马均教授团队长期驻点指导的水稻高产高效示范区之一，如今永丰片区高标准农田面积达 3100 亩、连片规模种植 1500 亩，已在省内率先实现水稻"耕、种、播、防、收、烘"全程机械化生产，是四川标准化程度最高的高标准农田示范样板之一。

"总书记十分关心我们国家的粮食安全问题，关心我们水稻产量情况，"马均教授庄严承诺，"请总书记放心，实现藏粮于技、中国碗装中国粮，我们有信心、有底气！"这份信心和底气与川农大水稻栽培人三代传承密不可分，和马均教授的默默坚守密不可分，也和马均教授团队扎根眉山 20 多年推广水稻优质高产高效栽培技术的成效密不可分。

三代水稻栽培人接续传承

川农大水稻研究所沉甸甸的发展史书写着每一代农业科学家为"兴中华之农事"而奋斗的热血青春和无私奉献，杨开渠教授无疑是起点。川农大水稻研究所的前身是创建于 1936 年的四川大学农学院稻作室，杨开渠就是创始人。他于 1935 年来四川任教，主讲稻作学。他见四川大量冬水田没有得到有效利用，于是将开发成千上万亩冬水田、提高稻谷产量作为首要研究课题，提出通过种植双季稻、采取干田直播法、选育早稻品种等举措，全面促进四川粮食增产。杨开渠不仅在我国开拓了水稻研究新领域，提出了增产的新途径，也是世界上最早系统研究再生稻的学者之一。他通过对水稻的发育形态、发育生态与发育生理和再生稻的前沿理论研究以及对双季稻的应用研究，为我国再生稻及长江流域双季稻发展开创了新纪元，也为水稻研究所栽培研究团队深厚的学术底蕴奠定了坚实基础。1965 年，原本研究方向以水稻栽培为主的李实蕡教授从非洲马里共和国援外结束回国后，担任稻作室主任。他从西非带回水稻品种（冈比亚卡等），将研究方向转向以育种为主。

再生稻的推广应用落到了水稻研究所第二代栽培人肩上。傅淡如，师从杨开渠，担任杨开渠教授助手，长期从事作物栽培学的教学和水稻方面的研究工作，专长水稻栽培。田彦华，担任李实蕡教授助手，水稻栽培耕作学专家。20 世纪 90 年代，以田彦华教授为主任的栽培研究团队陆续完成了水稻旱育秧和抛秧技术等系列研究，对推动四川及西南地区水稻高产高效生产做出了突出贡献。同样师从杨开渠的川农大原校长孙晓辉教授也是水稻研究所第二代水稻栽培与再生稻专家，更是马均硕士研究生时期的授业导师。孙晓辉教授等在 20 世纪七八十年代开展了杂交中稻培育再生稻的理论与技术研究，获国家科技进步三等奖，对推动我国再生稻的发展起到了决定性作用。

马均本科在川农大学农学，"那时候的本科专业知识学得可太扎实了，光水稻栽培就上了 40 个学时。"就这样刻苦学习 4 年后，1984 年马均本科毕业。因为本科时的栽培课老师风趣幽默又讲得生动，并且他觉得栽培和其他学科交叉较多、灵活性强，"就比如高产，高产的原因就很多了。生理上的影响、生产上的影响、土壤和肥料……甚至是一阵风这种气象上的原因，都有可能影响它，多么有趣。"对栽培很感兴趣的他如愿成为当年仅有的三个研究生之一，并选择了水稻栽培研究。

"孙老师他们这一代的成长发展时期，是国家很重视栽培的时候。我研究生时期栽培领域无论是科研还是师资力量都很强。"马均跟随导师孙晓辉教授在研究生期间进行了大量再生稻研究和推广，1986 年全省再生稻栽培 60 余万亩，1987 年就达到 200 余万亩，1988 年后都稳定在 400 余万亩。川农大水稻研究所在再生稻育种栽培方面进行了许多开拓性工作，甚至直到现在再生稻生产上使用的很多技术都依旧是当时的技术。1987 年马均研究生毕业留校，担任导师孙晓辉教授的助手，继续从事再生稻栽培研究。

1988 年，川农大水稻研究所在雅安成立。考虑到学校的发展和教师队伍的培养，学校很早就在着手计划将水稻研究所搬回成都。几经周折，由四川省委、省政府牵头，多部门联动，在学校组织下，周开达教授等人经过仔细考察，最后选址在占地 160 多亩的原温江县种子繁制厂。虽然当时有教职工因多方面原因不愿搬迁，但经学校协调，解决了家属的后顾之忧，迁温之行得以顺利完成。

1991 年，水稻研究所从雅安迁到温江，条件很差，就在现在川农大成都校区招待所处，是一栋 4 层筒子楼，一楼是办公室，全所大部分教师也都住在这里，还有一小部分教师住在对面的平房里。当时水稻研究所面临着科研经费严重不足等诸多问题，学校积极向省科委争取行政性经费，以保证水稻研究所的正常运行，帮助水稻研究所渡过难关，使建设工作有条不紊地开展。1998 年修建了实验楼。当时周开达教授主持水稻研究所工作，他的观点就是"先治坡后治窝"，先整治工作条件再搞生活条件，直到 2000 年才修建了宿舍。当时教师都住在筒子楼，抬头不见低头见的日子也为后来周开达教授游说马均创造了条件。

这栋 20 世纪 90 年代的老楼，记录着水稻研究所的历史。"这里虽然稍微偏一点，但更安静。"即便是现在大楼里有新的办公室，马均还是更喜欢在水稻研究所的老楼里办公。

从"赤字"开始单打独斗

马均 1998 年从斯里兰卡公派回来，孙晓辉教授已经退休，没有任何项目。马均就想跟着田彦华教授搞研究，但田老师也将近退休，并且认为马均已经具备能力，到了独立开展研究的时候。于是迫不得已，川农大水稻研究所栽培领域第三代的这棵"独苗"从 1998 年底开始了单打独斗。

第二代水稻栽培人成长时期，国家很重视栽培，但遗传育种发展得太过迅速，杂交水稻声势浩大。"当时有种说法，叫'中袁西周'，指的就是湖南杂交水稻研究中心的袁隆平和川农大水稻研究所的周开达。"他们一个是通过野生稻败育的"野败"同籼稻进行杂交，一个是通过地理远缘籼亚种内品种间的水稻进行杂交。"当时我们所研究出来的冈·D 型杂交水稻，在四川的种植面积占到一半以上，在全国范围内种植的比例也很大，获得过国家技术发明一等奖。"马均说。

这样迅猛的发展势头到了 20 世纪八九十年代，越来越多的人认为通过育种就可以解决问题，栽培好像就只是一些配套的良种良法，栽培研究领域的科研项目和经费随之大幅缩减，从事相关研究的科研人员也锐减。育种领域的科研和市场生机勃勃，育成品种可以很快卖出专利转化为资金。当时的育种品种可以卖到几十万元甚至几百万元，许多从事栽培的科研人员也在此时转向了育种。同时，90 年代北方出现了卖粮难的问题，虚假粮仓导致粮食多了，国家投入在粮食生产上的精力和经费减少，栽培开始不受重视。

"因为育种是更热门的方向，那时候也有很多人来劝我转向去搞育种。周开达和孙晓辉两位教授一直告诉我，良种良法，光有育种的良种，没有栽培的良法是肯定不行的。一方面，水稻研究所不能缺栽培；另一方面，搞水稻育种也不能缺栽培。现在我们育种已经发展到较高水平，而要挖掘高产优良品种的潜力，还必须靠栽培。"马均说，与周开达教授同住筒子楼的他没少被耳提面命。马均的夫人也劝他："用发展的眼光来看，栽培还是有希望！"多次被鼓动和劝说的他认为"从生产发展的理论角度来说，栽培也是有前途的"，最终选择了继续从事栽培研究。

光有坚定的理想信念还不行，栽培"独苗"没有经费和项目，研究出路在哪里？当时的水稻研究所还需要自筹 50% 的经费。周开达教授积极做工作，跟财务说："马均可以'赤字'，等他以后有项目和经费了再来冲账。"又转头安慰马均："项目和经费以后一定会有的！"

1999 年，周开达教授当选为中国工程院院士。同年，他积极鼓励马均报考博士，继续深造。但当时学校没有栽培专业博士点，周开达院士做了大胆的决定，跟马均说："你就考我的遗传育种专业博士，但还是继续搞栽培。你博士论文就做'重穗型杂交水稻的高产机理'，把这个东西搞搞清楚。"于是马均就在冬冷夏热，窗户还是坏的筒子楼顶楼，重新捡起书本开始复习遗传育种知识，准备博士考试。

马均（右一）与周开达院士（右二）在水稻田里

考上博士，马均终于拿到了自己的第一笔经费——周开达院士获得的"总理基金"。水稻研究所每个课题组都共同完成了研究任务，周开达院士将奖金分给各个课题组，马均的栽培研究分得2万元，但他本身已经是捉襟见肘，就厚起脸皮给周开达院士"做工作"，最终分到了4万元，这就是马均的起步资金。后申请到了省科技厅2万元的项目，联合培养单位扬州大学资助1万元，揣着这7万元，马均全身心投入博士论文课题研究，准备3年毕业。

"不得不感叹恩师周开达院士的长远眼光和大格局，给予我经费支持、专业引导，更是帮我联系了扬州大学从事水稻栽培及栽培生理研究和教学的专家朱庆森教授做我的联合培养导师，让我在搞栽培的同时走出去，开了眼界。"马均在扬州大学待了一年做实验，学习期间得到诸多水稻栽培专家指点，作物栽培学与耕作学家张洪程院士就是当时马均在扬州大学读博时的老师，为他后来工作的顺利开展奠定了良好的基础。

"2000年，周老师在家里准备去北京参加院士大会的幻灯片，我在他进京前把博士论文研究方案交给了他，请他指点。"后来周开达院士在北京院士大会作报告时，突发脑出血，马均的博士论文也多由朱庆森教授指导，得以在2002年按时毕业。

博士毕业后马均立刻回到了川农大水稻研究所，专注于重穗型杂交稻的高产机理及其稀植优化生产技术的研究与应用，以此发挥重穗型杂交稻的高产潜力。"重穗型杂交稻是西南稻区的高产广适类型，按照以往合理密植的方法栽培产量并不高。我们在生产上发现了这个问题，就着手做了很多研究。"为此，马均开始用不同的品种，以不同的密度，在不同的地区反复进行田间试验、机理分析等工作。农业研究周期较长，如果当年试验失败，只能来年再来。在数年研究中，重穗型杂交稻的高产机理及其稀植优化生产技术的研究经历了从实验室到试验田，成功后再到大田推广。马均通过降低种植密度合理稀植，不仅省种省工，还能保证产量提高，每亩可增产稻谷30～120千克（增产幅度6%～16%），省种30%～50%，省工3～6个，增收节支80～150元，推广以后带来水稻生产高产高效。当初周开达院士让马均"搞搞清楚"的博士论文选题，马均弄明白了，也因此获得 2006 年四川省科技进步一等奖。

2002 年回到水稻研究所的马均除了专注手上的研究，也经历了科研生涯最大的转折点——申报国家"863"项目。当时马均靠着 7 万元紧紧巴巴读完博士，回来了手上还是没项目、没经费。正值"十五"规划国家"863"项目开始组织申报节水农业重大专项子课题"水稻抗旱节水新品种的筛选与应用"，项目虽是偏向遗传育种方面的，但当时水稻研究所的年轻老师李平、李仕贵等都鼓励他去申报。马均觉得不会成功，但试试就试试，认真踏实一向是他的准则，材料准备得扎实，他通过了初审。水稻研究所一群年轻老师都为他高兴，甚至自告奋勇陪着他去答辩，最后由李仕贵老师陪他前往答辩。答辩通过，马均拿到 2002—2004 年共计 80 万元的科研经费，这成为马均独立搞研究以来最大的项目。

水稻抗旱节水新品种的筛选与应用，针对我国水资源贫乏和农业用水利用率低的现状，对水稻抗旱性进行了系统而深入的研究，提出了水稻节水抗旱品种的筛选鉴定指标体系和鉴定方法并开展了品种和材料的鉴定。研制的节水效果突出、增产效果显著的"湿、晒、浅、间"节水高效灌溉技术规程，生产应用每亩可增产稻谷 50～100 千克，节水 20%～35%，增收节支 90～160 元。这个项目也让马均在 2008 年拿到了四川省科技进步三等奖。

"除去手上的项目，四川省科技厅还安排我开展强化栽培研究项目，也给了 60 万元经费。经费充足了，研究搞起来了，项目就会接踵而至。我的栽培研究终于上了路。"马均的感慨还未落地，他就严肃说道："但其实那个时候，国家粮食安全已经到了不可忽视的地步。2003 年有消息说，广州粮食储备只能供应几天，大量向北方调粮。一个省城口粮难以持续供给，这是多么严重的安全隐患，某种意义上南方只搞经济而忽视的粮食生产，必须重新被提起来。"

2004 年，针对我国粮食生产的严峻现实，为确保国家粮食安全，科技部、农业部、财政部、国家粮食局联合 13 个粮食主产省（区），立足东北、华北、长江中下游 3 大平原，围绕水稻、小麦、玉米 3 大粮食作物高产高效目标，启动实施国家粮食丰产科技工程，马均成为国家粮食丰产科技工程项目负责人之一。直到现在，国家每年以 900 万元经费给予支持，由四川省科技厅协调农科院和川农大合作使用。马均承担了"十一五"规划到"十四五"规划的四川指南撰写修订工作。

从"赤字"单打独斗开始，一路坚持一路歌。马均终于能在习近平总书记关注农业科技支撑保障国家粮食安全情况，问起做研究有没有项目支持，经费有没有保障时立刻回答："我们依托国家粮食丰产科技工程、国家重点研发计划粮食丰产增效科技专项、四川省科技支撑计划、四川省重大科技专项等国家级和省级项目，还有一些地方项目，经费保障充足。"

踏遍巴蜀大地结缘眉山

1987 年，马均研究生毕业就开始往重庆永川跑，进行再生稻栽培试验。1990 年开始，除了重庆永川还有四川泸州、自贡荣县和富顺，"川南地区是我做研究的老点了"。彼时川农大水稻研究所还未搬迁至温江，雅安地处偏远，从雅安坐车到成都得半天时间，接着又坐晚上的火车，十多个小时才能到达永川。"那时候的绿皮火车，人挤人，得翻车窗，不然挤不上去。我和田彦华老师一起坐车，他年纪大，稍微胖点，我虽然瘦但是有劲儿，先拖举着把他弄进去，自己再两三下翻进去。"马均仿佛把这种艰辛当一个乐子，"为了到处搞栽培，我还坐过闷罐车、拉煤车嘞。可能现在的年轻人见都没见过，更别提坐了。"年轻人没见过的还不止这些，夏季时，重庆是火炉，川南天气热，马均就晚上打一桶冷水泼在小旅馆的水泥地上，蒸发完又热，又泼水……日日循环，一般到了早上四五点才能稍微睡一会儿。

别看马均瘦，他是农村家庭出身，从小得到土地的滋养和农活儿的锻炼，身体素质很好。1990年，水稻研究所在攀西地区也同时做着研究，西昌四五月份干燥且阳光强烈，大多数外地人受不了这里的气候，经常流鼻血。当时在西昌搞研究的老师就因为身体承受不住退出此地。但西昌是攀西粮仓，水稻面积大，光照条件好，产量高，必须得有人过去做肥料和产量提高试验。于是所里又把这份活儿派给了年轻人马均，马均就开始川南、攀西两边跑。

西昌黄联关镇是偏远民族地区，马均当时和西昌学院的老师一起好不容易在乡镇府旁边的税务局找了两间房住下。"我们午饭就在乡镇府食堂解决，但乡镇府的人都是乡里本地人，人家晚上都是要回家吃饭的。当时条件差，为了节约，食堂中午没有肉，只有两盆蔬菜，用生豆瓣酱佐饭。"对于马均这样的年轻小伙子，这样吃饭相当于挨饿。当时全镇就只有两个小馆子，一个有炒菜售卖，另一个卖米粉。"可这两个店都是下午六点就关门，我们要想打牙祭吃回肉，还得早早去，或者求着预约上。"但下了地哪里说得出准时准点，有时下乡回来晚了就没饭吃。马均记忆最深刻的是："有次饿得不行，找了两个青番茄和鸡蛋，两个人喝了一斤白酒充饥！"到了每年四五月份水稻育秧的时候，马均和几个年轻老师，白天就骑辆旧自行车下乡，乡村土路狭窄且坑洼，人在田埂上被大风推着往前走。当时也没有电视，晚上从田里回来几个人就坐在还没有成为景点的土林山坡上看火车。"当时好像也不知道以后会做成什么样子，想的就只是先把手里的田搞好！"就这样，马均在这里待了五年。

从研究生毕业工作这些年来，巴蜀大地的大部分粮食主产区的田间地头、农家小院都留下了马均的足迹。眉山自然也是其中之一，2002年马均到眉山调研，就发现这里田地平且连片，非常适合开展水稻栽培试验。2003年，四川省科技厅安排马均做强化栽培，眉山当地的种子公司想要加入这个项目，经多方协调，征得省科技厅同意后，就一起开始在眉山尚义镇、太和镇开展强化栽培示范。

"我们到眉山时，生活上已经大幅度改善，和我年轻时候的条件相比已经好了太多。我们有时候住在乡上农民家，有时候住在村里办公室，后来再派研究生过去做试验，也在乡里的农民家租过房子。除了住宿差了点，吃得饱肯定是没问题。"马均说，"现在的科研条件已经相当好了，生活上差一点又有什么呢？水稻研究所老一辈的科学家，十几个人只有一间20多平方米的办公室，和一间仪器不多、十分简陋的实验室，基本是用锄头、扁担和两个桶搞出的科研成果。锻炼学生的艰苦朴素是很有必要的。"

2004年，学校水稻研究所承接国家粮食丰产科技工程重大专项等项目。眉山因环境条件、排灌条件、地形条件的优势，非常适合开展水稻新品种新技术中试及全程机械化技术示范推广，并且当地政府对农业高度重视，当地农业局和农技站都能给予巨大支持。于是水稻研究所选定在成都平原西南部——眉山市东坡区太和镇永丰村建立核心基地，开展新品种新技术研发和示范推广。

"我们先在崇州、温江等地做试验研究，再到眉山基地进行中试，不断改进，然后大面积示范推广。"马均介绍，从水稻准备播种到收割的季节，他大部分时间都奔忙在各地的水稻生产第一线。"这是栽培专业的特性决定的。作物栽培技术是直接面向生产的，农民、基层农技人员非常需要。"马均说，"好的品种依托好的技术更能体现其优越性。"只有把试验场建在农村，把课堂搬到田间地头，才能真正体现其作用。

科研和项目越来越多，马均也在物色脚踏实地、勤勉肯干，并且愿意从事辛苦的栽培研究的年轻人和他一起努力干。随着2010年马均的博士生孙永健毕业留校，马均结束了15年的单打独斗。"马均老师治学严谨，亲力亲为。在他的带领下，田间地头就是大家生动的课堂。"马均的另一个博士生杨志远将马均和团队在水稻生长期间至少要在眉山核心基地工作2个月的科研体验记在心上，对老师默默耕耘很是钦佩的他也坚定了自己的科研理想，毕业留校也选择加入马均的水稻栽培研究团队。随着2021年引进人才陈宗奎博士的加入，马均终于有了自己的4人团队。"我们团队成员长期扎根基地，每年都选派2名以上硕、博研究生常驻眉山，开展技术创新、集成研究并进行技术示范和推广，身体力行践行'把论文写在大地上'。"现在已经是副教授的杨志远介绍，这些年，从眉山这片基地里先后走出去了40多名博士、硕士研究生，现在都在从事水稻科研和技术推广工作，成为各自领域的骨干、专家。

千方百计端稳中国饭碗

如今马均团队在眉山基地累计引进试种越光、稻花香等国内外优质品种340个，筛选出宜香优2115、晶两优534、F优498、荃优822等适合眉山种植的优质高产新品种26个。推广机插秧优质超高产栽培、水稻机直播等技术近20项，集成推广杂交稻机械化生产"缓基速追"减氮增效施肥等绿色安全生产新技术3项。经过多方的共同努力，在东坡区这个全省最大的水稻新品种新技术中试基地，许多技术达到国际先进水平，部分达国际领先水平，先后获得国家和省部级科技奖13项。尤其是水稻全程机械化生产技术、杂交中稻丰产高效水肥耦合技术、稻田固碳减排等成果广受赞誉。通过多年的技术攻关，水稻单产大幅度提高，水稻平均亩产达到680千克。2017年，核心示范区超高产攻关田最高亩产达到969千克，创下成都平原水稻超高产纪录。

高标准农田一景

水稻优质高产高效栽培的技术有了，但农业教学、科研、推广三者之间联结机制相对欠缺，致使全省大批农业科技成果的转化渠道不畅。为此，马均团队联合当地政府在园区基地建立水稻专家大院、科技特派员工作站、水稻产业商会，强化技术培训、开展"一优两高"水稻生产竞赛、创新水稻高产高效绿色技术推广模式，服务于种业企业、种粮大户、农机合作社、收储加工企业等水稻产业链的各个环节，保障粮食安全。

如何更好地满足农民的生产需求、提高他们的生产积极性，一直都是马均团队研究的课题。2015年，马均在一次聚会中得到了灵感："我们几个年纪大一点的专家在一起交流，有经验丰富的搞农技和果树的朋友就谈到他们领域有很多技艺竞赛，嘿，我一想那我们水稻是不是也可以搞竞赛呢？"于是马均就联系了多名专家一起向眉山当地政府提议，通过与东坡区政府的合作，把种粮大户组织起来，每年举办"一优两高"（优质、高产、高效）水稻生产竞赛活动，从品质、产量、效益、过程管理等方面进行评比，培训新技术、普及新成果、培养新农民，比赛最高能获得上万元的奖金。从2016年第一届只有24户参加，到2022年第七届有超过200户参加，2023年眉山市更是将"一优两高"水稻生产竞赛推出园区走向全市，极大地调动了广大农户的种粮积极性。

种粮业主赵友勇凭单产790千克的成绩，拿到了2021年的最高单产奖。"但是高产不是我的最终目标，通过'一优两高'竞赛，现在我更注重质量了。我现在种的鸭稻米，就采用了生态的方法，食品安全更有保障。"他谈道，在马均团队的影响下，农户们的观念也在发生变化，安全高效生产成为大家的一致目标。

"这不仅仅是一场竞赛。其间我们在核心区示范，专家组下田了解水稻生产新技术和新品种表现，听取农户反馈，通过这些途径提高农户的种粮水平。"马均说，通过这项活动，截至2022年，累计培训农民5000余人次，培育种粮大户236人，100余人成为带不走的"土专家""田秀才"。通过竞赛活动的开展，实现了园区水稻品种的优质化、生产技术的全程机械化和水稻种植的规模化。"我们推进了优质品种的普及，基地的优质稻比例达到100%，同时实现了水稻全程机械化生产。生产技术从最开始的手插秧、人收割、地晾晒到现在耕、种、收、烘全程机械化，机械化率达到100%。此外，还推动了规模化生产,规模化率也达到了100%。"马均介绍道。

其实,马均和团队刚到村子里来时,农民对他们是持怀疑态度和不信任的。"才施这么点肥,得不得影响产量哟?""这些机器那么贵,到底有好大作用呢?"……农民们的疑惑不少。马均和团队就挨家挨户上门,面对面、手把手传授栽培知识和技能。每到农事各个关键时间节点,马均和团队都在田间地头手把手指导,确保农民有问题能得到及时解决。特别是水稻关键生育期,他们每天要在田里待10多个小时。

水稻"一优两高"新品种新技术现场培训会

只有贴近农民才能真的知道农民的需求。种粮大户王元威与马均教授合作了20年,眉山的柑橘类经济水果一直发展得很好,王元威曾经也犹豫过要不要改种柑橘。但在马均的鼓励和指导下,在前些年粮价低迷的情况下,他仍然坚持种粮,从最初的300亩种到3000多亩。王元威表示:"我们很信任马教授,他给了我们很大的技术支持,加上全程机械化,产量和效益都得到了很好的保障。"

"国家要粮,农民要钱。这就是一个很现实的问题。"马均谈道,通过多年努力,团队首创的水稻"一优两高"1343推广模式(搭建1个平台,做实抓手;瞄定3大目标,突破瓶颈;构建4方同盟,凝聚力量;强化3项保障,筑牢护盾)为稳粮保供、助农增收和"中国碗装中国粮"提供了可复制的四川经验。2020年,四川粮食安全省长责任制考核工作组办公室高度肯定并通报表扬"一优两高"1343推广模式,并作为"优质稻发展经验"在全省推广。

在田间地头工作了大半辈子,直到2022年习近平总书记来基地考察,马均一直都只是默默在土地里耕耘,低调得鲜少能见到宣传报道。当年抵着大风在狭窄田埂上骑着旧自行车穿梭在绿浪翻涌的水稻田里的黑瘦年轻人,怎么都想不到自己30年后会穿着整齐简洁的白衬衫站在高标准农田前向习近平总书记汇报自己和团队坚守的成果。

"你们从事这项工作很辛苦,出成绩也是长周期的,日晒雨淋,淡泊名利,贡献非

常大。咱们国家能够丰衣足食，农业专家功不可没。"习近平总书记的肯定让马均备受感动和鼓舞。"悠悠万事，吃饭为大。""五谷者，万民之命，国之重宝。"一个有着14亿人口的泱泱大国，"解决好吃饭问题始终是我国治国理政的头等大事"。这就是广大农业科技工作者最大的骄傲。

时下，全川正在如火如荼落实习近平总书记来川时的殷殷嘱托，"在新时代打造更高水平的'天府粮仓'"。作为四川省政协委员的马均从2022年6月至今，参与制定眉山市东坡区永丰片区"天府粮仓"核心区建设专项规划。跑遍四川各地的他，对打造更高水平的"天府粮仓"也有了进一步认识。"目前中国粮食产量，在逐年小幅上升，但进口需求也在逐年上升。进口总量约占自产量的25%，而且这个比例一定还会逐步升高。"马均解释，"随着大家生活水平提高，肉蛋禽奶需求会进一步增加。生产1000克肉蛋禽奶，需要消耗几千克甚至十几千克粮食，所以粮食需求只会不断增加。如果遇到进口卡脖子，就会很危险，所以国家高度重视粮食安全。"

2022年，四川省粮食产量超过365亿千克，但目前四川仍是全国第二大粮食调入省。对四川来说，粮食需求显得更加迫切。"从四川的内在需求来说，也迫切需要打造更高水平的'天府粮仓'。"马均介绍，传统观念认为，"天府粮仓"仅在成都平原，这不够全面。"应该包括四川全省范围，尤其是成都平原、川东和川南的盆地丘陵地区、部分安宁河谷平原。"并且，"打造更高水平的'天府粮仓'需要打造更高水平的'天府粮田'，需要更多的科技投入。"马均说。

"以前吃不饱饭，粮食生产以高产为目标，吃饱饭以后，又想要吃好。同时实现多个目标难度比较大，这就是我们继续努力的方向。"马均说，团队在"优质、高产"的基础上，也将进一步做好"高效"。在全程机械化、绿色栽培、安全生产等方向上攻坚克难，自主研发，解决农业科学技术从实验室、试验田到农民大田的"最后一公里"难题。"我们不仅要让'天府粮仓'装满粮，而且还要装优质放心粮，保障国家粮食安全和生产安全。"

放眼成都平原，永丰村又开始新一季水稻春种。60岁的马均依旧和团队一起奔忙在田间地头，平田如棋局的永丰村，忙碌穿梭在田间大大小小的机械，等到秋天又将会是俯拾仰取，"稻花香里说丰年"。

第十二章　大豆玉米带状复合种植与循环利用团队：23年一路泥泞一路歌，技术三次写入"中央一号文件"

2023年2月，《中共中央　国务院关于做好2023年全面推进乡村振兴重点工作的意见》（以下简称2023年"中央一号文件"）发布。学校杨文钰教授带领团队历时23年的攻关成果"大豆玉米带状复合种植"写入2023年"中央一号文件"。文件明确要求"扎实推进大豆玉米带状复合种植，支持东北、黄淮海地区开展粮豆轮作"，以加力扩种大豆油料，抓紧抓好粮食和重要农产品稳产保供。这是该技术继2020年、2022年写入"中央一号文件"后的第三次入选，也是四川首个三次写入"中央一号文件"加以推广的农业技术模式。

《中共中央　国务院关于做好2022年全面推进乡村振兴重点工作的意见》明确提出，"集中支持适宜区域、重点品种、经营服务主体，在黄淮海、西北、西南地区推广玉米大豆带状复合种植"。杨文钰教授团队顺利完成了农业农村部制定的在全国16个省（区、市）推广大豆玉米带状复合种植模式1510万亩的目标任务的技术服务，并且超额完成推广至1640多万亩，四川完成推广375.4万亩，基本实现了"玉米不减产，多收一季豆"的目标，为国家粮油安全做出贡献。

三次技术突破带来转折

1977年，杨文钰考入四川农学院，毕业后留校任教，1988年回国后从事植物化控技术研究。2000年前后，在承担四川省区域农业发展项目时，他发现四川丘陵旱地土壤瘠薄但盛行小麦、玉米和甘薯间套作，因甘薯种植需要起垄，垄沟成为导致水土流失严重的重要原因，土壤肥力不断下降，发展不可持续。小麦、玉米和甘薯都是耗地作物，玉米还是高耗氮作物，而大豆是固氮作物，玉米遮阳，大豆则相对耐阴，于是他想到了用大豆代替更耗地的甘薯。进入21世纪，人们生活水平提高，对肉蛋奶的需求增加，也需要更多的玉米和大豆作饲料。杨文钰认为，用"麦/玉/豆"替代"麦/玉/薯"是比植物化控技术更为国家所急需的技术，加之自己的博士导师也大力支持，所以迅速调整研究方向，形成了丘陵旱地"麦/玉/豆"新三熟模式的研究。

2002年，杨文钰和任万军、樊高琼等老师在雅安市天全县仁义乡开始进行"麦/玉/豆"新三熟模式示范。2003年在雅安市天全县、资阳市乐至县、遂宁市大英县的小面

积示范获得了较好的收成，于是与四川省农业厅农技推广总站合作。2004 年在天全县、乐至县、大英县 5000 亩的示范也获得了成功。杨文钰团队的"麦/玉/豆"新三熟模式，通过选择苗期耐旱的品种进行分批次播种，反复比对出苗情况的播期试验，让大豆播种时间与四川的旱雨规律相适应，最终把大豆原本 5 月下旬播种调整为 6 月上中旬播种，让大豆营养期处于伏旱，伏旱结束雨水降临，大豆就能够得到较好的生长。他们进行行比试验，将行比确定在 2∶2。通过这些研究与示范，明确了"麦/玉/豆"模式的技术创新点与特点，初步形成了"麦/玉/豆"模式的高产栽培技术要点，实现了第一次技术突破。2005 年在全省 11 个县（区）示范总面积达到了 3.5 万亩。

正是靠着这种模式，2006 年川渝大旱，10 月，国务院总理温家宝来川视察旱情。在大英县视察完马铃薯种植后回城里座谈，车子从一片大豆地边路过，地里的大豆长势极好，吸引了温总理的注意。"后来大英县农业局告诉我，温总理对大旱之年长得很好的大豆很感兴趣，停下来仔细询问'是什么品种''是什么时候播的''怎么播的''什么时候收'……"杨文钰虽然对没能在现场讲解感到遗憾，但他对自己这套模式在大旱下的大豆表现感到骄傲，同月底，各示范点也自然而然传来大豆丰收的好消息。

有旱就有雨。2009 年，四川雨水丰富，不少地方的玉米一下子蹿到了 3 米多。杨文钰到眉山市仁寿县观测玉米和大豆的长势，站在玉米地里，人只有玉米的一半多高。由于玉米过高，完全遮住了大豆，导致大豆基本无法生长。紧接着，他赶到简阳，状况如出一辙。又走了几个地方观测下来，他的心里开始直打鼓，完全没底，就这样怀着忐忑的心情一路走到南充，杨文钰才看到了株高适中、果穗饱满的玉米和长势健壮的大豆，这时候他心头的阴霾才一扫而空。"'山重水复疑无路，柳暗花明又一村。'说的就是我当时的心情。"杨文钰笑着说。从南充回来，杨文钰团队立刻进入玉米品种筛选试验，通过多次开展紧凑型、半紧凑型和平展型品种的比较试验，最后确定选用紧凑型、株高 2.6 米左右的玉米品种，至此明确了选择玉米品种的要点，实现了第二次技术突破。

2011 年，中国作物学会年会及 50 周年庆祝大会在陕西杨陵召开，会上，杨文钰首次正式提出"玉米－大豆带状复合种植"概念，并汇报近 10 年的研究进展，引起了参会同行的高度关注。同年 12 月，在大豆产业技术体系年度述职报告会上，杨文钰首次提出以"选（品种）、扩（间距）、缩（株距）"为核心的玉米－大豆带状复合种植技术。

想要大规模发展，必然离不开农业机械化，农机突破对于杨文钰团队也是长路漫漫。其实早在 2005 年，大豆专家、中国工程院院士盖钧镒来校在雅安滨江农场考察杨文钰团队"麦/玉/豆"新三熟模式时，就强调"模式要发展，一定要机械化"，后来团队也一直使用微耕机播种，虽然有所进步但效果还离杨文钰的想法有一定距离。苦于改进的他在一次示范会上得到了农机专家、中国工程院院士罗锡文的肯定，罗锡文表示这项技术模式肯定能实现机械化，又仔细询问了团队当时的机械化事宜，直呼"微耕机是机器带着人走，会'累死人'的"。得到启发后，杨文钰立即改变思路，决定使用自走式农机来进行机械化生产。这也是团队对小四轮拖拉机进行改造的契机。

心生改造小四轮拖拉机想法的杨文钰，当即找到当时学校负责农机方向的马荣朝老师等，讨论如何将小四轮东方红拖拉机改小，以更方便进入玉米带间进行机械作业。当时在全国范围内都没有整机宽度小于 1.6 米的拖拉机，杨文钰同农机方向的几位老师在学校农机房现场查看了小四轮拖拉机并开展多次研讨，逐渐确定了小型拖拉机改造方案。有了改造想法后，团队立刻决定和四川川龙拖拉机制造有限公司合作生产，最终将传统拖拉机改造成了整机宽度为 1 米的迷你拖拉机，能够在玉米带间任意进出开展机械作业。

拖拉机的成功改造提振了团队对农机突破的信心，服务于大豆、玉米播种和收获的农机研发也被提上日程，但杨文钰团队的农机研发之路不可谓不曲折。"也是有过'上当受骗'的经历。"最令杨文钰印象深刻的就是摸索之初与企业合作研发大豆收获机。杨文钰好不容易通过大豆产业体系岗位专家联系了某农机集团，由杨文钰团队给出技术参数，以 30 多万元的价格，请该农机集团制作了 3 台大豆收获机。"幸亏当时亲自去了，他们将整机宽度调得太宽，无法进入玉米带间收获大豆，感觉被忽悠了！"杨文钰对当时的憋屈和气愤历历在目，"还要求我们必须一次性付清制造款，机器才能出厂。不管质量好坏，必须先给钱后发货！"3 台机器分别运到宁夏、山东和东北，"3 台机器中有两台当了'吉祥物'，"杨文钰摆摆手，"还有 1 台呢？因为那年宁夏玉米、大豆丰收，玉米验收亩产 850 多千克、大豆亩产 120 多千克，都很高兴，觉得收成不错。想着有了大豆收获机，宁夏农业厅马上组织召开全区现场会，用机器现场演示收割大豆。听起来振奋人心，结果机器'嘟嘟嘟……'收着收着就停了，坏在那儿开不走了。"3 台机器让 30 万元打了水漂，是大豆玉米带状复合种植农机研发路上的教训，但也更加坚定了杨文钰团队突破农机难关的信心。

经过多次沉淀总结和试验后，团队持续发力，克服各种曲折和困难，特别是在 2017—2019 年里实现了多项农机突破。他们与四川刚毅科技集团有限公司联合，根据大豆玉米带状复合种植的田间配置参数，研制了大豆联合收获机；与河北农哈哈机械集团有限公司联合，根据大豆玉米带状复合种植在不同区域集成的技术参数，研制了一体化播种机，通过播种机提高作业效率、保障农艺参数的落实。至此，团队实现了第三次技术突破。

数次质疑曲折下当好"领头羊"

农作物间套作技术在我国历史悠久，然而因为农机农艺等多项技术瓶颈，一直颇有争议。2005 年，杨文钰带领团队成员参加在云南省昆明市召开的全国大豆科研生产现场会，在会上，杨文钰首次向与会专家做了"旱地新三熟麦/玉/豆研究与示范"的专题报告。此报告既引起了全国大豆同行的高度关注，但也受到一些专家的质疑。他们认为，"这种模式与传统的玉米大豆间作种植没什么差别，无新颖性，不会长久发展下去""这种模式不适宜机械化，没前景"……甚至有科研人员直言这项技术是进不了大田的理论设想，"在复杂的间套作种植方式下，虽然有增收效果，但不能实现播收机械化，更难以获得规模经营主体的青睐，应该退出历史舞台"。与此同时，四川省内的一些领

导和专家也认为大豆产量低，相比之前的模式没什么特色，不值得大面积推广。"你把套作大豆产量搞到 120 千克/亩以上，我就在全省大面积推广。"时任四川省农业厅的一位副厅长如此说道。

2006 年大旱之年的丰收，杨文钰也及时向四川省粮油处的一位领导进行了汇报，并建议立刻召开现场会。当时粮油处领导考虑到特大干旱特殊年份已经开过多个现场会，基层人员都很疲惫，回绝了杨文钰的提议。可杨文钰并不气馁，他认为这是一次展示技术成果的绝佳机会，"现场会一定得开！"于是恳请粮油处领导派自己的下属到各地看看情况。杨文钰与粮油处专家卢学兰和团队的任万军老师等一起，叫上学校信息与教育技术中心摄像老师一路走一路拍，一直走到南充。考察完连夜剪辑，将大旱之年的大豆丰收盛况刻制成光盘，由卢学兰向粮油处领导汇报。杨文钰认为还有必要让更多相关领导了解这一成果，便到省农业厅办公室送去了光碟，请办公室代为转交省农业厅厅长。就是这种想方设法的坚持换来了现场会的召开。当时有记者将现场会观摩的这条大英县蓬莱镇、河边镇公路沿线的大豆丰收之路，称为"大豆走廊"。

就这样，这项技术在 2007 年被列入"四川省委一号文件"粮食生产主推技术、省科技厅节水农业专项节水主推技术，以及省农业厅科技入户、三百工程等项目的主推技术，省科技厅和省教育厅专门立项给予经费支持。除四川的重视与支持外，套作大豆首次被纳入农业部的大豆行业科技专项，确保了研究的持续开展。2007 年全省套作大豆面积实现翻番，达到 261.3 万亩，平均亩产 138.2 千克，种植区域也逐步辐射到川中、川东北的 20 余个主产县。当年大豆推广的成功引起了前来参加第十九届全国大豆科研生产研讨会代表的高度赞赏，盖钧镒院士甚至评价："简直不可思议！""'麦/玉/豆'旱地新三熟种植模式让我大开了眼界！"

其实面对来自不同层面的质疑声，杨文钰一直以来都告诉自己："我的内心不动摇是关键！只有自我坚定，才能影响团队认知，带好团队。"杨文钰也曾面临过多次选择，早在 2000 年初，我国作物栽培学科立项较少，研究经费严重不足，要取得国家和地方政府对新生事物立项研究就更加困难，是继续探索新模式，还是维持原来研究方向的艰难抉择就摆在了杨文钰和他的团队面前。"大豆既能增收，又能肥地和减轻农民的劳动强度，对农民是一件大好事，他们都在慢慢接受，我们又有什么理由不为他们做点事？"杨文钰那时如此认真坚定地对自己的学生讲，"虽然我们现在没有经费支持，但只要我们认真做事，把大豆产量搞上去，农民接受了，政府自然会重视和支持。"其间，我国著名马铃薯专家屈冬玉有意通过项目合作让杨文钰带领团队在四川开展马铃薯研究工作，面对极佳的合作机遇和省政府对马铃薯大力支持的良好局面，杨文钰谢绝了。在 2007 年农业部公益性行业科技大豆和小麦项目选择上，杨文钰再次放弃研究了 10 多年的小麦，毅然选择了大豆项目，就这样他拥有了第一个直接来自大豆的国家项目。在第二年的大豆产业技术体系岗位专家增补过程中，因为套作大豆在四川大面积示范成功，为农民增收、缓解大豆供需矛盾起到重要作用，杨文钰被增选为南方大豆栽培岗位专家。至此，大豆产业体系让坚定选择的杨文钰有了全面开展套作大豆研究工作所需的经费保障。

"认清了道路，我们就要坚持，不要受外界左右；只有踏踏实实搞好大豆研究，才能把我们的间套作大豆事业做大做强。"杨文钰总是这样要求他的学生和团队。雍太文是杨文钰的博士生，自 2005 年师从杨文钰攻读博士学位起，他就开启了近 20 年的科研追随之路。如今已是四川农业大学二级教授、博士生导师，国家大豆产业技术体系岗位科学家的他，当年博士毕业后带着热情与梦想准备大展拳脚时，正处于间套作不被种植大户和同行认可的风口，在多方质疑下，他也曾多次被劝说改变科研方向，但一直以来导师杨文钰对科研的坚持、实干和热情都潜移默化地影响着他。

其实，不仅是雍太文，有农业部门的领导甚至直接托人给杨文钰带话："不要去搞这个，没前景。"但杨文钰始终笃信："我坚信这个技术模式会成功。出现问题，科研工作者就应该去解决问题，而不能让它阻拦我们对奋斗目标的追求。只要这项技术意义重大，再大的困难都可以解决。"相较技术难题，人们传统观念上的刻板认识更加困扰杨文钰。玉米−大豆带状复合种植是"向老祖宗借的学问"，杨文钰团队虽然创新了技术，却仍不被看好。"传统思维下，我们所做的任何成果都会受到质疑甚至否定，只有建立高产示范样板，才能彻底改变人们的看法。"杨文钰不断鼓励着自己的学生和其他团队成员。

为了证明团队研发技术的实际效果，也为了争取到更多项目资金、得到更大范围的认可，杨文钰从 2003 年起就带领团队打造高产示范田，每年都邀请专家、领导乃至种植大户到示范田参加现场会，亲眼看看作物的长势和收成，看看技术的实践效果。在此期间，杨文钰团队曾多次邀请相关领域的领导实地考察，并为他们讲解玉米−大豆带状复合种植与传统间套作的不同和发展前景。杨文钰感叹："不断有新的人凭借过去的经验对我们提出质疑。为了扭转传统观念，我们只能一遍遍宣讲，打造更多示范田。但不管多么困难，我都会一如既往往前走。"实践证明，杨文钰的选择和坚持是正确的，玉米−大豆带状复合种植模式不仅让农民增收，还为西南地区解决粮食安全问题寻求到了一条新出路。

"四川发展套作大豆成功了，我们能否根据此理念在黄淮海及东北玉米主产区也实施玉米−大豆带状复合种植呢？"带着这个问题，杨文钰团队开始着手研究与示范，并在 2011 年广西召开的产业体系重点任务落实会上汇报了计划，会上再次受到个别专家的激烈反对，认为东北是不可能发展间作大豆的，间套作模式只能在西南实施。甚至还有领导带话："不要到黄淮海去搞，那里是玉米主产区！"听到这些质疑声后，杨文钰再次提醒团队成员"别气馁，我们先做出来，再用事实说话"。就这样，山东、河南、安徽、吉林、黑龙江等省均开展了小面积示范，其中吉林公主岭市、山东菏泽市和安徽阜阳市三个示范区玉米平均亩产 700 千克，大豆平均亩产 90.5 千克，再次证明玉米−大豆带状间作的可行。原本请人带话的领导现场观摩后，直接在现场做总结："中国大豆发展只有两条路，第一条是提高净作大豆单产，第二条是发展间套作大豆。"

杨文钰进行现场示范讲解

杨文钰深知自己想要在全国范围内推广技术，贡献于国家粮油安全的道路仅凭单薄的研究力量是无法完成的。他便广纳人才，把学校里从事栽培、育种、植保、农机及加工等专业的一批青年老师组织在一起，成立了校级玉米－大豆带状复合种植创新团队，建立四川省作物带状复合种植工程研究中心。团队成员也由最初的两三人，随着雍太文、王小春、刘卫国、杨峰、武晓玲、张黎骅、杜俊波、刘江、常小丽、尚静、韩丹丹等老师的先后加入逐步壮大，形成了包括基础组、应用技术与示范组、农机具组等组别分工完备的技术研究团队，同时形成包含硕士、博士研究生在内的近300人的技术推广团队。

多年来，杨文钰团队都践行着研究中心工作准则："不管遇到什么艰难险阻都要坚持我们的研究方向！不管遇到什么科学技术难题，相信用我们的智慧一定能够解决！"经过23年的努力，功夫不负有心人，玉米－大豆带状复合种植技术赢得了越来越多人的认可，连续13年入选农业农村部主推技术，并在2013年中央农办出台的一份农村要情报告中得到了专门肯定，报告称其对"国家粮食安全具有重要战略意义，推广这种模式是耕作方式的重大变革"。该技术于2020年、2022年（2021年底更名为大豆玉米带状复合种植）、2023年三度写入"中央一号文件"。

杨文钰坦言："其实质疑声直到今天也还存在。这两年我们做出了一些成绩，但反对的声音还是不少。近年来，我国大豆大量依赖进口，自给不足，已成为困扰国家粮油安全的'卡脖子'问题。作为这个岗位上的农业科学家，我只能更加坚定，也必须更加坚定！"

为稳国家粮油安全高歌猛进

近 10 年，我国大豆、玉米需求量不断增加，2021 年玉米产需缺口已达 2000 多万吨，大豆进口更是高达 1 亿吨。大豆玉米带状复合种植技术可实现大豆玉米协同发展，提升大豆产能，确保国家粮油安全，因而杨文钰团队责无旁贷挑起了重担。刚刚过去的 2022 年更是近年来担子压得最实最重，任务下得最急最猛的一年。

2022 年"大豆玉米带状复合种植"第二次被写入"中央一号文件"后，农业农村部、四川省农业农村厅相继发文，提出要千方百计扩种大豆油料，并下发 16 省（区、市）1510 万亩大豆玉米带状复合种植推广任务，四川省计划新增大豆玉米带状复合种植面积 310 万亩，约占全国任务的五分之一。农业农村部成立了全国大豆玉米带状复合种植专家指导组，杨文钰任组长。四川省农业农村厅文件还明确成立由四川农业大学牵头的技术专家指导组，全程提供指导服务并适时开展技术培训。学校赓即发布《四川农业大学"大豆玉米带状复合种植技术"研发与推广专项行动方案（2022—2025）》，成立"大豆玉米带状复合种植技术"推广应用工作领导小组，吹响了川农人全力推广大豆玉米带状复合种植，加快推广新模式、新技术，推动大豆、玉米兼容发展的嘹亮冲锋号。

为了完成艰巨的任务，杨文钰团队如候鸟一样从南到北全国奔忙进行技术示范推广。夏播期的高温，春播期的沙尘，天刚破晓的露水，深夜农机的车灯，全国各地的飞行，一天 12 小时的工作……对于杨文钰团队来说，这些是推广路上的家常便饭，也仅仅是技术推广接力赛上的几厘米。

王小春（右一）在风沙中进行现场指导

然而，要想打破传统的种植观念和原有"自上而下"任务式的推广模式，在全国范围内推广一项农业技术的困难可想而知。"这样种植太麻烦，种了大豆会不会影响玉米收成？""四川这种丘陵地区，能有合适的播种机吗？"……王小春谈道，尽管这项技术的研究已经持续20余年，甚至2021年就已在全国建立超过32个高产示范样板，大面积铺开推广时，农户们依旧有这样的疑问。推广过程中，最大的困难还是农户们的认识不够，对新技术和新装备持怀疑和观望态度。

为了破解这些推广的认知难点，杨文钰团队进行了"大豆玉米带状复合种植技术"培训模式和推广机制的创新。从各类培训教材的编写和制作，到"高产理论与实用技术、田间样板与技术讲座、线下与线上"三结合技术培训模式的构建，再到"行政领导、技术干部、科技人员、种植农户"四位一体大培训的开展，逐步解决新技术抽象难懂、落地慢、到位率低的问题，提升基层农技推广、服务能力和农民种植水平。

团队编著出版了《大豆－玉米带状复合种植技术》科普读物和多套《全国大豆－玉米带状复合种植技术模式图》，录制技术关键环节短视频和技术宣传光碟、制作培训标准课件，均被作为全国农业农村系统技术培训主要教材。团队运用抖音、微信等融媒体，让农民易学、易懂、易会、易用。团队在示范点召开省级以上现场观摩培训会，将田间样板与技术讲座相结合，用看得着、听得懂、学得会的方式，使学员们快速掌握技术。

为了推进技术大面积推广应用，团队构建了以"超高产攻关田—千亩示范方—万亩示范片—十万亩推广区"为主线的四圈层推广网络，以高产样板为抓手，提高技术的到位率。团队在全国打造超高产攻关田32个，千亩示范方22个，万亩示范片10个，十万亩推广区5个，形成了以四川为中心，西南、西北和黄淮海逐步大面积推广的成果应用格局。四川大豆面积从2000年的全国第十二位跃居第三，有力地推动了西南成为全国大豆三大优势产区和国家大豆振兴计划三大实施区域之一，带动了技术在西北的示范应用，扩大了在黄淮海的影响力。

要真正推广技术，除了团队成员打造示范田，让种植户自己接受和运用这项技术也颇为重要。近年来，对技术的大规模宣传报道吸引了许多领导和农户主动找上门来。内蒙古自治区包头市东河区沙尔沁镇分管农业的副镇长张永根在《农民日报》上了解到了大豆玉米带状复合种植技术，通过各种途径找到了杨文钰的联系方式，打来电话说要搞示范，请杨文钰提供指导。杨文钰最初一直是通过电话指导张永根采购机器和种子，一切准备就绪之后，杨文钰带着自己的博士生杨欢亲自到包头进行实地指导，示范200亩。在种植过程中，张永根带领种植户不折不扣地落实了杨文钰的各项技术要求，当年收获就效益明显，亩产800多千克玉米、120多千克大豆，就此掀开了内蒙古推广大豆玉米带状复合种植技术的序幕，如今已发展到160万亩的规模。河北省石家庄市藁城的推广示范也缘起于当地农业局科教科领导通过新闻了解到技术后找上门来，在杨文钰团队的指导下，当年就实现了平均亩产玉米520千克、大豆121千克。

2021年遂宁市安居区丰华农机专业合作社理事长奉光荣经当地农技站长介绍，结识了雍太文，并同意尝试大豆玉米带状复合种植，在自己流转的 200 多亩土地里种上了玉米和大豆。老奉是一名老农机手，从事农机作业近 35 年，对于农机和农艺也有自己的思考。虽然对大豆玉米带状复合种植还是心存疑虑，但依旧按杨文钰和雍太文教授的种植方法种上了作物，令他没想到的是，最后在收获测产的时候，最好的地方能收获亩产近 500 千克玉米、140 千克大豆，每亩纯利润 1100 元至 1200 元。这样一来，同村人的态度也发生了转变，纷纷找到奉光荣"取经"，更有当地种植户表示："要把荒山开出来，大面积承包土地种植玉米、大豆。"

据统计，2003—2021 年大豆玉米带状复合种植技术在四川累计推广面积 5758 万亩，遍及 61 个县（市），技术覆盖率 75% 以上。

可是，一些地方的成功示范并不能打消所有人对这项技术的疑虑。杨文钰也发现在 2022 年各地出台的大豆玉米带状复合种植方案中，有的地方自行减少了 500～800 株玉米，有的地方在具体种植操作时并不按照技术标准操作。处于大规模推广期的大豆玉米复合种植从品种选择、田间配置、种植密度到施肥量、病虫草害防治等每一环节都深刻影响着产量，影响着下一年种植户对技术使用的选择和国家的推广任务。"种植株数减少、不按标准操作，最终的收成当然也会降低。种植户不严格按照我们研究出的技术参数种植，最后看不到好的效果，反过来又会对这项技术产生疑虑。"杨文钰对此表示担忧。

为了保障种植技术按标准落实到位，保证黄淮海、西北、西南不同地区种植户在各个种植关键期都能得到最精准的技术指导，整个研究团队从大专家到研究生，300 余人全员参与推广，播种前做培训，播种期间巡视指导，人人下地，分片包干负责。甚至为了保障技术指导的准确性，团队内部还不定期进行技术推广的闭卷考试。

近年来，大豆玉米带状复合种植技术逐渐得到认可，团队不断扩大，大家的干劲、冲劲也越来越足。截至 2022 年，大豆玉米带状复合种植在西南、西北、黄淮海等区域 20 余个省（市、区）累计推广面积 1.06 亿亩，新增大豆 1283.9 万吨，新增经济效益 330.5 亿元。

面对 2023 年"中央一号文件"中提到的"扎实推进大豆玉米带状复合种植"，杨文钰谈道："中央进一步决策部署在提高单位面积产量的同时尽量挖掘扩大面积的潜力，方法之一就是选育耐盐碱大豆品种，在盐碱地种大豆。我国有盐碱耕地 1 亿多亩，全部种上可提供 1200 万吨产能，但仍有 7800 万吨的缺口。通过大豆玉米带状复合种植稳粮增豆，一地双收，既可稳定玉米产能不减，又可每亩多收大豆 100 千克以上，能够弥补这一缺口。"2022 年是技术推广的第一年，大面积种植，经验不足，技术到位率不高，成为影响带状复合种植产量和收益的核心因素。2023 年，杨文钰团队继续按照国家的统一部署，抓好大豆玉米带状复合种植的推广工作，在 2022 年的基础上稳步扩增，在全国 17 个省（区、市）进行推广大豆玉米带状复合种植模式 1860 万亩，四川达到 480 多万亩，强化面对面技术培训和田间指导，全力打造更多高产示范片，争取带状复合种植下的玉米产量不减，大豆产量达到每亩 100 千克以上，核心示范片大豆产量争取达到每亩 120 千克以上。

2023 年是党的二十大后的开局之年，杨文钰作为党的二十大代表更是进一步坚定了信念，也为团队成员打了一针强心剂："党的二十大报告发出了加快建设农业强国的动员令，提出了建设农业强国的战略部署和大政方针，对农业科技工作者是巨大的鼓舞，让我们未来更有奔头，不断激励着我们为国家粮食安全贡献自己的智慧和力量！"

第十三章 大豆玉米带状复合种植技术农机团队张黎骅：既然选择，那就坚持到底！

为大豆玉米带状复合种植技术大规模、高效率推广保驾护航的农机组——机电学院大豆玉米复合种植农机团队有着不可替代的位置。

自 2000 年起，时任学校副校长杨文钰教授开始致力于大豆玉米带状复合种植研究。2005 年，他开始组织学校农机、农艺各方面的研究力量逐步形成一支丘陵区农机农艺融合研究团队。当时工程技术学院副院长马荣朝教授率先加入，随后学院农机系吴维雄、吕小荣、代建武等包括张黎骅在内的多位老师先后加入，但多因个人及生涯规划等流动，直至 2012 年张黎骅正式接过大豆玉米带状复合种植农机研发的接力棒，农机团队才逐渐成形并趋于稳定，并在此前研究的基础上持续根据大豆玉米带状复合种植团队的需求攻克了多项技术推广难题，切实保障和加速了"玉米不减产，多收一季豆"的机械化进程，并积极为丘陵地区农业机械化做出川农大应有贡献持续发力。

从条件艰苦之初开始扎根川农大

1996 年，是 27 岁的张黎骅在雅安通工汽车制造厂从事技术工作的第五个年头，他从四川工业学院拖拉机系攻读汽车与拖拉机汽车运用工程方向毕业后就一直从事汽车制造的技术工作。彼时川农大的汽车运用与维修专业只是一个职教专科，1996 年下半年，他听说川农大在招聘汽车专业的老师，于是抱着试一试的心态报名参加了试讲，专业和工作经验都很对口的他顺利通过了考核，1997 年 1 月，他正式进入川农大工程技术学院，成为一名汽车专业的教学老师。

进入学校后，他最主要的工作就是和马荣朝教授一起给学生上实验课。当时的教学条件极其艰苦，可用资源匮乏，但汽车修理是实践课程，就算条件再有限还是要尽最大努力给学生上好实验课，只有让学生把手动起来，才能学到真技能。当时学院为了这个专业花了 5000 多元在雅安物资局买了两辆报废汽车，"那车底盘低得很，教学生调离合，躺在地下脸都快贴着底盘了，下去就是一身的机油"。在汽车底盘下钻进钻出亲力亲为地给学生讲解示范，就是马荣朝教授教会张黎骅"怎样当好老师"的第一课。从1997 年起，整个汽车专业就靠着买来的两辆报废车进行实践教学，一直维持到 2003 年，实在难以为继，才又花费 1 万余元买了 4 台新发动机。现在每每路过汽车专业原实验场，张黎骅都会想起 90 年代末跟着马荣朝教授和实验场的宋师傅一起带着几十个学生实习，反反复复拆卸组装零部件的场景。记忆中一定要将发动机打燃的深夜和无数个汗流浃背的大热天，都弥漫着散不去的机油和汽油味。张黎骅回过头看，也还会说："那时候条件是真的差啊，但学生也是真有热情，发自内心地想学东西，我们也是真想教他们东西。"

当时因为懂汽车的少，能修理汽车的就更少了，张黎骅的修车技能也成了稀罕事。他的另一个工作也就顺势开始帮校内校外的单位修理拖拉机和汽车，其他实验室和科研单位也有找他们修理柴油机的。但到这里，这些工作都还和科研，甚至和农机搭不上边。

其实当时学校农机专业因循着国家发展和政策的调整步履维艰。20 世纪 70 年代农机专业的发展可谓声势磅礴，甚至可以说相当于现在火热的计算机专业，但随着 80 年代家庭联产承包责任制的深入推进和经济的快速发展，地都承包出去了，农机需求量变小了，农机专业的火热也开始逐渐冷却。川渝地区当时有三所学校拥有农机专业，其一是当时的西南农业大学，农机实力强劲；另一所成都农业机械学院，是原农业机械部规划布局并服务西南大区农业机械化的重点院校；剩下这所便是川农大。面对强劲实力和地理位置的优越，地处雅安的川农大农机系的确不占优势，但川农大的优势总是在"人"，张黎骅讲道："学校百年校庆时总结'百年奋斗，砥砺前行'，其实对于农机系来说更是这样。当时老一辈的川农农机人是值得敬佩的，很多老师不远万里来到偏僻的雅安教书，条件艰苦，听他们回忆起来都是一把把辛酸泪。我想如果没有他们的奉献，在这么偏僻的地方，川农大要走到这么高的位置几乎是不可能的。"学校农机系在经历1958 级、1959 级和 1960 级老三届以及恢复高考后的 1978 级、1979 级和 1980 级的新三届辉煌后，到张黎骅进入川农大时，老一辈农机人已经基本退休，当时的农机系没有科研项目，教学项目也很少，教师中也仅剩马荣朝等几位老教师还在勉力支撑。"马老师也几乎是坚持到去世前才离岗。所以他在我们现在农机人心里的位置是很重要的，对我后来的一些坚持影响也很大，我想这就是一种'川农大精神'传承的现身说法。"潜移默化地受着老一辈农机人奋斗和坚持影响的张黎骅，就这样开始在川农大扎下了根。

就在张黎骅以为日子就在带学生上汽车修理实验课和维修汽车发动机的工作里一天天过时，1999 年高校扩招开始了。1999 年 6 月，国家计划发展委员会和教育部联合发出紧急通知，决定 1999 年中国高等教育在年初扩招 23 万人的基础上，再扩大招生33.7 万人，这样普通高等院校招生总人数达到 153 万。诚然，川农大不会放过任何一个发展机遇，农机系也顺势而为，抓住政策档口，立即在 2000 年、2001 年申请恢复招生。是的，刚来学校三年的张黎骅就赶上了这个绝好的时机。

马荣朝教授在此时提出"扩大招生就要扩大专业设置"，开始逐步带领工程技术学院设置了农业机械化及其自动化（农机）、农业水利工程（水利）、农村建筑环境与能源工程（建环）等 7 个专业，后来这些专业也逐步壮大独立成院，成为川农大学科和专业建设走向辉煌的不可或缺的一部分。

从一台秸秆处理器开始走向科研

2002 年，时任川农大党委副书记邓良基教授因科研工作需要一台将玉米秸秆进行切碎的机器，他找上了刚恢复生机不久的农机系。于是农机专业的掌门人马荣朝教授立即行动起来，亲自负责设计，把机会和挑战都一并交给了张黎骅，请他负责将机器做出来。第一次做农机的张黎骅也是翻阅查找资料、反复打磨，最终功夫不负有心人，秸秆粉碎机成功研制。该成果还在多地进行了试验和示范推广，甚至还申请了农机系的第一个专利，也是学校比较早的专利之一。谁也没想到，这台秸秆粉碎器便成为团队农机科研的雏形，同时也点燃了张黎骅对农机事业发展的希望。2003 年他因势而上，在西南农业大学工学院开始攻读农机化工程专业硕士学位，在重庆大学攻读博士学位，为成为专业农机人打下坚实基础。

有了第一次的成功，马荣朝教授带领的这些年轻人也更有干劲了，并且作为学校为数不多的农机人，服务于校内科研的农机合作自然而然地开始了。时任副校长杨文钰教授 2000 年开始致力于研究大豆玉米间套作，也就是后来的大豆玉米带状复合种植技术。2005 年，杨文钰教授开始组织学校农机、农艺各方面的研究力量形成丘陵区农机农艺融合研究团队，马荣朝教授首先加入，带着农机系的年轻人开始了大豆玉米间套作机械化研究。

2006 年开始，马荣朝教授带领团队泡在农机实验室里，针对四川旱地粮油作物生产情况，他负责整体规划，从"耕、种、管、收"出发，吴维雄老师负责秸秆处理和播种机具，张黎骅负责覆膜灌水、收获机具，开始了团队大豆玉米间套作农业机械研究初探。随后又着重从套作小麦、玉米、大豆三大作物机播技术入手攻关，积极突破了多个技术难题，最终于 2010 年研制出匹配微耕机的玉米大豆耕、种、管、收作业机具，实现从人工点播到微耕机机播，大大提高了作物播种效率。

根据国家"十一五"规划纲要的要求，围绕新农村建设目标，以农村广大农民为对象，提高农民对机械化的认识，2009 年开始，马荣朝教授又带领农机系的老师开始废寝忘食地编写书籍。历时两年，"21 世纪新农村建设科技丛书"终于在 2010 年 8 月出版。丛书共 10 余本，包含《现代农业收获机械的使用与维护》《现代农业节水灌溉机械的使用与维护》《现代农业种植机械的使用与维护》《现代农业植保机械的使用与维护》《现代农业耕整地机械的使用与维护》《现代农用小型拖拉机的使用与维护》等，极大地丰富了农机理论资源，也为川农大农机科研及理论建设奠定了良好基础。

2010 年秋季，针对杨文钰教授提出的麦/玉/豆套作机械化难题，马荣朝教授带领张黎骅、吴维雄等老师联合开展麦/玉/豆套作机械的研发。针对小麦预留厢面间距的要求，首先在动力机械上下功夫，通过与四川川龙拖拉机制造有限公司合作，联合改进研发了幅宽为 1.2 米的拖拉机，以适应麦/玉/豆套作模式的要求。这款拖拉机具有轻便化、高效化、作业全程化、广适性四大优势。这套以迷你型小四轮为动力的机器亮相在 2011 年 3 月的四川大春生产现场会上，受到了高度关注。针对丘陵山区农业机械化难

点，在农业机械条件相对薄弱的条件下，马荣朝教授带领农机系的老师和研究生又研发了适应麦/玉/豆套作模式的系列农机装备，包括播种施肥灌水覆膜一体化机械、半悬挂喷药喷灌机械、丘陵区间作旋耕机、小麦免耕播种机和套作模式小麦播种机械等。

就这样在不断针对难点的突破下，2011 年 5 月，迎来了在四川仁寿召开的全省大豆机播现场暨高产创新培训会。马荣朝教授负责将研发的农机装备在仁寿示范基地进行示范应用，为了向全省乃至全国的专家展示示范套作是可以进行机械化的，杨文钰教授甚至请来了包括大豆产业体系首席专家韩天富在内的多位业界专家亲临现场观摩。为了迎接好这次大考，团队也是筹备多时，大会前几日就已经开始在基地紧锣密鼓地调试。不巧的是，大会前一天的调试，就在最后的关键环节，用于展示的机器焊点被拉断，"当时是很紧张的，因为机器是我们自己做的，去现场的就只有这一台，一旦没有抢修好，不能如期进行示范展示，在全国的专家和领导面前，川农大农机丢了丑，那影响是很大的"。张黎骅回忆起当时的情况还历历在目，整个农机团队立刻冒雨连夜投入抢修，好在最终有惊无险，得以顺利在第二天的大会上进行展示，并得到了专家和领导的充分肯定，为丘陵区推动麦/玉/豆套作机械的研发做出了贡献。

马荣朝教授及团队在仁寿基地进行农机装备示范

其实张黎骅当时"捏的这把汗"并非单单是怕给学校露了怯，而是一直以来杨文钰教授团队研究的间套作技术就不被业界看好，甚至早在 2005 年，杨文钰在昆明市召开的全国大豆科研生产现场会上，首次向与会专家作"旱地新三熟麦/玉/豆研究与示范"专题报告时，立刻就受到一些专家质疑："这种模式与传统的玉米大豆间作种植没什么差别，不会长久发展下去"，"这种模式不适宜开展机械化，没前景"，"大豆产量低，不值得大面积推广"……多重质疑中，在农机行业也普遍认为间套作费工费时，不能进行机械化。这样回看，如果当时的示范出现任何失误，学界对间套作的偏见将更加难以消除，甚至加深。

从一条短信开始主动接过接力棒

面向全国示范的成功，不仅让种粮大户和学界对间套作有了更多认识，也让张黎骅等年轻农机人对于间套作机器的重要性有了更多了解，马荣朝教授也开始鼓励更多年轻农机老师加入玉米－大豆带状复合种植技术团队。当时的张黎骅虽然一直在间套作农机研发中有所参与，但自己有正式、独立的科研项目，精力还是集中在从 2007 年就和食品学院秦文教授团队合作主持的猕猴桃无损检测以及农产品干燥的项目研究上。对于张黎骅这样处于科研上升期的年轻老师，正需要大量项目锻炼和积累，他又同时马不停蹄地进入动物营养研究所王之盛教授的团队，在牦牛饲草加工、舔砖制作以及奶牛粪便无害化处理成套设备的研究中负责机械的设计和测试。尽管分身乏术，他仍然在默默观察着学校里还有哪些团队需要农业机械，他究竟能把自己落实到何处。

问题的答案来得很快。2012 年寒假，已经是农机系主任的张黎骅在雅安校区四教三楼的办公室里，骤然间从繁忙的教学和科研中缓过神来，开始思考："农机的学科和专业建设到底要走向何处？"学校农机专业不可能一直只办本科，虽然已经是省级示范专业，但一个专业和学科要想走得更长远，这是远远不够的。怎么办？必然只能主动出击，加速谋求出路。伺机观察已久的张黎骅迅速瞄准了目标——玉米－大豆带状复合种植技术团队。

张黎骅向马荣朝教授汇报了自己的想法，得到了大力支持，又与农机系吕小荣等老师进行深入的探讨，既出于专业未来发展的考量，又因狭义的农机就是指的种植机械，再加之之前对杨文钰教授团队的服务已有基础，所以他们一致认为与农学院的合作势在必行，应该抓准时机，做出川农大农机的特色，从而引导农机专业和学科建设的长远良性发展。

"我作为全校众多老师的其中之一，当时也只是见过杨校长，从未有过更深入的交流。我也很忐忑，也不知道他是否听说过我，我们只是单方面地认为可以加入，但到底能否促成合作，正式加入他的团队，我是不确定的。"于是张黎骅编辑了一条很长的自荐短信，信息开头就写道："杨校长，您好！我叫张黎骅，是搞农机的。"就从最基本的自我介绍开始，再到之前从事过什么研究，取得过怎样的成绩，在玉米－大豆带状复合种植技术机械化团队中做过些什么工作……他在短信中娓娓道来，最后郑重又诚恳地表达了"希望加入您的团队"的请求。张黎骅清晰地记得那天是寒假里的一个阴天，他早上八九点发出了这条短信，发出后一直在办公室来回踱步，等待回信。早上十点左右，手机屏幕一亮，也带来了点亮冬日阴天的好消息，杨文钰教授请他去一政二楼的办公室"交流交流"。张黎骅说起当时的场景，"从四教走到一政的路上整个人都还是很激动的！"在杨文钰教授的办公室里，两人深入地交流了"玉米－大豆间套作的现状""间套作机械化应该是什么样""过去的机器有些什么问题"等相关议题，让张黎骅受益匪浅，对玉米－大豆带状复合种植又有了新的认识。长达一两个小时交流后，杨文钰教授向张黎骅伸出了右手，"欢迎加入我们团队！"

正式加入杨文钰教授团队后，玉米－大豆间套作机械化研究开始成为张黎骅科研的重点。团队发现，无论是早期的微耕机，还是后面研发的迷你小四轮拖拉机，均未彻底解决播种效率和作业质量问题，随后整个农机团队将研究方向转向这个难题。2013年，团队开始研发中小型作业机器。2014年，团队研发第一台播种机并申请专利。当时想要实现这项技术很复杂，难度就在于要在同一块地里面既把豆子播下又把玉米播下。豆子的播种量是0.7～0.8亩地，而玉米的播种量是1亩地，播种1亩地相当于达到种1.7～1.8亩地。经过多次实验和失败后，团队终于研发出国内第一款大豆玉米带状复合播种一体机。同年，团队与四川钢毅科技集团有限公司（以下简称"四川钢毅公司"）合作，在甘肃、河南、山东、四川仁寿等地，进行第一次田间试验推广示范。

从一趟飞行开始与农机集团跨省合作

与四川钢毅公司的合作，让播种一体机取得了一些进展，这款机器也得到了大豆玉米产业体系多位专家的肯定。但四川钢毅公司制造的机器离团队设计的还是有一定的差距。"我们设计的他们不能完全加工制造，生产出来的与我们设想的还有一定差距。这些差距比我们预计的进程慢了一两年。"张黎骅解释，"在试验阶段，团队的专家和学生，因为熟悉机器和技术，都能自己进行现场维修，一旦进入推广阶段，就是直接给到农户手上，出现问题就会大大降低农作效率，也影响农户的接受意愿，会将机具推广推向被动位置。"2015年6月，张黎骅任机电学院副院长，继续带领团队不断改进玉米－大豆带状复合播种一体机，解决机器设计与制作的问题，研发出大豆玉米复合中小型机器，进一步提高播种效率。

2015年，为了解决大豆机收过程中的破碎与漏损问题，团队经过多次试验，反复试错，终于研发出大豆收获机。张黎骅回忆起在四川仁寿大豆收获机试收存在的问题，连连摇头："破损率、损失率都不尽如人意！"张黎骅说，除大豆结荚过低造成漏收外，收获机脱粒筛网大小与脱粒滚筒转速不匹配均会造成大豆籽粒破碎与漏损。为了适应大豆机收，团队又继续对间作大豆品种与收获机的匹配参数进行优化调整，继续试验。

2017年，张黎骅在甘肃武威黄羊镇开展大豆收获机试验，2000多亩地进行机收，由于厂家做的收获机的搅龙精度不够，收到豆子，豆子就破。地不等人，张黎骅只有亲自不断试、不断拆、不断换零件……零件不合适又到市场上去买，来回折腾，在黄羊镇住了一个多星期。秋天的北方干燥，"秋老虎"势头猛，压力也大，他每天顶着干裂的嘴唇，早上6点，天还没亮就从床上爬起来，月亮挂枝头还在农场熬夜拆换。最后实在没办法，只有自己画图纸，在当地找了个厂家，从零开始做出来，才解决了问题。这一次的经历更加坚定了张黎骅要郑重寻求农机企业合作的决心。

2017年，张黎骅成为玉米产业体系岗位专家，科研教学和行政事务加上产业体系运营，工作愈发繁忙，压力倍增的张黎骅却乐呵呵地想："有了产业体系这个机会，我们经费就更充足了，又是农业部平台，我可以寻求合作的农机集团就能更顶尖！"于是他又开始主动出击，借着岗位专家的身份，与河北农哈哈机械集团有限公司总工程师张永生搭上关系。河北农哈哈机械集团有限公司主营玉米、小麦播种机，耕整地机等，产品的研发能力以及质量在播种机、耕整地机领域处于国内领先地位。得知对方同意会面，张黎骅立刻买了张机票飞往河北，亲自到农哈哈集团谈播种机合作。紧接着张黎骅又联系上山东国丰机械有限公司，这家公司主营玉米收获机，其技术及生产能力在玉米收获机领域处于国内领先地位。

就这样，2018年张黎骅带领团队开始与山东国丰机械有限公司合作，共同研发了适用于大豆玉米带状复合种植模式的玉米联合收割机，为机收玉米、机收大豆提供保障；与河北农哈哈机械集团有限公司，开始进行播种机、耕整地机的批量生产，积极推进成果转化。同年，将与农业集团合作生产的机具在山东以及河北藁城等地进行试验，效果良好。迎着良好的势头，杨文钰教授组织农业部多位专家和产业体系首席到山东禹城观摩。尽管前一夜的大雨将整个土地都浇透了，地面条件较差，专家们甚至只能在泥泞湿滑的地面艰难行走观摩，但机器良好的性状让试收工作十分顺利，得到了专家们的一致好评，大获成功。

其实，现在大豆玉米这套机械技术，要更成熟地推广出来，每年对机具的要求都有变化。时下虽然国家和大豆玉米带状复合种植技术团队都采取了许多办法进行技术推广，种植户应该对机械的需求很大，但很多种植户还是在继续使用普通的机械去操作，核心技术上难以保证，最后的收成也就不如预期。所以张黎骅依旧不断探索和加深与省内外农机集团的合作，他相信"只要能够全程机械化，让老百姓有钱赚，就一定有企业来做成这个事"。

近年来，农机团队持续加强与企业的合作交流，积极推进大豆玉米复合种植机播、机收机械的改进与研发。2019年，团队与河南农业大学、河南金德鑫公司联合研发双系统分带喷施机，解决大豆玉米复合种植苗期喷药除草问题。2020年，团队与德阳金兴农机制造公司合作研发具有仿形功能的低损失大豆收割机；同年，与山东巨明机械有限公司研发"轻简型"玉米割台，形成玉米大豆通用联合收割机，为大豆玉米机收进一步降低了成本。

从一个坚持开始重燃川农大农机生机

从最初"找点农机项目撑下去就好"，再到"为了学科和专业的长远发展而加入"，现在不仅是张黎骅，甚至是机电学院的农机专业也开始主要围绕这一技术开创特色、固牢特色，大豆玉米带状复合种植技术农机团队的发展无疑是关键的。

要是问起张黎骅，一开始杨文钰教授提出间套作时就质疑声四起，他怎么想？他的回答："要相信传统和科学，要从我们的国情出发。"他介绍道："间套作模式是老祖宗传下来的，在中国有两千多年的历史。20世纪60年代国家推广间套作，一直到80年代中期，当时最高达到几千万亩。后来因为经济的发展，农村青壮年都外出打工，缺乏农业劳动力，而这种技术本身就复杂，特别是要在一块地里面种收两种作物，需要消耗大量劳动力。现在农村种的是'懒人庄稼'，再加上技术本来很难，慢慢地这种技术就萎缩了。"

张黎骅教授（左一）在西昌进行玉米制种机械化工作指导

　　我们国情又是什么？是人多地少。"我们平均每个人只有两三分地，两三分地要养活人，那么只有一种情况可以做到，就是在有限的土地上产出更多的东西。"这恰恰就是间套作能实现的，张黎骅算了一笔账，"1亩地相当于1.5亩地用，如果推广1000万亩地，就相当于我们国家有1500万亩地来种玉米和大豆。这就是现实，如果我们有1亿亩地，相当于我们多了5000万亩地。"张黎骅现在无论在外培训还是听到有人质疑时都会仔细跟人算算这笔账，也会玩笑似地道出实情，"如果我们国家本来就有25亿亩地，那就不需要间套作。但事实就是没有，这才是间套作的优势！"

　　就是看清了农业现状的本质，张黎骅才会如此坚持，为杨文钰教授团队技术的推广守好农机的大门。但毕竟张黎骅团队的技术依附于大豆玉米带状复合种植技术，遭受质疑在所难免。"间套作农机在农机行业里也不受认可。即使现在我们已经做出了一点儿成绩，反对声也不小。"张黎骅也提到这些质疑是可以理解的。

　　我们国家还有更多的丘陵山地，并且预测到2030年还有1亿户小农从事农业生产，全国都推广大中型农机并不现实。特别是我们地处的四川更是多丘陵山地，丘陵山地的农业机械正是国家农机的薄弱环节。2022年，农业农村部印发的《"十四五"全国农业机械化发展规划》明确制定了"丘陵山区县（市、区）农作物耕种收综合机械化率达到55%"的任务指标。现在国家正千方百计破解西南和南方地区丘陵的机械化的难题，任务艰巨。"我们团队研制的机播机收作业机器其实不仅适应间套作，也适应丘陵山地，团队也为我国提升丘陵山地大豆玉米机械化水平做了一点工作。"张黎骅介绍道。

　　学校机电学院农机团队自成立以来，经过多年发展，一直致力于解决西南地区丘陵山地粮油作物机播、机收难题，着眼于提高农业机械化水平，为打造更高水平的"天府粮仓"、助力乡村振兴提供技术保障。近年来，农机团队依托于大豆玉米带状复合种植技术，在学校"双支"计划、国家重点研发计划、国家玉米产业技术体系专项、国家自然科学基金等经费支持下，经过多年攻关，理论不断深化、技术日趋成熟、机具已经配套、模式日臻完善，在科学研究、示范推广与人才培养等方面取得多项成果。截至2023年，农机团队有固定研究人员18人，培养了四川省学术与技术带头人1人、国家玉米产业体系岗位专家1人，晋升教授4人、副教授5人，获得国家自然科学基金项目5项、省部级重点项目11项，获发明专利授权40项，发表论文280余篇（其中SCI来源期刊收录70余篇），培养硕士、博士100余名。

现在回头来看，张黎骅也没想到当初为了农机学科和专业发展而投入科研精力的大豆玉米带状复合种植农机技术会带来这么大的回报，不仅让学科得到建设和发展，更重新点燃了川农大农机的蓬勃生机。

"我这个人想得简单，既然选择了，那我就坚持到底！"张黎骅笑道，"很荣幸因为我的坚持，为川农大做出一点小小的贡献。"

第五部分

践行大食物观　川农畜牧在行动

端稳中国饭碗，不仅要保障"吃饱"，更要追求"吃好"。作为人体营养摄入和多元化食物供给体系的重要组成部分，充足多样、营养健康的肉类供应，始终是丰富百姓餐桌、健康居民体魄的关键。

　　"树立大食物观，构建多元化食物供给体系"是党的二十大对全方位夯实粮食安全根基的重要部署，亦是四川打造新时代更高水平"天府粮仓"的必由之路。在川农大，众多畜牧专家穷尽一生，或致力于畜禽遗传育种资源开发，或投身于畜禽养殖饲料效率提高，或专注于畜禽科技成果的普及与转化，都只为了同一个目标：以高水平科技创新实现养殖节粮，为推动我国畜牧行业实现现代化，加快建设农业强国注入强劲动能。

第十四章　天府畜禽有良种

2022年底，为深入贯彻落实习近平总书记来川视察重要指示和党的二十大精神，学校发布《服务新时代打造更高水平"天府粮仓"行动方案》（以下简称《方案》）。《方案》明确要着力实现输良才、建良台、育良种、推良技、献良策、显良效"六良联动"，为新时代更高水平"天府粮仓"建设提供全方位的科技与人才支撑。

作为"育良种"的核心部分之一，实现四川本土畜禽品种的自立自强，始终是历代川农大畜禽遗传育种科学家们的不懈追求。他们以振兴畜禽川种为己任，切实践行大食物观，成功培育出天府肉猪、天府黑猪、天府肉鸡、天府肉鸭、天府农华麻羽肉鸭、天府肉鹅、天府黑兔等多个天府系列畜禽良种及配套系，持续为打造新时代更高水平"天府粮仓"贡献畜禽育种川农大力量。

第一节　天府肉猪：蹚出川猪振"芯"路

中国养猪业是早期农业活动的一部分，但中国古代社会发展却并未对养猪业产生太大影响。在各地区广泛养猪的基础上和相对封闭的状态下，经过几千年稳定发展，我国拥有了多样化的地方猪种。这些猪种虽经过一定的选育，但缺乏明确而统一的育种目标，缺少精准的高效选育技术，导致我国地方猪品种多、地区差异大，缺乏适应大范围推广应用的商业品种。

新中国成立后，现代化养猪技术开始逐步进入我国，在带来生猪产业繁荣发展的同时，也为我国保障粮食绝对安全埋下了隐患：相较于经过高强度科学选育的外种猪，我国本土猪种饲养成本高、商品性状差的劣势较突出，一旦外种猪种源被国外"卡脖子"，国内生猪市场将遭受巨大冲击。作为我国生猪生产消费第一大省，四川的情况亦不容乐观。虽然省内有内江猪、成华猪、雅南猪、凉山猪、青峪猪等多个地方猪品种，但生猪种源严重依赖进口，外种猪市场占有率超过90%。

种猪是生猪产业的"芯片"。面对川猪乃至中国猪的"危险时刻"，学校猪遗传育种团队成功培育出四川第一个国家级优质瘦肉型猪配套系——天府肉猪，该配套系产肉性能高、繁殖性能好、肉质优良，综合生产性能达国际先进水平，闯出了一条川猪振"芯"路。

四川首个国家级优质瘦肉型猪配套系

养猪业，尤其是猪育种行业，想要获得健康长足的发展，离不开配套系选育。放眼全球，配套系杂交体系的生产模式已经成为全球养殖业生产的主流模式，是高度集约化养殖模式和工厂化生产工艺的重要标志。如何在挖掘中国地方猪种特异性遗传优势的基础上，充分利用引进的外种猪资源建立中国的优质猪配套系核心群，实施高效配套系选育，无疑是我国现代猪育种的重要发展方向。

改革开放以来，我国先后选育了深农配套系、光明配套系、渝荣Ⅰ号配套系、申农配套系等各具特色的配套系。为了让素有"粮猪安天下"的四川培育出适宜本土养猪生产条件的配套系，农业部生猪遗传改良计划专家、学校动物科技学院李学伟教授带领猪遗传育种团队开展了长达近20年的选育工作。

天府肉猪配套系的培育最早始于四川省"八五"到"十五"期间梅山猪引进及与外种猪杂交利用。团队通过实施梅山猪不同血缘构成的杂交实验，确定了含1/16梅山猪血缘的约克夏杂交群体的生产模式最适合四川等西部省份对产肉量和肉质的消费需求。利用含6.25％梅山猪血缘的杂交群体，团队开始以获得高产仔母系为目的的横交固定选育，形成高产仔合成系。

同时，团队以引进外种猪群（杜洛克、长白猪、大约克夏）与约克夏合成系（含6.25％梅山猪血缘）组建选育基础群，围绕瘦肉型和优质猪肉2个选育目标，实施平衡选育，力求培育出专门化品系。在选育过程中，团队聚焦达100千克体重日龄、100千克活体背膘厚和总产仔数3个主选性状，主选生长和肉质性状，兼顾100千克活体背膘厚，培育成优质终端父系；主选达100千克体重日龄和繁殖性状，兼顾活体背膘厚，培育成高繁快长系；主选总产仔数、兼顾活体背膘厚和适应性，培育成高产仔系。

配套系群体（配套系商品猪）

为实现天府肉猪配套系优质和瘦肉型的平衡选育目标，团队实施了大规模配合力测定和杂交体系筛选。在选育初期的专门化品系培育过程中，曾经使用皮特兰改善产肉性能，使用成华猪和乌金猪改善肉质性能。但在大量性能测定和配合力测定后放弃了产肉量高但肉质差的含皮特兰血缘的高瘦肉率系，也淘汰了肉质优异但产肉性能低下的以乌金猪和成华猪为基础的地方猪种品系。

最终，团队固定了天府肉猪的三系配套杂交模式，即1个天府肉猪优质父系、1个母系专门化父本和1个母系专门化母本。此配套模式的杂交后代在保持较高产肉性能的基础上，肉质和繁殖性能均优于常规杜长大组合，更适应以四川为主的西部省份的市场需求。

作为四川首个国家级优质瘦肉型猪配套系，天府肉猪于2011年获得国家畜禽遗传资源委员会颁发的畜禽新品种、配套系证书。天府肉猪在我国生猪新品种培育中具有里程碑式意义。它建立了一套在全国具有特色的四川种猪遗传改良体系，对推动地方猪种遗传资源开发利用，确保种猪质量，带动地方品种保护和提高种猪选育水平具有重要作用。

科技赋能川猪复兴路

通过国家审定后，天府肉猪开始被更大规模地推广，接受产业与市场的考验。2011年以来，培育出的天府肉猪因兼具外种猪和本土藏猪血缘，生长性能高、肉质风味佳，先后入选四川省农业主导品种、四川省战略性新兴产品，累计产生直接效益超200亿元。近些年，推广天府肉猪40万余头，产生的经济效益逾8亿元，当前规模常年保持在1万头以上，广受市场认可。

天府肉猪一个个亮眼的数据，凝聚着学校猪遗传育种团队一项项先进的科技创新成果，映射着团队一位位专家对振兴川猪、振兴中国猪的长久坚守。

作为团队的领军者，李学伟留校从事猪遗传育种工作已经41个年头。1984年，年仅21岁的李学伟被派往德国哥廷根大学攻读动物遗传育种科学博士学位。1993—1994年，李学伟两度前往加拿大奎尔夫大学进行博士后研究。他运用加拿大的先进仪器设备，做出了加方没能做出的瘦肉型猪遗传参数，并在国际上沿用至今。

相较于禽类，生猪育种周期更长，研究成本更高。留学归来初期，面对没有电脑等先进的仪器设备，甚至连基本科研经费也缺乏的困境时，李学伟二话不说，挽起袖子变身"杀猪匠"。那时的他就一个信念，就算靠杀猪卖肉筹集资金，也要把猪遗传育种搞下去。

多年来，李学伟带领猪遗传育种团队瞄准猪基因、猪育种等关键环节，深耕川猪市场第一线，打通科技成果转化通道，建立起产学研融合发展的川猪育种新模式。"在能够大面积售卖的商品猪面世之前，育种单位要经过漫长的育种和繁殖周期，相关投入一刻不能断。"李学伟介绍，培育一个生猪新品种至少耗时七八年，每年要维持1000头母猪的养殖量，几年下来光养殖成本都要上千万元。因此，着力推动产学研深度融合，构建并不断完善集"育、繁、推"于一体的现代化畜牧种业创新产业体系，一直都是李学伟的努力方向。

"举个简单的例子，对学校而言，以100头猪作为实验对象都比较困难，而通过与企业合作，便能以1000多头猪为样本，甚至把选育的基础群建立在企业，成果转化效

果明显。"李学伟表示，团队始终坚持与企业联合育种，由企业承担育种费用，科技人员提供技术服务，品种审定后，直接由企业开发推广。天府肉猪的成功，便是运用这一模式的典型案例，为日后天府黑猪的培育提供了一条可靠路径。

为了促进川猪事业发展壮大，李学伟在铆足劲搞科研的同时，也十分注重团队成员的发展。在他的精心带领下，学校猪遗传育种团队各年龄段人才均衡分布，且各自深耕猪遗传育种大方向下的细分领域，如数量遗传、分子基因、猪舍环境等。

团队成员李明洲教授主攻猪遗传基因的破译。遗传基因是基础研究，短期内并不能见到什么实际效益，却是揭示猪性状遗传密码，加快原始创新的必由之路，对提高天府肉猪等特定品种、特定性状的人工培育效率很有帮助。他先后在《自然·通讯》《自然·遗传》上发表重量级文章，不仅以中国科学家身份，首次成功构建猪脂肪和肌肉DNA甲基化图谱，还成功发现了藏猪为适应高海拔、极寒以及食物缺乏等条件进化的3000多个适应性基因。2021年，历时数年努力，李明洲还与团队成员唐茜子一起成功建立了猪胚胎多能干细胞系。该成果有望在生猪优良品种培育、异种器官移植、人类疾病模型、生命科学基础研究等领域广泛应用。

团队成员朱砺教授创新利用现代生物育种技术开展地方猪遗传资源保护与利用、外种猪本土化高效培育。他不仅深度参与天府肉猪的选育模式设计、性能指标提升、保种扩繁等工作，还把相关的经验与技术运用于外种猪的高效本土化选育，成功选育的多个专门化品系生产性能超过国外同期水平，打破了常年困扰中国猪育种的"引种—退化—再引种—再退化"怪圈。此外，朱砺教授还创新集成了地方猪遗传资源保护和利用技术体系，利用体细胞克隆等技术实现了地方猪遗传材料的永久性保存和活体恢复，被农业农村部作为典型案例在全国推广示范。

致力于猪分子数量遗传的唐国庆是团队中的软件高手。在天府肉猪选育过程中，由李学伟主持，他参与研制的种猪产肉性能、母猪年生产力的遗传评估软件和猪场网络信息系统，全国一半以上种猪场都在推广使用。

……

壮大四川本土猪家族，是李学伟的心愿，也是猪遗传育种团队一直以来的奋斗目标，更是四川擦亮"川猪"金字招牌的关键环节。2020年，四川出台《川猪产业振兴工作推进方案》，提出打造一批"川字号"特色生猪品种品牌，大力发展特色风味猪产业，把四川建设成全国最大特色风味猪生产基地、全国"回锅肉"优质肉品原料供应基地，这无疑为猪遗传育种团队在新时代持续深耕川猪育种提供了广阔舞台。

继天府肉猪之后，团队近年来还选育成功天府黑猪。"天府黑猪品种属母本品种，利用成华猪与巴克夏猪杂交选育而成，大幅提高了成华猪的产仔数和生长速度。父本母本新品种都有了，未来完全可以用我们自己的猪种生产优质猪肉。"李学伟笑着说道。

第二节　天府黑猪：川猪种源新成员

在天府肉猪通过国家审定后 12 年，2023 年 6 月，学校猪遗传育种团队再获新突破：生命科学学院姜延志教授主持选育的天府黑猪通过国家畜禽遗传资源委员会审定，成为四川首个以本土地方猪遗传资源为主要育种素材培育的国审猪品种。

"天府黑猪通过国家审定是川猪种源保护与创新的一个新起点，值得鼓励，但更要看到差距，接下来的路还很长。"姜延志表示，天府黑猪收获的国家畜禽新品种证书，这张"纸"用好了是一个巨大的产业，用不好，就只是一张纸。

让成华猪重振旗鼓

因具备肉质优良、皮厚和抗逆性强等特点，成华猪曾是四川猪肉市场的主力军，也是"回锅肉"的食材首选。但在 20 世纪 90 年代，伴随瘦肉率高、价格低的外种猪引入，相较之下，处于劣势的四川本地猪品种便日渐被养殖户放弃，成华猪更是一度濒临灭绝。

如何让成华猪重现生机，无疑是川猪"重振旗鼓"的最优解。然而，成华猪综合生产性能较差，难以纯种繁育产业化推广利用的现实，导致养殖户需要投入更多时间成本和饲料成本，出栏的商品猪与英国大白猪等外种猪相比，还又轻又肥。为了控制饲养成本，规模养殖户也没少下功夫，但大多以失败告终。这让养殖户陷入两难。

为解决成华猪产业发展瓶颈及中高端优质猪肉市场需求，早在 2009 年，李学伟领衔的猪遗传育种研究团队就联合邛崃市嘉林生态农场、四川省畜牧总站、成都市畜禽遗传资源保护中心，组建了成华猪新品种——天府黑猪育种攻关团队，由姜延志教授主持开展天府黑猪新品种的选育工作。

皮毛性状：
被毛全黑，皮厚5.76mm

胴体性状：
瘦肉率53.33%，背膘厚29.58mm
肉质性状：
IMF: 3.67%，肉色评分：4.2，
pH_1: 6.41和pH_2: 5.84

生长育肥性能：
200日龄体重：107.3kg
日增重：704.7g，料肉比：2.88

繁殖性能：
适配日龄：210天
乳头数：7对以上
总产仔数：初产11.6头/窝、经产12.5头/窝

天府黑猪的技术和经济指标

汇聚成华猪和引进猪种的优势性状，杂交育成肉质好、皮厚和综合生产性能高的新品种，是助推成华猪产业化发展的行业共识。"成华猪有它自身的明显优势，我们要做的是保护它，并在此基础上选育出更适宜市场推广的新品种。"姜延志介绍，天府黑猪新品种在培育过程中，利用了四川地方品种成华猪和国外引进品种巴克夏猪的遗传资源，基于合成杂交育种理论和多性状平衡选择策略，运用现代育种新技术，最终取得成功。

育种科技擦亮川猪金字招牌

在姜延志的实验室里，−196℃液氮罐内永久性存放着上万剂成华公猪精液、−70℃超低温的冷冻库内存放了数百份成年猪耳组织、皮肤成纤维原代体细胞系。

"借着冷冻保存技术，我们构建起完善的冷冻精液、耳组织、体细胞，确保成华猪基因不丢失。"姜延志表示，成华猪是擦亮川猪金字招牌的重要战略遗传资源，只要选育出解决市场痛点的新品种，就能重回市场。

然而这并非易事，难点在于找到天府黑猪的"爸爸妈妈"。为了给天府黑猪找个好"妈妈"，团队联合成都市畜禽遗传资源保护中心耗时5年，才完成成华猪本品种选育。其间，团队成员不仅要随时追踪每只猪每天的体重变化，还要记录受孕母猪的产仔量、初生重等重要指标。

2013年后的杂交育种阶段，姜延志带领的团队更是把两届研究生"押"进猪场，全身心投入杂交组合实验。"杜洛克和巴克夏都是世界公认的杂交父本，到底选哪一个作为父系猪，我们做了三年的实验。"最终，巴克夏猪凭借各部位均匀的肉色表现、较少的水分损失和高的肌内脂肪含量等优势性状，成为"天府黑猪"的爸爸。

在各方努力下，历经14年持续选育，优质高效的天府黑猪新品种宣告培育成功，打破了国外引进猪种"杜长大"一统天下的格局。天府黑猪表现出极好的肉质特征，不仅肉香味浓、肉色鲜红、易于咀嚼，且呈现出独特的皮厚性状，能极好满足四川及西南地区对厚皮优质猪肉的特殊消费偏好。与此同时，天府黑猪还表现出繁殖性能高、生长快、耗料少以及耐粗饲和适应性广等优良特征。天府黑猪各重要经济性状遗传性能稳定，尤其成功实现黑毛性状全群稳定遗传，相较我国其他同类培育品种处于先进水平。

天府黑猪是全国率先利用巴克夏猪遗传资源培育的新品种，在推动新品种选育的同时，姜延志还着力投入天府黑猪的产业链构建。团队与培育单位共同探索出了集"种猪培育、扩繁饲养、屠宰加工、特供专卖"为一体的优质黑猪产业化发展之路。目前，该农场具备年提供1000头纯种成华种猪、生产5万头优质黑猪商品肉猪的生产能力，初步形成了集新品种培育、成华猪保种育肥、猪肉加工营销、品牌打造一体化的产业发展格局。

黑猪行业要实现高质量发展，就需要标准化体系的完善支撑。天府黑猪现在性能稳定，但要是放缓选育速度，不加控制任由其近亲繁殖，也会品种退化、品质下滑。"天府黑猪想打赢'翻身仗'，重获市场认可并大范围推广，还得在三方面发力。"姜延志表示，一是持续开展天府黑猪新品种的选育工作，利用全基因组选择等育种新技术和智能化设施设备，进一步选育提高肉质性状、胴体品质等重要经济性状；二是深度解析皮厚、肉质及抗逆性等优势性状形成的遗传机制，将基础研究成果应用于育种实践中；三是加大繁育推广力度，为消费者提供更多价廉物美的优质黑猪肉，实现天府黑猪大产业发展。

第三节 天府肉鸡：80 年的科研沉淀

在四川，鸡有多少种吃法？辣子鸡、口水鸡、棒棒鸡、芋儿鸡、宫保鸡丁……五花八门的料理食谱，体现了四川人对鸡肉的爱好。"无鸡不成宴"这一俗语，是巴蜀百姓日常饮食文化的生动写照，也赋予家禽育种专家不变的使命：培育更优质美味的鸡品种，满足消费者对美味鸡肉的期待。

新品种"含金量"十足

作为川鸡的优秀品牌，天府肉鸡配套系于 2018 年通过国家品种审定，是西南地区第二个通过国家级审定的肉鸡新品种，由学校家禽遗传育种团队历时 11 年选育而成。近年来，天府肉鸡已推广父母代 27 万套，销售商品代 2817 万只，实现产值 14.64 亿元。

"当前我省肉鸡年出栏量超过 3.6 亿只，其中 10％为引进白羽肉鸡品种，60％为快速型和中速型优质鸡品种，而天府肉鸡则是速生型品种的代表。"天府肉鸡选育团队负责人、学校动物科技学院朱庆教授说道。天府肉鸡不仅肉质嫩滑鲜美，形整而不烂，口味醇香，非常符合四川人的消费习惯和烹调方式，其生产性能也十分优秀。

"天府肉鸡"配套系的父母代种鸡和商品代肉鸡重要经济性状稳定，性能均匀一致，种鸡的繁殖性能高，肉鸡生长周期弹性较大、生长速度快、饲料转化比低、存活率高、上市率高，能适应我国川渝、云贵等地区的生长饲养环境。肉鸡外观特征好，黄麻羽、青脚、胸和腿肌发达、羽毛紧凑、鸡冠大而红，能较好满足市场要求并获得较好的经济效益。

多家公司进行大量中间饲养试验和推广养殖证实，"天府肉鸡"父母代种鸡生产成绩理想，按照推荐的父母代饲养管理手册来进行饲养，父母代种鸡高峰产蛋率 77％左右，66 周龄只入舍鸡产蛋数 173～179 枚，合格种蛋数 161～168 枚，全期种蛋合格率 90.8％～93.5％，受精率 92.5％～96.4％，受精蛋孵化率 90.5％～91.9％，健苗率 95.2％～98.9％，健苗数 139～146 只，上市率 93.3％～96.6％，具有良好的繁殖性能。天府肉鸡商品代公鸡平均上市日龄为 70 天，平均体重为 2480 克，母鸡平均上市日龄为 70 天，平均体重为 1945 克，公母平均饲料转化比为 2.57：1。2023 年，经过数年的选育，天府肉鸡商品代公鸡平均上市日龄缩短为 63 天，平均体重为 2910 克，母鸡平均上市日龄为 63 天，平均体重为 2400 克，公母平均饲料转化比为 2.44：1。

广受欢迎的天府肉鸡

入菜口味好、生产效益高，天府肉鸡一经问世，便得到消费者和养殖（户）企业的双重喜爱。尤其在养殖户眼中，天府肉鸡就是一棵棵遍地跑的"摇钱树"。每当有新一批天府肉鸡出壳，都会有许多养殖户主动联系天府肉鸡的相关培育单位，争相成为鸡苗的试用者。

天府肉鸡的"金字招牌"不仅在川内叫得响，在我国西南地区同样也深受欢迎。"经过我们的大力推广与越来越多养殖（户）企业的亲身实践，川、渝、云、贵等地多家公司已经与我们建立起合作关系，天府肉鸡养殖规模正处在扩大发展的黄金期。"团队成员赵小玲教授介绍，团队在提供鸡种之外，还会"多扶一把、多送一程"，高频率开展养殖户培训和下乡现场技术指导，以确保养殖户能稳稳当当走上致富路。

一脉相承的川鸡事业

天府肉鸡一片欣欣向荣的背后，是家禽遗传育种团队对振兴我国家禽养殖业的不懈追求。这份追求，不仅是 11 年的坚持，还有着近 80 年的历史积淀。

1945 年抗战胜利，中国战后恢复建设需人孔急，我国动物遗传育种与繁殖学科先驱、学校邱祥聘教授在第一时间便回到祖国怀抱。他放弃了美金工资，一心想要回到四川、回到母校，想要为四川家禽发展做点事。

为了改变新中国家禽养殖的落后现状，邱祥聘干劲满满，刚在学校安顿好，便立刻开始搞川鸡育种。没有鸡场，就在教室里搞实验；没有研究经费，就跟学校争取到了每个月 500 克牛奶的钱来搞研究；没有设备，就自掏腰包买实验材料。钱不够买煤油，只能买酒精，可是酒精燃烧不稳定，一会儿火太大燃起来了，一会儿火太小就熄了，只能昼夜一直守着烧着酒精的小型孵化器，才能孵出小鸡。就是在这种艰苦的条件下，学校人工孵化的第一批鸡苗诞生了。

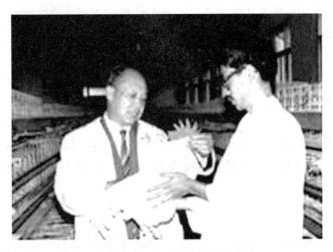

邱祥聘（左一）查看鸡的生长状况

　　1956 年，学校迁雅安独立建院后有了正式的鸡场，邱祥聘得以更专注地开展鸡的遗传和选育研究。他率先在我国研究家禽人工授精技术，并在后来指导研究生的工作中取得鸡、鸭精液液态保存和冷冻精液人工授精的成功，填补了国内这一领域的空白。20世纪 70 年代，他开展了现代家禽育种方法研究，应用家系育种法选育出成都白鸡快、慢羽纯系，可以配套生产自别雌雄商品鸡，并在慢羽羽型中发现了一个新型，把自别雌雄的准确率从当时的 95％提高到 99.8％。不要小看这 4.8％，对于几百万只的鸡场来说，减少的误差率带来的经济效益非常可观。该研究成果获得 1985 年四川省科技进步一等奖。90 年代，随着人们生活水平的提高，乌骨鸡以其药用价值受到了越来越多人的青睐。为提高乌骨鸡产蛋率，邱祥聘通过育种方法和关系选择方法，在 2000 年将乌骨鸡最高产蛋数提高到 240 个，选育的 4 个品系最低产量也有 190 个，大大超过预期。丝羽乌骨鸡新品系及配套系的选育成果获得了 2003 年四川省科技进步三等奖。

　　邱祥聘对于川鸡的深入研究，不仅为天府肉鸡的选育奠定了坚实的理论与技术基础，更是培养出了朱庆、赵小玲等新一代川农大家禽育种骨干力量。2007 年，朱庆带领家禽育种团队利用我国优良地方鸡种的基因资源，运用现代家禽育种技术，拉开了天府肉鸡选育工作的序幕。

　　2009 年，团队与合作单位开展了优质鸡配套系的选育工作，新建存栏 15 万套的育种基地，系统开展品系培育工作。2010 年，在确定选育素材后，进一步开展品系选育，筛选最优配套组合；2010—2014 年，经过了 4 个世代完整的系统选育和配套测定，确定了配套模式。"十三五"期间，天府肉鸡选育工作顺利完成，团队与更多合作单位一道继续开展"天府肉鸡"的选育和推广工作，力求通过健全和完善"天府肉鸡"繁育体系，不断调整育种目标并进行改良，采取边培育边推广的办法，满足更广阔市场中的更

多样需求。

科研向来不是一帆风顺。天府肉鸡选育的初期，团队为确定选育素材，跑遍了大半个中国，对我国各地的地方品种、商业化品系进行了大量的调研，真正"把科研汗水洒在祖国大地上"。畜禽育种工作的周期长，肉鸡价格的市场波动大、禽流感疫情等不利因素始终考验着团队。尤其是 2013 年席卷全球的禽流感，更是让合作单位陷入经营困境。眼看"天府肉鸡"的育种要被搁浅，朱庆和团队成员急坏了。大家一再努力，给企业做工作，同时在饲养管理、疾病防控、成本控制，以及市场推广、行业合作等多方面提供全链条的技术支持，最终与合作单位共渡难关，稳定了天府肉鸡的选育工作，保障选育顺利进行。

当前，随着我国居民生活水平不断提高，人们对于鸡肉品质的要求也越来越挑剔。针对老百姓的需求，朱庆正带领团队继续攻关，致力于让新时代的天府肉鸡更加健康与美味。

第四节　天府肉鸭：为国争气的四川鸭

我国野鸭驯养史源远流长，有文字记载的养鸭历史最早可追溯到春秋时期，"吴王筑城以养鸭"就是 2500 多年前的真实写照。当前，我国是养鸭较多的国家，养鸭业更是我国的特色产业和农村经济发展的支柱产业之一。

四川水域广阔，养鸭历史悠久。20 世纪 80 年代前，养鸭主要沿袭传统饲养方式，尔后经历了从粗放饲养本地鸭到放牧加补饲杂交鸭的较快发展期。20 世纪 90 年代，四川进入规模饲养良种肉鸭的高速发展期，一跃成为全国养鸭重点省区之一，最高年出栏肉鸭达 2 亿只。这份成绩单背后，天府肉鸭的成功选育，功不可没。

呼唤川鸭的崛起

20 世纪末的老成都衣冠庙，有一个很大的鸭市场。虽然地处内陆，但市场里售卖的鸭品种，却长期被从海外引进的英国樱桃谷鸭和澳大利亚狄高肉鸭占据，直到成功培育出新中国首个肉鸭商业品种——天府肉鸭及其配套系，才打破了外国鸭种长期占据市场的格局，为中国自己的鸭品种实实在在地争了一口气！

当时，四川主要引进的是英国樱桃谷肉鸭 SM 系和狄高肉鸭父母代。引进一组父母代需 900 英镑，不仅耗外汇，种价也昂贵，严重制约四川鸭产业发展。而且父母代只能生产商品代，商品代作种用势必导致生产性能下降。为此，四川省科委下定决心，组织科技力量攻关，利用引进种父母代及其商品代为育种材料，选育出我们自己的大型肉鸭新品系和配套系。这项艰巨而光荣的任务，交到了四川农学院家禽人的手中。

接到任务前，我国动物遗传育种与繁殖学科先驱、学校邱祥聘教授已归国开展了30 余年的家禽育种研究。以邱祥聘、曾凡同等专家为核心的水禽团队先是完成了对四川棚鸭业的调查研究。他们一边搞科研，一边当农民，一边作调研，一边搞服务，常常与"赶鸭师"们一起睡大棚，同吃同住。他们白天放鸭、喂鸭、观察鸭子，晚上就看守鸭子、整理第一手资料，研究成果在 1980 年荣获四川省重大科技成果二等奖。随后，邱祥聘、曾凡同、王林全等又相继完成了"建川杂交鸭"和"建川鸭"的选育，两项成果不仅获得了省级科技奖励，也让团队积累了大量本土鸭的育种经验。

为了确保培育出优质的四川本土肉鸭，水禽团队决定，不仅要活用本土资源和已有经验，还得去海外发达国家学习了解最新的选育技术。这项重任，团队决定交给王林全。

王林全是水禽团队的研究生，1981 毕业后因表现优异而留校工作。出发去西德留学之前，王林全做好了拜师学艺的准备，但一到异国他乡，还是吃了"闭门羹"。西德专家经常闭门不见，就是勉强见了，给他的也是一些支离破碎的旧资料，根本没有用，一点儿"真货"也看不到。"花了国家钱，难道就这样两手空空地回去？"王林全度日如年。然而，一次意外的专业能力展示，却让傲慢的日耳曼人接纳了他。

一天，王林全来到西德国家家禽研究所，只见 3 个科技工作者手忙脚乱地抱着鸭子进行人工采精，他不由笑出声。几个正忙得满头大汗的西德人恼怒了，便对着王林全吼叫起来。王林全没有完全听懂他们的话，情急之下，英、俄、德几种语言并用，好不容易才让他们"猜懂"了意思，那就是：鸭子人工采精，我一个人就行。闻言，3 人便做了一个"请"的手势，把鸭子给了王林全。当看到王林全真的一个人快速完成了采精后，众人惊讶得说不出话来。

凭着这手"中式采精"绝活，王林全终于敲开了西德国家家禽研究所的大门。那天，王林全刚走出研究所，所长亲自开车追了出来，把他重新接回去。随后经所长介绍，他顺利地进了西德最权威的育种机构罗曼公司，如愿以偿地开始深入学习西方商业育种知识。

中国鸭的华丽逆袭

当时四川本土鸭产业的紧急状况，让王林全等不到进修期满。他铆足了劲加快学习进度，提前踏上了返程的旅途。

1989 年，王林全回到四川后，便马不停蹄地与曾凡同、王继文等开始肉鸭选育工作。他们以国外引进肉鸭品种和地方优良鸭种为育种材料，应用现代家禽育种强化优择原理，对国外育种技术进行改良，充分运用回交的育种方法和基因引入技术，大刀阔斧地干了起来。

到 1991 年 6 月时，天府肉鸭的选育已进行 5 个世代，已育成 4 个品系。新品系的生长指标提升明显，其中两个父系（G 与 C）的 4 周龄活体重量，从 1 世代的 1 千克增加到 5 世代的 1.3 千克，比选育计划的指标 1.1 千克多出 0.2 千克。两个母系（M 和 V）的繁殖率也表现优异，4 世代产蛋便可达 215 枚，相较英国樱桃谷肉鸭产蛋量的 80～190 枚，多出了 25～35 枚，比选育计划指标 180 枚高 35 枚。在相同饲养管理条件

下，天府肉鸭的 8 周龄活重可达 3221 克，明显比樱桃谷肉鸭 8 周龄 3030 克重，饲料转化率也优于樱桃谷。

最终，经过 3 个世代的回交和 7 个世代的纯繁选育，我国第一个大型肉鸭配套系"天府肉鸭"横空出世，标志着我国的家禽育种技术达到了世界先进水平。天府肉鸭共有 5 个品系，以及白羽、麻羽 2 个配套系。天府肉鸭体型硕大丰满，羽毛洁白，喙、胫、蹼呈橙黄色。初生雏鸭绒毛呈黄色。母鸭喙部黄色皮肤随着产蛋日龄的增长，颜色逐渐变浅，甚至出现黑斑。

天府肉鸭生长状况展示

1996 年，在国家畜禽品种审定工作启动的 10 年前，天府肉鸭通过了四川省畜禽品种审定委员会的鉴定。参评专家一致认为，在我国育成的家禽品种中，天府肉鸭是第一个能与国外引进的快大型肉鸭品种长期竞争的新品种，天府肉鸭生产性能指标达到国际快大型肉鸭的先进生产水平，许多方面居国际领先水平。同年，天府肉鸭获得全国和四川省技术市场金桥奖，并被列入国家和四川省"九五"重点科技成果推广项目。先后荣获四川省科技进步特等奖、农业部科技进步二等奖、国家星火奖三等奖 1 项，联合国技术信息促进系统中国分部"发明创新技术之星奖"等诸多殊荣。

由于天府肉鸭是在与发达国家竞争中靠中国人自己独立育成的，其生产性能指标达到或超过国际快大型肉鸭的先进生产水平，一举打破国外优良鸭种牵着国内市场鼻子走的尴尬局面，结束了我国长期依赖从国外引进大型肉鸭种的历史，因此也被人们称为"争气鸭"。天府肉鸭是我国拥有的一份重要遗传资源，它的大面积推广应用不仅为我国畜禽品种良种繁育体系的建立积累了新经验，还为我国集约化养鸭业的发展和广大农户致富奔小康提供了一条有效途径。

天府肉鸭进入市场后，因其适应性强，制种方便，杂交优势明显，成本低，适合我国集约化肉鸭业的实际需要等优点，得到了社会的广泛认可。经省内外广大肉鸭饲养户实践证实，天府肉鸭商品代 7 周龄成活率达 98％以上，产蛋期死亡、淘汰率低于 7％，广泛分布于四川、重庆等 10 个省（市）。至 1998 年底，天府肉鸭共推广父母代 106.56 万只，商品代 12960 万只，累计新增产值 19.48 亿元，新增纯利 2.43 亿元，节约外汇 760 多万美元，取得了极显著的经济效益和社会效益，表现出了巨大的市场竞争力和广阔的推广应用前景。凭借这些超过国外良种的表现，天府肉鸭不仅在四川、广东、云南、浙江、广西、海南等省（区）有大量发展，更是作为本土良种品牌被销往海外。

第五节　天府农华麻羽肉鸭：好吃好养又好看

新中国成立以来，我国畜禽种业经历了本土品种选育、引进品种改良、引进选育与自主培育相结合的三个主要发展阶段，目前正向自主创新引领的方向迈进。而指导选育方向不断发展的关键推手，则是不断提升的居民消费水平和不断变化的消费市场。

打破"麻鸭不美观"传统认知

在四川，鸭肉市场消费变化主要分为三个阶段。20世纪80年代以前，肉鸭消费以建昌鸭、四川麻鸭等为主，这类鸭子风味好，但屠宰后胴体黑色毛根残留多，美观度差，影响消费者选购。80年代后，随着外来品种的引入和国内育种水平的提升，生长速度快的大型白羽肉鸭占据主流。天府肉鸭便是这一时期的翘楚。如今，消费市场有又有新变化，培育出既具备本土品种优质风味，亦不失良好生产性能和商品颜值的鸭种，已成为广大四川"好吃嘴"的新期待。

社会消费取向的变化，决定着肉鸭品种培育的方向。自"十二五"期间开始，学校王继文教授便继承老师邱祥聘的事业，带领新一代水禽团队，在四川省科技厅畜禽育种攻关、农业农村厅现代农业产业和国家水禽产业技术体系等项目支持下，着力发掘利用地方资源、创制高效育种材料和创新肉鸭育种技术，以我国地方特色遗传资源建昌鸭、四川麻鸭、龙岩山麻鸭等为主要育种素材，历时12年，成功培育出天府农华麻羽肉鸭配套系，并在2023年6月通过国家审定。

天府农华麻羽肉鸭配套系是我国首个通过国家审定的麻羽肉鸭配套系，而培育它的初衷之一，便是解决好麻鸭的"颜值"问题。原来，酸萝卜老鸭汤、卤鸭、板鸭、甜皮鸭等是我国南方，尤其是西南地区的一系列美味鸭菜肴的烹饪方式，想要达到色香味俱全，除了肉质要好，还非常考验鸭子的颜值。相较于白鸭，麻鸭的肉质虽然更紧实，味道更鲜美，但其去毛后，皮下的黑色毛根，着实影响鸭子的卖相。"麻鸭不美观"，是肉鸭市场里长久以来的传统认知。

"天府农华麻羽肉鸭配套系商品鸭就非常适合作为川式鸭料理的原材料。"王继文介绍道，育成的新品种商品代雏鸭，绒毛以黄色为主，头顶、尾根有1个色斑块。8周龄上市时，体型修长，羽毛为黄麻羽，喙、胫、蹼呈黄色，鸭嘴依然和传统麻鸭一样，屠宰后皮肤黑色素毛根残留少，胴体较为美观。

"在育种素材创制阶段，我们耗时5年，运用基因组重测序技术，筛选并应用了肉鸭羽色性状的分子标记，通过表型选择与分子标记辅助选择的结合运用，实现了麻羽肉鸭羽色的精准和高效选择。"团队成员刘贺贺教授分享了麻鸭颜值大提升的科研"秘方"。

优异生产性能带来广阔推广前景

除了外观提升，天府农华麻羽肉鸭的"内在"表现同样不俗。虽是麻鸭，但天府农华麻羽肉鸭年产蛋量在235个左右，且生长速度快，8周体重可达2.8～3.1千克，肉质优良，抗逆性强，适应市场对优质麻羽肉鸭良种的需求。与利用传统大体型麻鸭地方品种进行生产相比，种鸭供种能力提升30％以上，商品鸭生产效率和效益提升15％以上，非常适合上屠宰线集约化生产优鲜白条鸭。

这一系列生产性能优秀表现背后，是团队成员对育种技术的一次次攻关与创新，也是对学校"兴中华之农事"初心的久久守望。"之所以在品种名称中加上'农华'二字，就是希望能以科技创新赋能优质鸭产业提档升级，助力多元食物供给体系加快构建，为保障国家粮食安全贡献绵薄之力。"刘贺贺说道。

天府农华麻羽肉鸭商品代雏鸭

团队通过鸭育种笼设计、种鸭笼养技术研发、公鸭人工诱情采精技术研究、母鸭人工输精技术研究，首创了基于阶梯式单笼饲养结合人工授精技术的肉鸭育种技术体系，有效推动了麻羽肉鸭的选育工作。"简单来讲，就是我们依靠创新鸭人工授精技术，实现了鸭个体性能数据资料的精准收集，又大大提高了家系繁育后代数量，确保了选种过程的选择强度，从而综合提高育种效率和生产性能的提高。"团队成员副教授胡深强介绍道。

为进一步提升麻鸭产业生产效率，团队还花了大力气开展育种材料的选择与创制，确保天府农华麻羽肉鸭配套系拥有优秀的综合生产性能。在种鸭方面，新品种配套系成功聚合了龙岩山麻鸭等蛋鸭产蛋数量多、樱桃谷鸭蛋重且大的优势，与建昌鸭相比，产蛋量提升了近40％；与龙岩山麻鸭、四川麻鸭等品种相比，蛋重得以显著提升。相比于以地品种进行优质肉鸭生产的方式，种蛋成本降低25％以上。商品鸭方面，天府农华麻羽肉鸭聚合了建昌鸭等地方鸭种肉质优良和早熟等特点，自由采食条件下56日龄公母鸭平均体重约 2.75 千克、料重比约 2.6∶1，远低于建昌鸭、四川麻鸭等地方麻鸭品种，而且外观整齐度高、胴体美观，较好地保留了地方品种鸭的优良肉质。

2020 年开始配套系的中试以来，天府农华麻羽肉鸭在四川、河南等主产区均表现优异，种鸭育雏育成期成活率、产蛋期成活率以及商品肉鸭成活率均高达 95％左右。中间试验结果亦证实了天府农华麻羽肉鸭配套系具有良好的抗逆性和广泛的适应性，产品契合了市场优质鸭产业对优质鸭羽色、肉质的需求，以及养殖户对肉鸭体型改善、生产性能提升的需求，能够有效提升优质肉鸭全产业链条的整体效率和效益，已得到养殖户、生产企业和市场的高度认可，具有良好的推广应用基础。

当前，我国肉鸭市场已呈现出对快大型、瘦肉型、肉脂型、优质型等不同类型肉鸭的多元化需求。优质肉鸭产业生产规模逐年增大，市场基础较好，且随着社会经济发展和人民生活水平提高，优质肉鸭市场占比还会逐年上升，品种需求量也会不断加大。在当前和今后较长一段时间内，优质麻羽肉鸭都将是我国南方大部分传统鸭肉食品的最佳原料，是南方大部分地区生产和市场消费的主要肉鸭类型之一，初步估计每年鸭苗需求量均在 5 亿只以上。

截至 2023 年 6 月，天府农华麻羽肉鸭配套系已在四川、河南等地示范推广 500 余万只，显示出强大的市场竞争力，市场前景非常广阔，对于我国优质肉鸭种业的高质量发展具有重要意义。

第六节　天府肉鹅：填补优质肉鹅市场空白

我国最早的养鹅历史可追溯到距今约 3300 年前，在商朝墓葬出土文物中曾发现有三件玉鹅，其形态与当今的鹅相似，这表明中国也是驯化、饲养家鹅较早的国家之一。几千年的文明积淀，让我国成为当今世界上养鹅数量较多的国家，也是鹅品种资源较多的国家。

然而，由于缺乏系统选育，多数地方优质鹅品种的基因资源优势没有得到充分发挥和利用。改革开放后，全国肉鹅产业发展迅速，但肉鹅生产的良种化水平依然较低，种鹅繁殖性能较低，优良鹅种的供种能力不足以适应肉鹅业规模化生产的需要。面对养鹅业不断向规模化、产业化方向发展的必然趋势，国家急需优质肉鹅品种来满足市场需求。我国首个通过国家审定的鹅配套系天府肉鹅，便在此时应运而生。

挖掘开发川鹅资源

四川是我国养鹅数量最多的省份，四川人历来都有养鹅的习惯。由于养鹅生产具有投资少、见效快、效益高、风险相对较小等特点，省内许多地区都把发展养鹅业作为畜牧业结构调整的重要措施和广大农民脱贫致富的项目。据四川省畜牧行业统计数据，早在 2008 年，全省鹅饲养量便已达到 17965.56 万只，其中出栏肉鹅 13315.39 万只，存

栏鹅 4650.17 万只。鹅肉产量 31.94 万吨，占禽肉产量的 14.46%。养鹅产值达 76.47 亿元，占家禽产值的 17%。

养鹅业的兴盛，离不开四川得天独厚的资源条件。四川江河纵横，湖泊、池沼及丘陵山地众多，水草茂盛，适于鹅群放牧饲养。四川养鹅主要在岷江、长江流域及盆周丘陵区，出栏数占全省出栏数的 8 成。

适宜的自然环境，良好的养殖传统，造就了四川鹅品种遍地开花的别样景色。四川拥有我国著名的中型肉用鹅种——四川白鹅，也有填肥性能良好的地方鹅种——钢鹅，还有引进的世界优良鹅肥肝品种——朗德鹅。如何挖掘利用好本土品种资源，培育出生产效率更高的肉鹅，以满足四川乃至全国鹅肉的供应与保障，自然成为学校水禽学者的重要研究课题。

20 世纪 60 年代，邱祥聘、曾凡同等老一辈水禽人便从零开始，着手进行四川本地肉鹅的选育。他们还着手对四川白鹅、皖西白鹅、朗德鹅、豁眼鹅及其杂种肉用性能开展了研究，并成功实现了鹅的人工授精，为后来川鹅的品种选育提供了前期研究基础和基本技术保障。

20 世纪 90 年代初，王继文带领水禽团队开始进行肉鹅配套系的培育工作。团队建立了以朗德鹅血缘为主（3/4）的父系纯繁选育基础群和产蛋量高、体型好的四川白鹅母系纯繁选育基础群。"九五"至"十五"期间，团队对这两个品系进行了多个世代的群体继代选育、配套杂交及中试推广，顺利完成四川省畜禽育种攻关项目"天府肉鹅品系选育及配套技术研究"，所选育的天府肉鹅配套系（PM）于 2001 年通过四川省品种审定，该成果于 2002 年获得四川省技术进步二等奖。当时的天府肉鹅配套系已具有生长快、成活率高、母系繁殖力较强、产肉性能好、饲料报酬高等优点，在全国十余个省（区、市）进行了推广应用，市场反响良好，在全国范围内的鹅业生产者中建立了良好的声誉。

为了更优质的肉鹅

虽然取得了较好成绩，但此时的天府肉鹅仍然存在一些不足，其中之一便是父本品系含有大量欧洲鹅种血缘，生长速度快，但成年体重偏大，公鹅的配种能力较差，导致与母系母鹅配套杂交的受精率偏低。第二个不足在于，父系成年羽色基本为白羽，但在雏鹅出壳时是以银灰色绒羽为主（91.8%），同时存在少量的黄色绒羽。此外，父系公鹅与母系母鹅配套杂交生产的商品代中，有 10%~15% 的杂色羽毛个体，影响商品鹅出栏时的外观整齐度。

天府肉鹅外观

　　鉴于以上原因，自2005年起，团队在原有基础上，有针对性地继续开展选育和优化。在原有父系的基础上，利用绒羽为黄色的雏鹅，建立新的父系选育基础群，采用单父本家系选育的方式进行群体继代选育，在尽量保持早期生长速度的前提下，控制成年体重、提高公鹅的配种能力，同时加强喙色、蹼色等外观性状的纯化。在原有母系的基础上，根据产蛋性能、体重、外貌特征等选择优秀个体留种，组建母系选育基础群，采用单父本家系选育方式进行群体继代选育，着重突破母鹅的繁殖性能及与父系公鹅的配合力。

　　经过数年努力，天府肉鹅在2011年成功通过国家审定。此时选育出的天府肉鹅配套系父母代出壳时全身绒羽黄色，成年后羽毛洁白；公鹅的喙、胫、蹼呈橘红色，体型较大且丰满，颈较粗短，额上基本无肉瘤；母鹅的喙、胫、蹼呈橘黄色，头清秀，颈细长，额上有较小的橘黄色肉瘤。商品代雏鹅出壳时全身绒羽黄色，70日龄时，全身羽毛为纯白色；喙、胫、蹼呈橘黄色。天府肉鹅配套系为二系配套，父系来源于四川白鹅与白羽朗德鹅的杂交、回交后代，母系来源于四川白鹅。配套系父母代母鹅开产日龄200～210天，初产年产蛋量85～90枚，平均蛋重140克左右，种蛋受精率88%以上。商品代肉鹅10周龄体重3.6～3.8千克，料肉比（2.9～3.0）∶1。

　　因天府肉鹅配套系具有种鹅繁殖力强、商品肉鹅生长迅速、肉质优良等优点，能够适应我国广大肉鹅生产地区的养殖环境和生产条件，受到了市场的广泛欢迎。10余年来，天府肉鹅已先后在四川、安徽、河南、重庆、江苏、浙江、广东、广西、云南、贵州、新疆、海南、湖北等14个省（区、市）及周边地区进行推广应用。2012年起连续多年被列入"全国农业主导品种"，年推广父母代约20万只，可提供商品肉鹅800万只左右，累计社会经济效益达15亿元，在提升鹅业生产效率、降低生产成本等方面效益显著，为我国鹅育种与繁殖的科技进步、肉鹅种业发展和养殖技术水平提升及农民创收、增收做出了突出贡献。

　　除了良好的市场表现，以天府肉鹅配套系的培育和推广应用为核心的科研成果"主要鹅种遗传资源的评价与创新利用"获2012年度四川省科技进步一等奖，"肉鹅配套系

培育与高效生产关键技术应用"获 2018—2019 年度农业农村部中华农业科技一等奖。

如今，为适应市场对肉鹅消费新的要求，王继文又带领团队开始了新的攻关。以头部鹅凸明显、生长速度快、饲料报酬高的天府肉鹅Ⅱ号配套系的培育已经在路上。2023年，天府肉鹅Ⅱ号配套系已获四川省农业农村厅关于中试推广的批复。不久的将来，天府肉鹅Ⅱ号配套系将再次助力四川省乃至全国肉鹅产业的发展。

天府肉鹅的横空出世，为近年来四川养鹅生产逐渐向适度规模化、规模化和产业化方向发展注入强劲动能。在以天府肉鹅为代表的肉鹅良种支持下，四川省涌现出了一批鹅养殖、屠宰、产品加工的龙头企业，采用"龙头企业＋基地＋农户"或"龙头企业＋农户"的生产模式，带动了养鹅业的产业化发展。养鹅业正加速成为四川省畜牧业发展和振兴农村经济的一个新兴特色产业，为助力建设更高水平"天府粮仓"贡献力量。

第七节　天府黑兔：黑兔人工选育里程碑

近 20 年来，我国肉兔规模化生产场快速发展，良种成为提高肉兔生产效率和实现标准化、规模化、市场化成效的基础条件。作为吃兔大户，川渝两地占我国兔肉消费的 50％以上，且以鲜食兔肉为主，肉质更好的黑兔自然成为广大食客的心头好。

2％"突围率"选出核心种兔

检查兔群健康状态、测定种兔体重体尺、记录幼兔生长发育……这样的工作，学校天府黑兔培育团队每周都会循环开展的。"过程虽然重复而枯燥，却是天府黑兔选育的关键，也决定着每只天府黑兔的生死。"国家兔产业技术体系岗位科学家、团队负责人、动物科技学院赖松家教授笑称道，只有长势良好、体型外貌达标的兔子，才有机会继续"活下去"。

学校天府黑兔育种基地的标准化兔舍养殖着上千只天府黑兔，它们毛色黑亮、活泼好动，是我国人工培育的第一个黑色肉兔新品种。基地从 20 世纪 90 年代便开始了育种的前期工作，获得了最早的天府黑兔选育材料。经过 10 余年育种，目前已完成第 6 世代的繁殖性能测定和选育。此世代的天府黑兔具有较快生长速度，一般 70 日龄体重达 2.3 千克以上，且存活率更高。

"由于兔子本身繁殖力很强，在每一个世代进行选育时，竞争都尤为激烈。"团队成员贾先波介绍道，每一世代天府黑兔核心种兔群均由 360 只母兔和 90 只公兔组成，共计 450 只。按照每只母兔一年生产 7 窝、每窝 8 只仔兔计算，一个世代将产生 20160 只后代。也就是说，每个世代，基本都只有约 2％的兔子能成功"突围"，有机会成为下一代的"爹妈"。而且，这 450 只"种子选手"，还只会在前 3 窝中诞生。

前 3 窝，意味着依然有 8640 只兔宝宝进入"半决赛"。对它们而言，21 日龄窝重和 70 日龄个体重是"突围"关键。"经过团队长期的实验比对发现，这两项指标分别乘以相关系数之和再乘以一个系数得出的分数称之为'育种值综合选择指数',这是核心种兔选育的关键之一。"贾先波介绍道,21日龄窝重是衡量繁殖性能的综合指标,包括产仔数和仔兔长势等;70日龄重是衡量个体重量的指标。

为了确保数据指标准确,8640只兔子都会有成长档案,包含体重、健康状况等信息。团队会根据育种值综合选择指数,在每窝仔兔中选择1只公兔和2只母兔进入待选,其余的淘汰成为肉兔。最终再从进入待选的兔子中选出下一世代的核心种兔。

不过,育种值综合选择指数并非挑选核心种兔的唯一标准。"公式只是最终选择用的,其间还需随时对兔子进行观察和数据分析。"赖松家表示,在遗传评估的基础上,还需要坚持与体型外貌评定相结合选种。其中,结实体型、全身被毛黑色、光泽性好、眼睛黑色、耳大小适中、胸宽而深、背腰宽广等体型外貌的天府黑兔将更有优势成为下一世代的核心种兔。

市场潜力逐步释放

天府黑兔全身被毛黑色,眼睛黑色,臀部圆宽,大腿宽深而长,是个标准的"混血兔"。它的祖辈是德国花巨兔、比利时兔和加利福尼亚兔的杂交后代,经过毛色固定和连续5个世代的定向选育,历时10余年培育而成。

作为肉兔,天府黑兔兔肉的蛋白质比一般兔肉高5%的氨基酸和高6%的鲜味氨基酸。同时,由于天府黑兔的肌肉更结实,相同比例的天府黑兔肉会比普通兔肉重15%。用食客的点评讲,与普通兔肉肉质松散、有草腥味的情况不同,天府黑兔肉质更细嫩香浓。

天府黑兔外观

口感更好只是天府黑兔的优点之一,繁殖力和抗病力强、生长速度快等特征,也是天府黑兔具有市场竞争力的体现。天府黑兔是我国人工培育的第一个黑色肉兔新品种,属于优质兔肉品种,填补了我国无优良黑色肉兔品种的空白,将进一步缓解我国良种肉兔种兔供给不足的矛盾,丰富多元化兔肉消费市场,同时对提高肉兔良种覆盖率和生产力水平具有积极的促进作用。

　　在尚未通过国家审定前，天府黑兔仅在省内通江县、三台县、乐至县、安岳县等地进行中试，全年出栏量只有 10 万只左右。通过国家审定后，不仅代表着天府黑兔的特性和潜力得到认可，还意味着更大的推广发展前景。"团队将选择符合资质的大型养殖企业，开展更大范围的合作推广。"赖松家说道。

　　目前，天府黑兔种兔一单销售可卖 150 元/只至 200 元/只，比一般种兔多卖 50 元/只至 100 元/只，且天府黑兔肌肉在肉质和营养方面超越了一些白色肉兔，市场前景较好。众多天府黑兔的种源基地、扩繁场正在四川雅安、资阳、巴中和云南等地崛起。依托四川肉兔的消费市场，天府黑兔无疑是推动我国畜禽种业振兴的又一个川农大良种。

第十五章　营养健康中国猪

中华文明上下五千年，猪，始终是华夏子孙饲养数量最多的牲畜，是中华民族赖以生存的有限动物蛋白质之源。中国是最早将野猪驯养为家猪的国家之一，远古先辈们"拘兽以为畜"，在广西桂林甄皮岩墓葬中出土的家猪猪牙和颌骨距今已 9000 余年，这说明我国的养猪业已有近万年历史。如今汉字中的"家"字，其文化意蕴也正是有猪才有家、无猪家难安。

鉴于猪在我国社会经济史上的特殊地位，怎样把猪养好，自然是畜牧业从古至今最重要的课题。现代化养猪技术进入我国后，越来越多的畜牧科技工作者投身到探寻更科学高效、更营养健康地饲养中国猪的研究当中。在这一群追寻猪营养奥秘的探索者中，就有着川农大猪营养研究团队的身影。他们立足巴山蜀水，奉献协作、求实创新，为守护百姓餐桌上安全又美味的猪肉，一代接一代地奋斗着。

第一节　猪营养研究　与新中国一同启航

回望 100 多年近代史，中国共产党领导全国人民实现了从站起来、富起来到强起来的伟大飞跃。这项伟大成就映射到家家户户的餐桌之上，无疑是老百姓对猪肉追求的变化。从偶尔吃一顿，到天天都能吃，再到要吃"健康肉、美味肉"。在这场对优质猪肉的追求中，在四川这片养猪的热土上，川农大猪营养研究团队始终与国家同题共答，与民生同频共振，勇做健康营养中国猪的时代弄潮儿。

推开中国猪营养研究的大门

据农业农村部等部委联合公布数据，2022 年，我国一方面是全球最大的生猪生产国，猪肉产量接近全球猪肉产量的一半（全球猪肉产量约为 1.25 亿吨，中国猪肉产量为 5541 万吨，所占比重约为 44.47%）。另一方面，我国也是全球最大猪肉消费市场，猪肉消费量约占全球猪肉消费量的 60%。近年来，随着生活水平的提高，消费者对肉类产品的要求逐渐向高蛋白、低脂肪的方向转变，禽肉、水产品在肉类消费结构中的比重逐渐增加，但猪肉依然是我国居民第一大肉类消费产品。

四川是全国养猪大省，川猪是四川在全国最具影响力的单项农产品，"川猪安天下"

这句俗语，就是对四川生猪产业重要性的最直观写照。今日国家和四川生猪产业繁荣兴盛背后，离不开众多在新中国百废待兴之时，毅然投身中国养猪事业的开拓者。

1949年，当新中国成立的喜讯传遍寰宇时，当周恩来总理欢迎海外留学生回国参加社会主义建设的讲话传到美国时，当先期回国的华罗庚教授在《华侨日报》发表了著名的《归去来兮》时，一大批留学海外的学子学者纷纷踏上归途。我国动物营养学的奠基人、川农大的杨凤教授就是其中之一。

彼时杨凤正值而立之年，在美国攻读博士学位，主要研究方向就是猪的营养。祖国的召唤传来后，杨凤毅然放弃即将获得的博士学位及近在眼前的美好前程，向校方提出了回国要求。导师不理解他为什么要回到当时又穷又落后的新中国，苦苦相劝杨凤留下。但回家的心意已决，杨凤丝毫不为所动，一路冲破层层阻挠，于1951年回到了祖国。

回到祖国，来到川农，杨凤干劲满满。他全身心投入猪营养与饲料的研究，常常背起铺盖到猪场蹲点，即使条件再差，也毫不在意。哪怕是和农民一起喂猪、扫圈、挑粪、种地，也都样样干得出色。杨凤时常把畜牧兽医系家畜饲养教研室的人都组织起来，到猪场搞仔猪补饲，研究仔猪的饲料，看什么时候、哪种配方对小猪的生长好。研究中，需要结合喂养配方，测得母猪的泌乳率。

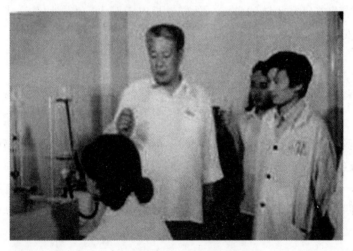

杨凤（左二）指导学生

杨凤深知做学问不能囿于学校的一亩三分地，只要有机会，他和教研室的老师们都会往外走，去山里、村里开展科研。那时的交通基本靠脚走，到远的地方要坐火车，而火车常常不准点，甚至等到半夜火车才来。食宿条件自然很差，许多农民自身难保，能够顶住困难接待已属不易，老师们在农家住几天后衣裤上爬着虱子是再正常不过的事。就是在这种条件下，杨凤把教研室的老师们分为三组，奔赴绵阳、广元、南充等地，跑遍了四川的平坝、丘陵、山区，带领大家做四川猪的食谱研究，在荆棘与坎坷之中一点点打开了中国猪营养研究的大门。

制定川猪营养标准

回国之后，杨凤很快就发现缺乏适合四川生产条件的饲养标准，致使川猪的养殖生产水平很低，饲料浪费很大，出栏率低，经济效益差。这与他在美国看到的现代化、工业化生猪养殖场景相距甚远。如何解决这一生产上和理论上的问题，尽快转变四川省传统的养猪模式，始终是杨凤念兹在兹的头等大事。

20 世纪 50 年代中期到 70 年代中期是全球营养与饲料科学研究的大发展时期，而我国这一时期猪的营养与饲料科学研究相较发达国家，滞后近 30 年。进入 70 年代以后，氨基酸、维生素、微量元素以及非营养性饲料添加剂已在配合饲料中广泛应用，这些营养物质的需要量研究也引起各国科研人员的高度关注。由于研究手段和方法的进步，研究内容日益丰富，国外无论在猪营养的基础研究方面，还是在饲料配制、饲料添加剂的研制方面，都取得了突破性进展。

新中国成立后，我国先使用苏联饲养标准，20 世纪 70 年代初改为使用美国 NRC 的"营养需要"，造成理论脱离实际，导致我国饲料营养科学在启动阶段走了弯路。这些外来标准在我国特定的历史时期虽然发挥过一定作用，但毕竟不符合国情，不能满足我国飞速发展的养猪业对饲养标准的需要，中国的猪儿们亟须一套自己的"餐标"。

1978 年，党的十一届三中全会后，我国猪营养与饲料科学技术迎来蓬勃发展的春天。也正是这一年，我国成立了华北猪营养协作组和南方猪营养协作组，分别由北京农大杨胜教授和川农大杨凤教授牵头。

早在 1959 年，通过对内江、荣昌地方猪种的生长发育规律及其营养需要进行系统研究，杨凤在全国首先提出了"荣昌肉猪的饲养标准"。在这一研究基础之上，1979 年，杨凤开始主持川猪的饲养标准研究，其成果在 1983 年获得四川省重大科技成果一等奖。这一研究在学术上突破了国际猪营养需要标准的常规模式，突出反映了国际猪营养研究的新进展，是我国科技起点水平高的猪营养需要标准之一。其中，杨凤提出的后备种猪的营养需要标准，在国际上属首创。

在研究中，杨凤特别注重从国内和省内实际出发来开展研究，严格拒绝生搬硬套外国标准。例如，在川猪饲养标准的研制中，他将生长猪按其生产性能的高低分为 6 个等级，以分别适用于高、中、低三种饲养条件。这样，条件差的边远山区也能应用科学的饲养方法，不同的猪种也可按其生产性能高低选用相应的标准。这一标准对四川养猪生产水平的大幅度提高和配合饲料工业的迅速发展起到了巨大的推动作用，年均新增社会纯收入 3100 多万元。

1980 年，杨凤率先提出在我国用消化能作为能值评定体系，主持了南方猪饲养标准的研究与制定，主持了四川和我国南方各省猪的饲料营养价值评定，参加了中国猪饲养标准制定的协作攻关，主研的"中国饲料成分及营养价值表"在 1985 年获评国家科技进步二等奖。针对四川土壤及饲料中缺硒、锌地理分布广，危害人畜健康和影响生产这一问题，他还主持了四川畜禽对硒和锌的需要量及其缺乏症的防治研究，揭示了畜禽体内硒、锌状况的定量关系和变化规律，提出了早期预测缺乏硒、锌的科学方法。四川的饲料利用率从大于 5：1 减少到 3.5：1，养猪的数量由 5000 多万头增长到约 8000 万头，年出栏率由 50% 增长到 100%，杨凤在其间起到了举足轻重的作用。

杨凤十分重视科研成果转化，在研究中也非常注重选择那些能推动生产发展的项目，边研究边推广，创建了多种产学研合作模式，通过人才培养培训、技术讲座、与企业联合等形式及时将科研成果转化为现实生产力。1983 年学校与大邑县建立了第一个校县合作基地，随后通过与地方政府合作，与全国 60 多个县（市）进行产业对接指导，在 30 多个县（市）开展生猪产业帮扶服务，为推动四川乃至全国生猪养殖和饲料工业的现代化做出了突出贡献。

第二节　猪营养研究　在 21 世纪蓬勃发展

纵观新中国成立 70 多年，特别是改革开放 40 多年来，我国猪营养与饲料科学研究伴随养猪业的发展，经历了由无到有，由小到大，由弱到强的艰难曲折发展历程。

改革开放前，基本国策是以粮为纲，养猪生产长期处于副业地位。改革开放初期的 1979 年，全国年出栏生猪 1.88 亿头，猪肉产量 1001.4 万吨，人年均猪肉占有量 10.3 千克。这一时期养猪生产水平和技术水平不高，标志养猪生产力的三率：成活率、出栏率和饲料转化率都比较低。到 2006 年，全国年出栏生猪 6.6 亿头，猪肉年产量 5197 万吨，人年均猪肉占有量达到 39.6 千克。猪饲料生产情况也伴随养猪业的发展而变化，最明显的是在 20 世纪 70 年代，中国的饲料企业只能粗放地生产简单的混合饲料，谈不上配合饲料，1980 年全国饲料总产量仅为 100 万吨，生猪料肉比为（5~7）：1。如今，全国饲料总产量早已超过亿吨，生猪料肉比也可达到（2.6~2.8）：1。

通过以上数据可以发现，猪营养与饲料科学的发展对饲料工业和养猪业的发展起到了巨大推动作用。40 多年来，我国科研人员在猪营养代谢及能量、蛋白质需要量和蛋白能量比、氨基酸及其可利用氨基酸需要量、矿物质及微量元素需要量、仔猪营养、猪肉品质的营养调控等研究方面取得了举世瞩目的成就，大幅度提高了生猪产业的科技水平。这其中，自然不乏川农大猪营养研究团队的拼搏身影。

瘦肉型猪饲养标准的补充与完善

从发展历程角度看，我国养猪业经历了土杂猪（个体饲养）、杂交猪（专业化饲养）、良种猪（企业化、规模化饲养）三个阶段。猪饲养标准的制定也经历了三个阶段，即 1983 年的《肉脂型猪的饲养标准》、1987 年的《瘦肉型猪的饲养标准》和 2004 年的《瘦肉型猪的饲养标准》。

前两个标准分别获得农业部技术进步一等奖和国家 1986 年科技进步二等奖，并且经农业部审定，被正式列入国家专业标准。这也正是杨凤等老一辈动物营养科学家的标志性成果，是制定最早的具有广泛代表性的猪营养国家标准，结束了我国袭用国外标准的历史。

2004年，我国对1987年的《瘦肉型猪的饲养标准》进行了补充修订，新增设了"能量蛋白比"和"赖氨酸能量比"两项新指标。用钠与氯的需要量代替了"食盐"的需要量；同时列出了镁、钾的需要量，增加了吡哆醇、胆碱、脂肪酸营养参数，氨基酸的需要采用"可消化氨基酸"，反映了该时期猪氨基酸营养研究的新成果。此外，由于瘦肉型猪遗传育种技术的进步，猪的生长速度和瘦肉率都显著增加，因此在2004年的标准中生长肥育猪各阶段的日增重值均有所提高。2004年的标准将妊娠母猪体重阶段分为120~150千克、150~180千克、180千克以上三个阶段，每一阶段的体重较1987年的标准提高了30千克。妊娠母猪的能量需要量前后期分别提高20.3%、17.6%，粗蛋白质需要量前后期分别提高30.6%、26.4%，赖氨酸需要量前后期分别提高65.7%、60.5%。

作为长期从事生长猪蛋白质氨基酸的需要和畜禽硒锌等微量元素的缺乏症防治及适宜添加量研究工作的专家，学校王康宁教授与来自中国农业大学、广东省农科院畜牧研究所等同行采用我国自己制定的猪饲养标准，经过中间试验和小批量生产检验发现，采用饲养标准饲养11667头猪比未采用的10101头猪，平均饲养期缩短25天（125∶150），每头猪的日增重提高19.9%（560克∶467克），瘦肉率提高21.7%（56%∶46%），饲料利用效率提高2.7%（0.27%∶0.22%）。按我国当时年均出栏肉猪6亿头计算，每年可以增加养猪收益30亿元以上。由此可见，饲养标准具有很高的科学性和实用性，对生产实践有很大的指导作用。王康宁参与主研的"猪、鸡营养参数及配方新技术研究"在1997年获得国家科技进步二等奖，为2004年的饲养标准修订，推动中国养猪业实现现代化提供了强劲的科研助力。

母猪营养研究新突破

2011年1月14日，一封贺信从教育部发出。它在三天后穿越千里抵达四川，向斩获2010年国家科技进步二等奖的川农大表示热烈祝贺。这是学校的荣耀，也是猪营养研究团队的又一里程碑。由学校陈代文教授和吴德教授共同主持的"母猪系统营养技术与应用"是猪营养研究团队首次以主持身份斩获的国家级科研大奖！

21世纪初，我国母猪生产效率比北美和欧洲养猪发达国家至少低30%。只有保证母猪健康，才能确保仔猪健壮，母猪营养状况的好坏直接关系到胎儿的生长发育、产仔数、初生重、仔猪成活率，以及母猪的泌乳力和下一繁殖周期发情配种受胎率。对于自繁自养场而言，母猪更是核心角色。猪妈妈养得好与坏，直接关系到整个猪场的养殖效益高低，是猪场能否盈利的关键点。因此，母猪营养研究具有广阔的空间。

然而，与肉猪不同，母猪营养研究非常不容易。一方面，除了疾病多发等常见养猪难题，母猪饲养中还会时常遇到难发情、初产低、产程长等难点，再加上国内条件有限，生产风险极大。另一方面，母猪营养不仅研究周期长、实验成本高，还是学科交叉

的富集地，在营养之外还涉及遗传、繁殖、生化、分子生物学、组学等众多其他学科，需要研究者具备广阔的学术视野和扎实的营养专业功底。很长一段时间里，我国母猪营养研究都处于停滞状态。国内母猪营养研究方面的资料明显少于商品猪，且多为综述性文章或译文，科学试验报告很少。

面对母猪营养研究这块科研与生产中的"双料硬骨头"，杨凤、陈代文、吴德、余冰、方正锋等组成科技团队，率先提出母子一体系统营养理念，建立了母猪生产力评价新体系，从传统的繁殖力指标拓展为母猪终身优质瘦肉产量及饲料转化率指标，将母猪繁殖力与后代产肉力结合起来，突破了传统研究将母猪与后代割裂的局限。按照这种理念，团队进行分工，吴德负责主攻生育前的母猪，陈代文负责主攻生后的小猪及生猪育肥猪。同时携手新希望集团有限公司、广东温氏食品集团有限公司、四川铁骑力士实业集团、广西商大科技有限公司等合作完成单位，全力开展攻关，最终形成了母子一体化系统营养理论和技术。

作为项目组母猪营养最重要的主攻手，吴德研究母猪已经有 30 多个年头，被誉为中国"母猪营养一号人物"。因为在校畜牧专业学习期间表现出众，吴德本科毕业后，便留在了动物营养研究所工作，承担起为猪配料、治病，为师生挑选实验猪，饲养不配做实验的淘汰猪等任务。当时，研究所的试验猪场养了 100 多头母猪，天天与猪的饲养、饲料配制、猪粪打交道，是他和同事们当时的工作画面，也是他在母猪营养这一研究方向的起点。

在学校工作一段时间后，吴德想要报考硕士研究生的想法日益强烈。按当时政策，脱产攻读研究生要交纳 4500 元违约金。一个月工资 99.8 元，一年收入只有 1000 多元，他一咬牙答应了。吴德的英语成绩不算好，为了能考上研究生，更深入地开展母猪营养研究，他搜罗了一大箩筐的英语书和复习资料，连续日夜苦读，最终如愿以偿。硕士研究生的学习，让吴德的科研视野变得开阔起来。他发现传统养猪方式太辛苦、太艰难，饲养员付出的劳动与养猪生产的效益形成强烈反差，回报率低。于是，他每天早上 6 点准时到猪场进行研究分析，回家吃完晚饭后马上又返回猪场，希望研究出一套简单化、快乐化、幸福化的养猪程序。

虽然母猪营养是猪营养中的"冷板凳"，但吴德坚信这是一块可以大展拳脚的空间。1998 年，吴德开启了博士研究生的学习，专攻母猪营养研究。吴德先后用 120 头母猪进行实验，研究了整整 6 年，经常圈里、实验室里一待就是一整天。在出国做访问学者期间，首次接触细胞学和分子生物学研究的吴德，连续数月白天和大家学习英语和实验技能，晚上独自一人待在实验室做研究，至后半夜两三点钟，还要对次日实验提前操作一次，确保第二天能够搞明白、懂彻底。

四川是养猪大省，但母猪的生产效率始终不高。为了提高母猪生产效率，吴德带领项目组先后经过多轮杂交，通过适度的横交固定，筛选出一个最佳组合，并通过优化营养、繁殖等技术，构建了筛选品系的综合配套技术，与新选品系配套进行了大面积推广，产生了较大的社会经济效益，成功让单头母猪的产仔数由原来的 9.5 头提高到 14.5 头，让母猪种猪的数量减少了 40%。

"起得比鸡早，睡得比狗晚"，加班加点到深夜是每个人的工作常态。他们的脑海中，没有节假日，每一天都需要争分夺秒，需要忘我投入，只有这样，才能更加快一点、尽量多一点地缩短我国猪营养研究与国外的差距。

随着科研持续深入，团队首创了母猪系统营养原理，揭示了饲粮脂肪对母猪初情启动、淀粉对卵母细胞成熟、纤维对卵泡发育的重要作用及机制。他们还发现了营养改善胚胎存活的三条主要途径，建立了提高母猪发情配种率、降低妊娠母猪胚胎死亡率、增加母猪泌乳量的系统营养技术方案，并研制了生产饲料新产品 9 个。这一时期的研究成果，正是"母猪系统营养技术与应用"成果的主体内容之一。

在认真分析和充分认识我国养猪生产的重要地位及生猪养殖水平和制约发展的瓶颈问题后，项目组坚定地认为合理的营养与饲养是提高母猪繁殖力的重要手段。他们从20 世纪 90 年代起，在杨凤的带领下，针对母猪营养与饲养中的新问题，开展了母猪系统营养技术研究，力求建立起母猪系统营养参数和配套技术，显著改善种母猪阶段和终生的生产效益。几代猪营养人以系统科学理论和方法为指导、以动物营养及相关学科技术为手段、以提高母猪终身瘦肉提供量为目标，研究了我国优良地方母猪的合理利用模式及引进母猪的繁殖生理特点和营养需求规律，构建了母猪系统营养理论，研制了配套技术和新产品，实现了母猪终身繁殖力的新突破。这对提高中国母猪生产水平，促进生猪产业持续稳定发展，确保猪肉产品市场供给，具有重大的理论与实践指导意义。由国家"973"项目首席专家、中国农业大学李德发教授以及东北农业大学、浙江大学、四川大学等单位的权威同行专家组成的成果鉴定组一致认为："该项成果整体达到国际先进水平，在卵母细胞质量和胚胎存活方面的研究达到国际领先水平。"

"母猪系统营养技术与应用"研究创新性强，是我国母猪营养理论与技术、母猪单胎繁殖力与终身繁殖力、母猪繁殖力传统评价体系与新体系有机结合和自主创新的一个范例。项目的主要研究内容与成果有两大方面：聚焦母猪繁殖规律与系统营养理论研究，项目组揭示了营养调控后母猪初情启动和发情表现的规律，阐明了营养影响胚胎存活的机制，阐明了部分营养素影响母猪泌乳质量和泌乳能力的机制，揭示了母猪系统营养的综合效应；聚焦母猪系统营养关键技术研究，建立了提高母猪初情启动和发情表现的营养技术，建立了降低妊娠母猪胚胎死亡率、提高活产仔数的营养技术，提出了改善母猪泌乳力的营养技术，构建了母猪系统营养参数和饲喂技术策略，制定了种母猪饲养标准和饲料安全标准。

围绕研究内容，项目组共计发表研究论文 66 篇，出版了 12 部相关教材专著。制定了中国农业行业标准 1 套，四川省地方标准 3 套：中国《猪饲养标准》（NY/T 65—2004）于 2004 年颁布实施，四川省地方标准《动物性蛋白质饲料原料安全要求》《饲料级磷酸盐安全要求》《猪禽浓缩饲料安全要求》于 2006 年颁布实施。

研究取得突破固然可喜，但更重要的是如何应用于实践。高校重"理论"、轻"技术"，而企业重"技术"、轻"理论"，校企合作时经常会遭遇"科研"和"应用"两张皮这一突出问题。而该项技术始终坚持科研与生产相结合，成果在我国四川、广东、广西、河南、福建、安徽等 18 个省（区、市）数百家企业得以快速推广和应用。比如，

作为团队中长期从事氨基酸和脂类营养代谢与猪胎儿存活、乳腺发育健康及泌乳力调控方面科研工作的方正锋教授，为了将最新科研成果及时转化到生产实践中，10 余年来聚焦校企联动多赢的长效合作机制探索，通过开展行业技术研讨会和网络直播课程等方式，第一时间与企业共同分享科研成果，形成了以企业为主体、市场为导向、高校为内核的产学研深度融合技术创新体系。学校与安迪苏共建的"营养与健康创新研究中心"，便是其标志性成果之一。

从 1998 年到 2009 年，该技术直接推广面达 500 万头母猪，生产饲料 2438 万吨，累计生产 5 亿头优质肉猪，获直接经济效益 115 亿元，社会经济效益巨大，应用前景广阔，对提高我国母猪终身繁殖力和创新母猪繁殖力评价体系具有重要的理论意义和实用价值，让广大养殖户的效益，尤其是规模化猪场母猪的生产效益得到显著提高。

引领抗病营养新时代

2019 年 7 月，农业农村部发布第 194 号公告，引起了全国生猪产业和饲料行业的高度关注。公告指出，为维护我国动物源性食品安全和公共卫生安全，我国决定停止生产、进口、经营、使用部分药物饲料添加剂，并对相关管理政策作出了相应调整。

这份公告，被视为我国饲料行业全面禁止抗生素的标志。

为了做好全面禁止抗生素的技术储备，农业农村部工作人员专程与学校陈代文教授联系，想要通过政府购买服务的形式，购买由陈代文主持攻关的最新研究成果——"猪抗病营养技术体系创建与应用"，这在中国畜牧界还是开天辟地第一次。

不论古今中外，生猪养殖行业一直面临着各种疫病的威胁和困扰：猪口蹄疫、伪狂犬、仔猪腹泻、非洲猪瘟……每每出现疫病流行，都会有大量带病或患病猪群被扑杀，都是对生猪养殖行业的巨大冲击。为了应对肉眼不可见的众多病原体，保障养殖企业、养殖户的经济效益，稳定地区猪肉行情，在 20 世纪 40 年代抗生素问世后，便有人尝试将其加入猪的饲料当中，并发现能够保障乃至促进畜禽生长。1950 年底，以美国食品与药物管理局首次批准同意在饲料中添加抗生素为开端，世界各国相继开始进行抗生素的饲喂试验，并大面积投入生产以提高饲料报酬。

与饲料厂商、养殖业主不同，科学界，包括人类医学、猪营养、兽医界等，始终对抗生素的大面积使用褒贬不一。不少学者认为抗生素的大量摄入，会破坏动物体内的微生物平衡，使得病原微生物在不断繁衍迭代中产生强烈的抗药性、耐药性，反而会使动物及其后代的肠道变薄，患病的机会增多、程度加深，慢性病例变多。若抗生素残留物随着动物产品进入人类食谱，还会对人体健康造成威胁。德国、瑞典等欧洲国家相继在 20 世纪 90 年代末全部禁止在饲料中添加抗生素。也正因此，当年急需快速提高生猪行业产能，满足人民群众吃肉需求的我国，虽然也发布了《允许用作饲料药物添加剂兽药品种及使用规定》，允许用作饲料添加剂的抗生素品种有 15 种，但也分别对适用动物、最低用量、最高用量及停药期做了严格规定。

20 世纪 90 年代中期，以杨凤为代表的川农大猪营养研究团队便着手开启了"动物营养与健康的关系"的研究。陈代文在跟随杨凤到全国各地调研时发现，国内养猪正由散户养殖逐步转向集约化养殖，在数量上满足了社会需求，但问题也越来越突出：养殖业环境日益污染，猪的疫病频发，抗生素等用量增高，使生猪生产率低，猪肉产品存在安全隐患。同时，传统养殖模式中，"猪饲料＋抗生素"构成的"保健品"，让猪免疫机能的第一道防线受到影响，猪对药物形成了依赖，一旦生病，药物敏感性和治疗效果就会下降，会造成疾病频发、死亡率高，形成一个恶性循环。这时起，陈代文便坚定认为，摒弃此类"保健品"，更改传统养殖模式，无疑是养猪业实现高质量发展的必由之路。

曾经，陈代文受邀参加过一次猪饲料添加剂鉴定会。这种添加剂可大幅提高瘦肉产量，带来可观的经济效益，深受企业和农民欢迎。当与会专家对新产品投去赞赏目光时，陈代文却泼了冷水，认为新产品存在安全危害，喂过这种添加剂的猪肉将对人类健康造成潜在威胁，强烈反对通过鉴定并推广。他当时极力反对的这个新产品，就是后来被公众高度关注、国家明令禁止的"瘦肉精"。

添加抗生素等添加剂，微观看是为了保障猪的健康生长和饲养主的经济效益，宏观看是一个国家畜牧行业实现快速发展，确保猪肉供给的无奈之举。那能不能用更具全价性的优质饲料，来代替添加了"保健品"的猪饲料呢？聚焦这个研究方向，陈代文所主持的"猪抗病营养技术体系创建与应用"在国际上率先提出"抗病营养"概念，通过营养技术改善猪抗病力，缓解疾病危害，减少生猪养殖用药，经20年的研究与应用，实现了理论突破和技术创新。

营养是动物生长和健康的物质基础，以提高抗病力为目标的动物营养理论和技术体系在国内外尚属空白。研究成果提出的"抗病营养"概念，在国际上首创基于营养—微生物—宿主互作、以营养与免疫为核心的猪抗病营养理论，率先构建了抗病营养研究范畴，围绕营养与肠道健康、病原性和饲料源性致病因子互作规律开展系统研究，从整体、组织、细胞及分子水平探明了营养的抗病功效及机制，揭示了营养—肠道微生物—宿主免疫之间的互作关系，实现了学科交叉，创建了抗病营养理论。

该研究成果构建了以肠道保健为关键、营养结构平衡为核心的抗病营养技术体系，包括免疫调控营养技术、肠道保健营养技术、抗应激营养技术、防霉抗霉营养技术、病原感染干预营养技术。定义营养结构新概念，发展了饲料配制和营养平衡技术。抗病营养技术成为当前禁止抗生素、减少抗生素以确保生猪健康的核心技术。

截至目前，团队获知识产权44件（其中国际发明专利7件、国内发明专利36件、国标1件）；出版专著及教材7部，发表论文227篇（SCI来源期刊论文106篇）；建立抗病营养参数51个，开发抗病饲料产品30个，获国家重点新产品1个；累计生产抗病饲料2931万吨，出栏生猪1854万头，新增产值1168.3亿元，利润72.9亿元；少用抗生素6000吨，少死亡猪200万头，少排粪污400万吨，社会经济生态效益显著。

2019年1月8日，北京人民大会堂灯光璀璨，掌声雷动。中共中央、国务院举行国家科学技术奖励大会，隆重表彰为我国科技事业和现代化建设做出突出贡献的科技工作者。陈代文带领科研团队凝练的"猪抗病营养技术体系创建与应用"荣获国家科技进步二等奖。

让猪肉美味又健康

"我们做科研的，千辛万苦研发的成果能够得到应用，就是最好的回报。"这是陈代文的肺腑之言，更是他扎根猪营养研究几十年如一日的身体力行。

2005年，随着一系列猪的营养与健康关系的理论逐渐被破解，陈代文组织申报教育部"猪抗病营养分子机制"创新团队，总结了以杨凤为带头人的猪营养研究团队历年科研成果，提出未来生猪养殖应走"安全、高效、生态、优质"的可持续发展之路。面对当时国内猪业抗生素添加剂大范围使用的现状，陈代文力主让饲用药物退出生猪产业的历史舞台，申报过程一波三折：团队成员认为攻坚方向不准确，动物生病就需要药物介入，营养怎么可能抗病；评审院士也提出了同样的质疑。从他对"抗病营养"的坚持，到据理力争，再到申报成功，陈代文最终说服了众人，并争取到国家150万元、学校配套150万元的科研经费。从此，陈代文团队的科研足迹遍布全国大型猪场。

申报成功了，可质疑仍在。一些同行更是直言："你想把兽医的事情干了？"认为只有兽医学才能解决疾病问题，依靠营养实现抗病是"水中望月"。还有很多压力层层包裹着这支团队：抗病营养理论及技术理念很新，如何成功构建疾病动物模型、营养与致病因子互作规律等，这些在国际上几乎无前人开展；抗病营养技术研究学科交叉性强，营养学、免疫学、兽医学、微生态学、生物学怎样擦出火花，一切无迹可寻。

"科研就要围绕解决困扰产业发展的核心问题进行，我们一定要潜下心来，实现理论顶天、技术落地。"陈代文顶住压力，坚持抗病营养理念及技术的正确性和合理性。他认为是行业发展的召唤，是社会发展交付的使命，激励着老中青三代埋头奋战在实验室里。潜心研究，他们一做就是13年。

从概念提出、框架构建，到任务分工、领域延伸，再到数十家企业的技术推广应用……由于太过疲惫，作为总设计师，陈代文几次晕倒在办公室里。为了在白天与同行交流碰撞火花，他直到现在都习惯了把出差往返乘机安排在晚上。"5+2""白+黑"是团队最常态的工作节奏，大家不崇尚权威，只崇尚真理，更没人搞"一言堂"，都投入全部精力，面对问题，经常争论得面红耳赤。

每每说起这些，低调的余冰都觉得没什么大不了的，自己所做的工作都是一代代猪营养人的传承接力："'奉献、协作、求实、创新'，这8个字是'川农大精神'的营养所注释，更是团队工作日常的写照。"21世纪初，余冰从营养所博士毕业后，没有选择去企业上班拿高薪，而是留在了营养所，最大的原因就是她发现这里的老师们很少说教，都是以身作则、身体力行，"这种感觉和氛围挺好的"。在她加入团队之前，营养所已有近10年没有引进博士。余冰主要研究方向是仔猪营养，这一领域与团队的两项国家大奖研究方向紧密相连：仔猪的生产性能与母猪终身产肉量息息相关，仔猪断奶后进行抗病营养饲养则是实践抗病营养理论的重要环节。多年来，余冰围绕这一主攻方向，在教学、科研以及办公办文办会等方面都开展了大量工作。最忙碌的时候，她和团队连着通宵干了好几宿，人顶住了，电脑却因为连续高负荷运转，倒下好几台。

和团队一起拼命干的，还有到所里读博士的何军。何军当时不仅要完成学习任务，科研工作和事务也不能丢手，学业与事业必须两头兼顾。当时很多基因工程、生物方面的实验，他也是第一次接触。面对陌生的东西，何军选择了最简单但最直接的"笨办法"，"别人下载一篇，我就下两篇；别人读一个小时，我就读两个小时"。因此很长一段时间，他白天备课、讲课，晚上搞研究、做实验。宿舍每晚11点锁门，实验却经常需要持续到凌晨两三点。他不好意思总麻烦值班人员，只得想办法翻墙回去。时间一长，院子哪里墙高哪里墙矮他都摸得一清二楚。

多年来，几乎每年暑假期间，车炼强都会与猪营养团队的师生一起加班，在农场和实验室开展科学研究。他们要趁着早晨猪采食量更高的节点喂食，并打扫清洁卫生，做一系列实验数据采集和观察等工作，经常一待就是一天。夜幕降临，大家却还不能完全放松。因为母猪分娩多在夜间，如果有猪生产，接生工作不能缺人。虽然脏活累活多，但大家都笑称"只要猪儿好就比什么都好"。

……

一个个深夜甚至凌晨，在成都校区第六实验楼、第七教学楼下，最晚离开的车子，大部分是动物营养研究所老师们的。很多老师，都不知道陈代文项目组正进行着一场颠覆全国养猪业的技术研究。

越做思路越清晰，越做兴致越高涨，大量研究空间被团队挖掘了出来。从理论研究到实践应用，新技术逐步得到了同行和市场普遍认同。

——2007年，申报"动物抗病营养教育部重点实验室"获得成功，科研经费更有保障。依托实验室，团队大踏步走"产学研"之路，与企业进行紧密合作：团队指导企业技术，企业有了效益后，反过来再继续支持团队的科学研究和人才培养。

——2013年，在对"猪抗病营养技术体系创建与应用"阶段成果进行总结后，3位院士鉴定后认为："抗病营养理论和技术成果整体达到国际先进水平，部分达国际领先水平，对于确保猪的健康、减少疾病发生和用药量，最终实现畜产品的安全高效生产具有重大的理论和实践意义。""猪抗病营养技术体系创建与应用"在2013年获四川省科技进步一等奖。

——2013年至2018年，"猪抗病营养技术体系创建与应用"技术成果在国内大量推广，团队频繁受邀参加学术交流会和进行技术指导，促进了国内猪业从传统向现代的转型。他们围绕营养与肠道健康、病原性和饲料源性致病因子互作规律开展了系统研究，从整体、组织、细胞及分子水平探明了营养的抗病功效及机制。

"这项科技成果的核心价值，就是研究猪的'营养餐'，用科学的手段解决养猪高效、安全、生态、优质等一系列问题。"每每谈起这项研究成果的价值和意义所在，陈代文都会耐心地娓娓道来。

高效：首先是通过营养提高猪抗病力，提高猪的生产效率。猪生病、生长慢，根源是健康出了问题。通过抗病营养技术成果，可使猪的生产水平提高20%～30%。安全：养猪的隐患是抗生素和重金属的残留问题，我国每年生产的抗生素，近一半被养殖的动物吃掉，其中猪吃掉约60%，非正规养殖场出来的猪内脏大多存在抗生素、重金属残留,猪内脏又一贯是中国人餐桌上的美味佳肴。这既会让猪对抗生素产生耐药性,又极大地影响了猪肉安全。该成果的目标就是在饲料中取消抗生素,若在全国推广应用,一年可在猪身上减少40%~60%的抗生素投入,是一场颠覆性革命。生态:该成果就是要让猪更好地消化利用饲料,降低粪污排放。通过营养结构优化,可减少10%有机物和氮的排放;让猪吃更科学的饲料,可减少50%磷的排放,减少80%以上铜和锌的排放。优质:唯有猪健康了、心情舒畅了,才能生产出优质猪肉。据测算,运用此技术,四川每年少养100万头母猪,便可实现当前生猪产值目标,一年可节约50亿~100亿元的饲养成本。

通过优化营养结构研究,陈代文团队筛选了大量全价饲料配方,提出了"猪吃什么、怎么吃、吃多少"的最佳方案。"让猪吃得少,排泄少,却长得又好又快。这样不仅让猪吃得更科学,还可减少环境污染,实现从食物链端解决生态链的一些难题。"陈代文计划,团队接下来将花费若干年,重点研究解决生猪"优质"的营养问题,用营养研究来让更多猪儿变"金猪",让猪肉既"放心"又"好吃"。

学校猪营养研究团队从历史深处一路走来,见证并推动着我国生猪行业一步步实现现代化,创造了一流业绩和辉煌成就,为保障我国生猪产业高质量发展提供了强力的科技与人才支撑。

猪营养研究团队合影

面向未来,团队将继续站在时代的前沿,一方面致力于通过精准营养技术保障猪的健康高效养殖,另一方面致力将传统农业副产物、工业副产物等非常规饲料原料改造为优质饲料原料的研究,从"节流"和"开源"两个层面,全方位探索养殖节粮的川农大实践,为助力国家把握饲料粮自主权,实现生猪产业自立自强,做出新的更大贡献。

第十六章 小鱼儿的大奥秘

"苍江鱼子清晨集，设网提纲万鱼急。能者操舟疾若风，撑突波涛挺叉入。"诗圣杜甫笔下，唐朝渔民勤劳打鱼的场景跃然纸上。而我国渔业的历史，最早可追溯到 2500 年前的殷末周初，那时的先民们已经开始凿池养鱼。春秋末年，著名实业家范蠡更是编著出《养鱼经》，这是全球最早系统化研究水产养殖的文献。

新中国成立后，各类水产养殖的新技术、新设备、新模式不断涌现，水产行业在中华大地上得到迅猛发展，但通过营养调控的方式去改善水产养殖现状，在当时国内乃至国际，都是一片空白。在这一张白纸上，川农大动物营养研究所的水产动物营养研究团队从零开始，遇水搭桥、逢山开路，谱写了为我国水产行业创造数百亿元社会经济效益的恢弘篇章。

在摸索中前行的渔业

联合国最新《世界渔业和水产养殖状况》报告显示，我国是世界第一大水产养殖和贸易大国，也是世界数一数二养殖产量超过捕捞产量的水产养殖大国，2021 年的水产养殖总量已超过 5400 万吨。

这一份成绩单背后，凝聚着几代中国水产人的不懈努力。

1950 年，全国渔业会议第一次召开，对恢复渔业生产作出部署。农业部在 1952 年印发《关于大力发展淡水养殖事业的通报》，水产部也于 1956 年成立，新中国的现代化水产事业徐徐启航。然而，囿于科学化、集约化养殖技术不成熟，我国水产业产能无法满足社会需求。

为了让老百姓吃鱼不再难，我国老一辈水产养殖科学家纷纷响应国家号召，铆足了劲开展技术攻关。改革开放后，"我国对虾工厂化育苗研究成功""河蟹繁殖的人工半咸水及其工业化育苗工艺"等一系列与水产养殖相关的科研接连取得突破，吸引着越来越多的青年科技工作者投身到水产科技创新浪潮之中。学校淡水鱼团队的创始人周小秋教授，便是其中一位。

1983 年，周小秋考入学校畜牧专业，并在这里完成本硕博三个阶段的学业。10 年间，学校的"川农大精神"、动物营养所的团队精神润物无声地熏陶着周小秋，时任校长杨凤所讲述的"吾辈应以强农兴农为己任"更是成为他坚持一生的信念。在 1990 年，面对到企业工作收入是学校 4~8 倍的诱惑，周小秋毅然选择留校工作，继续扎根动物

营养学科，忠于科教兴农、科教强国的理想，无怨无悔。

虽然求学阶段主攻的是畜牧方向，但周小秋敏锐地发现，面对国内养殖户养鱼难、老百姓吃鱼也难的现状，淡水鱼养殖产业急需迭代升级。我国水产动物营养研究起步较晚，养殖种类繁多，尚有大量空白需要填补，水产营养饲料的理论与技术研究与淡水鱼养殖行业发展的需要不相匹配。基于此，他做出了一个大胆的选择：放弃有良好基础的畜牧营养研究方向，做一名拓荒者，把"水产动物营养"作为主要研究方向，誓要以鱼类健康营养研究助力我国淡水鱼行业实现高质量发展。

鱼儿也要营养餐

在周小秋决定转变研究方向后，学校和营养所支持这位有想法有干劲的年轻人，拨给他相关场地作实验室。但想要开拓一个新领域，周小秋面前待解决的难题还是一份看不到头的清单。

"硬件不足、软件不够、认同不高"便是清单上最醒目的几项：研究启动之初，相关科研基础为零，实验室的仪器设备和材料为零，资金和人手为零。况且，当时学界对淡水鱼的研究主要集中在需要量和物质代谢上，鱼类营养研究起步较晚、认同度不高，开展工作非常吃力。

面对困难，周小秋忠于自己的选择，坚定地向着未知迈进。缺设备，就自行购置 1 个水缸、简易的 42 个水族箱，并将家中水桶、浴盆，甚至是唯一值钱的电冰箱都搬到试验场、实验室；缺人，即使实验室离家只有 500 米，也搬到实验室住下，忘记节假日、白天和晚上，加班加点连轴转；缺认同，便大着胆子在没有教材的前提下，申请为本科生开设一门课程——鱼的营养与饲养学，缓缓推开鱼类营养研究的大门。

凿不休则沟深，斧不止则薪多。在日复一日地拼搏下，在学校的持续支持下，2005年，周小秋克服重重困难，在 46 天的时间里亲自设计并建成了一个近 1000 平方米、设备先进的水产动物营养实验室，同时能开展 12 个实验，缔造了令人惊叹的"水产速度"。2006 年，周小秋发表了学校及营养所的第一篇水产营养相关的 SCI 来源期刊论文，让更多人知道了营养调控，并在国际上率先开展了水产动物营养和消化道健康、机体健康和水环境健康的关系研究。

"一个人生病后，常常要喝鱼汤、鸡汤等有营养的食物，帮助尽快恢复健康。我所做的就是让鱼儿在生病前进行精准的营养输送，减少发病率，并且在鱼儿生病后，也要跟人一样得到营养物质，帮助机体快速康复。"正是对这一理念的坚持，支撑着周小秋带领团队一路白手起家，在鱼类营养研究这条道路上不断向前。

构建淡水鱼营养调控技术体系

2021 年，我国水产养殖面积 7009.38 千公顷，海水养殖面积 2025.51 千公顷，淡水养殖面积 4983.87 千公顷。在淡水养殖的总产量中，我国淡水鱼养殖总产量又占近85％。

水产品是国家食品安全的重要组成部分，也是人体营养所必需的主要动物蛋白质来源之一。但新中国的淡水鱼养殖产业，特别是在21世纪前，存在发病率和死亡率高、用药量大和经济损失严重等问题，极大地威胁了鱼产品安全和产业健康发展。同时，由于集约化、科学化养殖技术不成熟，当时我国鱼产品养殖高度依赖野生鱼苗，极大限制着淡水鱼养殖行业发展。后来虽然国内开始采用人工繁殖来增加水产品产量，取得了一定的成功，但人工繁殖技术仍然存在不够成熟、成活率低等问题。

进入21世纪，越来越多从业者意识到，现代淡水鱼养殖产业必须依托科学先进的养殖技术，走集约化养殖道路，才能真正使养殖企业和养殖户实现降本增效，也才能让更多数以亿计的消费者享受到物美价廉、营养健康的鱼产品。正因此，以往仅以鱼生产性能为营养目标的研究和生产模式，无法高效解决鱼消化力和抗病力弱、养殖水体氮磷污染严重等问题，淡水鱼养殖产业亟须新技术、新突破，从而引领整个产业实现升级迭代。学校淡水鱼营养研究团队在2013年斩获的第一个国家科技进步二等奖项目"建鲤健康养殖的系统营养技术及其在淡水鱼上的应用"，便是在此时，为行业高质量发展提供了行之有效的新路径。

建鲤是我国自主培育的新品种，是我国大宗淡水养殖鱼类的代表性品种之一。淡水鱼营养研究团队正是以建鲤为研究模型，紧紧围绕营养与"肠道健康、机体健康和养殖水体质量"的关系开展了15年系统深入研究，在国际上首次揭示了主要营养物质有增强鱼肠道健康、机体健康和降低养殖水体氮、磷污染的作用及机理，建立了淡水鱼健康营养理论；围绕保障淡水鱼"肠道健康、机体健康和养殖水体质量"这一关键点，创建了营养技术体系，构建了饲料关键技术体系，研制了系列饲料产品及配套技术。

这项成果的应用与推广，不仅让鱼的发病率下降70％以上，更重要的是大幅降低了淡水鱼养殖用药量，大大提高了淡水鱼养殖效益和水产品安全系数。团队还与项目合作单位通威公司携手，成功打造"通威饲料"和"通威鱼"品牌，将相关技术成果逐步从鲤鱼延伸应用到草鱼、鲫鱼、罗非鱼、青鱼、鳊鲂、鲇、黄颡鱼、斑点叉尾鮰、泥鳅、黄鳝等淡水鱼类的饲料开发和养殖生产中，对保障健康安全鱼产品供应、推动我国水产饲料工业和淡水养殖业健康可持续发展具有极其重要的作用，显示出极大的社会效益、经济效益和生态效益。

"这项成果的顺利推广也表明，科学化养殖更安全，养殖鱼类的品质是可控的。"周小秋表示，伴随当前全球水域的污染加剧，野生鱼类更有可能富集污染物质。所以，大众认为野生鱼的品质好于养殖鱼类，可能是认识上的误区。

目前，该成果已在全国范围内推广应用。

向着更困难的研究迈进

"我这人就是这样，觉得越难的事情，越没有人做的事情，就越有价值。"这是淡水鱼营养研究团队开创者和领路人周小秋的自我评价，也是整个团队的性格底色。凭借着

这股劲头，在以建鲤为研究模型的科研成果及应用取得巨大成功后，团队并没有停下脚步，而是把目光瞄准了我国养殖总量最大，但也是研究起来更困难的淡水鱼品种——草鱼。

草鱼肉质好、长势快、饲料转化率高，在中国，只要能集约化"养活"，效益就会很好。然而，由于草鱼的肠道、肝脏、肾脏、脾脏、鳃、皮肤等组织器官不饱和脂肪酸含量要高于其他鱼类，结构也比较脆弱，很容易发生应激性损伤。这就导致草鱼在集约化养殖中的发病率、死亡率非常高，严重影响养殖效益和产品品质。为了解决这一生产实践难题，淡水鱼营养研究团队在此前研究基础上，针对性地对草鱼营养开展了攻关。

这一步的跨出，难度很大，因为团队必须要先去研究营养物质是否有保证鱼组织器官结构完整性、增强抗病力的作用，即动因的靶向研究，才能开展后续营养物质配比等一系列研究实验。

"鱼类营养的动物实验周期长，在四川开展研究受到环境因素，尤其是温度的影响非常大，一旦某个实验环节没设计好就可能耽误一年的科研工作。"团队成员冯琳教授介绍道。作为长期专注于研究各种营养素及功能性物质对草鱼和其他淡水鱼类健康及肉质影响的团队，每开展一期淡水鱼营养实验，都必须进行系统性的规划与安排：海量阅读文献，以确认课题创新性；制定严谨操作方案，保证试验设计科学性；研判突发状况并制定预案，确保试验顺利进行；严格执行方案，确保实验过程严谨性，科学研究没有捷径可走。

通过大量研究，团队发现生病的草鱼有一个共同特点：一旦生病，组织器官的结构完整性和免疫功能都会出现问题，营养与"功能器官包括免疫器官"的结构和功能的关系无疑为接下来更深入的研究打开了一扇大门。氨基酸、维生素、矿物质……团队模拟高密度、低溶氧、富营养化的养殖水体等养殖条件，研究分析各种现象，对几十种营养物质和功能性物质开展了系统深入的研究。面对试验中的大量数据，团队要以最合理的逻辑讲述自己的科学问题，以最快速度高质量地将海量数据和试验进程梳理成文，通过论文发表的方式与国内外同行进行学术交流与分享。

多年来，团队坚持有组织地开展科研工作，系统性地安排成员不断地发现营养物质供给达到多少才能实现最佳效果，相继开展保证草鱼器官健康的动态营养与精准营养需要参数研究，突破传统生产模式的局限，草鱼健康营养理论和技术研究达到了国际先进水平。

在淡水鱼营养研究团队看来，相较于传统养殖，现代集约化养殖会大量投喂饲料，一些物质没有经过鱼类消化被直接排放到水体中，会对鱼类造成环境胁迫，肉质变差。团队的研究便是通过合理的饲料营养来控制危害因子及其他关键饲料技术，研究出一定剂量的营养素可增强肌肉细胞结构的完整性，改善肉质。例如，团队发现对草鱼而言，可消化蛋白低于21％时，鱼肉品质就会下降，究其原因，一方面是可消化蛋白低了，排入水体中的含氮物质就多了，养殖水体就会恶化，鱼肉品质会变差；另一方面，缺乏足够的蛋白进入鱼的体内，造成鱼类生理性营养不平衡，也会导致鱼肉品质变差。

经过多年的持续攻关，淡水鱼营养研究团队的研究成果"草鱼健康养殖营养技术创新与应用"在 2019 年荣获国家科技进步二等奖。这也是团队 6 年内第二次斩获国家级科研大奖。

这项科技成果率先系统揭示了 35 种营养物质增强草鱼"器官健康"和改善"鱼肉品质"的作用及机制，丰富了鱼的健康营养理论；突破了国内外主要以生产性能为营养和关键饲料技术目标的模式，以"器官健康"和"鱼肉品质"为营养技术和关键饲料技术目标，研究确定了生长草鱼 35 种营养物质精准与动态营养需要量参数，并提出了关键饲料技术 20 余项，创新了保证草鱼"器官健康"和改善"鱼肉品质"的营养技术和关键饲料技术体系；首次以"器官健康"和"鱼肉品质"为饲料产品目标，研制了一系列水产专用饲料产品和配套技术；发表了一系列高水平的研究论文，制定国家、行业和企业标准。研究成果在全国范围内推广应用，让草鱼的发病率、死亡率、用药成本和氮磷排出大幅度降低，创造了重大的经济、社会和生态效益。

产研融合引领发展

伴随着团队在淡水鱼营养调控上的科技成果不断涌现，慕名前来寻求技术帮助的水产养殖企业愈发增多。为了更好地解决淡水养鱼过程中的产业难题，淡水鱼营养研究团队与多家企业通过博士工作站共建、课题项目共研等形式开展了紧密合作。在此模式下，团队帮助企业解决科技创新难题，提供高质量技术指导，企业每年则提供相应的科研经费，助力团队开展技术攻关和人才培养，形成了"科学技术带动产业升级、产业升级助力科研进步"的良性循环。

在进行科研成果转化的过程中，淡水鱼营养研究团队不只是单纯地转让成果，还会提供后续的人才和技术服务，也就是"嫁女儿"的同时还陪"嫁妆"，扶持企业走好"最后一公里"。企业的需求会给团队的研究提出课题，让团队的研究选题、研究方向更具针对性、实践性。两次斩获国家科技进步二等奖的缘起，也正是淡水鱼营养研究团队以科技创新赋能产业发展，成功解决众多养殖企业面临的共性难题而结出的硕果。周小秋、冯琳、姜维丹、吴培等经常到水产养殖企业实地考察，交流行业发展现状，抓住行业"痛点"，为下一步科研寻找方向。

除了与行业养殖企业、养殖户开展产业合作，团队成员也非常注重科技下乡扶贫工作，创建"三建三突破"成果推广应用模式，建立"校地企"扶贫协同机制，将健康营养技术成果、相关产品快速推广应用于生产。

据不完全统计，周小秋先后为来自秦巴山区、武陵山区、乌蒙山区等连片特困县（市）的水产养殖户、专合组织及水产技术人员开展各类技术培训 600 多次，培训 36000 多人次，为乡村振兴奉献力量；冯琳时常到宜宾、巴中等地，通过开展科学试验、现场技术展示等活动，助推当地水产行业发展；团队成员吴培将专业知识带回到家乡巴中市，利用营养调控以改变当地江口青鳙生长缓慢现状，手把手教渔民老乡"如何养鱼"以及"如何养好鱼"……团队成员深知，水产动物的饲料转化率相对较高，在目前养殖水平下，投喂 1~1.2 千克饲料就能让淡水鱼长 500 克肉。做好淡水鱼养殖过程

中的营养调控技术推广，就能让更多渔场提高饲料转化率，进而实现养殖节粮，为保障国家粮食安全提供水产营养的科技助力。

　　看到研究成果得到越来越多的养殖企业、养殖户以及地方政府的认可，直接或间接地产生社会效益和经济效益，带动更多淡水鱼养殖从业人员增收致富，这比单纯学术上的成功更让团队成员感到欣慰。"以科技创新践行大食物观，为国家实现向江河湖海要食物，构建多元化食物体系贡献力量，是团队永远不变的追求。"周小秋说道。

淡水鱼营养研究团队合影

　　30余载的守望与坚持，淡水鱼营养研究团队始终以解决我国淡水鱼养殖行业"卡脖子"难题为己任，把更多健康美味的淡水鱼产品端上了千家万户的餐桌。面对加快建设农业强国新挑战，淡水鱼营养研究团队将继续以科技创新自立自强为支撑，助力中国水产行业更强、水产产品更好、中国饭碗更稳更多元。

第十七章　一套丛书的力量

如何让广大养殖户能听得懂、学得会、用得了现代养殖技术，进一步做到养殖节粮、缓解人畜争粮，无疑是建设新时代更高水平"天府粮仓"，护卫国家粮食安全的必答题。面对这一畜牧科学家的时代之问，朱庆教授给出了他的答案：整合鸡、鸭、鹅、牛、猪、兔等 10 个畜禽养殖领域专家，携手创作出版《图解畜禽标准化规模养殖系列丛书》（以下简称《丛书》），让广大农户能够更加高效、更加稳当地走上养殖致富路。

一个别样的获奖项目

2020 年 11 月 3 日，2020 年度国家科学技术奖励大会在北京人民大会堂隆重召开。2020 年度国家科学技术奖共评选出 264 个项目、10 名科技专家和 1 个国际组织。其中，国家自然科学奖 46 项，国家技术发明奖 61 项，国家科学技术进步奖 157 项。

在这份获奖名单之中，有一个国家科技进步二等奖非常特别，它就是由学校朱庆教授主持完成的《丛书》。这是 2020 年全国唯一获评国家科学技术奖的科普类成果，代表了四川在科学普及方面的新突破。

朱庆（左）在剑门关指导养殖

《丛书》按主要畜禽分册编写，包括蛋鸡、奶牛、肉牛、鹅、鸭、绵羊、山羊、兔、猪和肉鸡 10 册，是一套完整的畜牧养殖类科普作品。《丛书》于 2010 年由学校牵头组织全国 17 个省（区、市）、51 家单位，包括高校、科研院所的专家学者和地方一线技术骨干，总计 200 余人共同参与创作。《丛书》创作历时 3 年，于 2013 年 1 月由中国农业出版社出版发行，版面达 200 余万字，原创图片 5000 余张，采用通俗易懂、幽默诙谐的图文搭配，生动形象又全面系统地解析了畜禽标准化生产全产业链关键技术，是一套操作性和指导性很强的畜牧养殖类原创科普丛书。

2019 年，为进一步对畜禽养殖的关键技术进行普及推广，以及降低出版成本，《丛书》新出版 16 开软面简装本 5 万册，每本图册定价均不到 30 元，并利用现代融媒体可视化手段，加入二维码链接视频，读者可通过移动端扫码直接观看养殖难题的实例解决流程。同时，每本图册精选 1~2 个核心关键技术制作简易卡通挂图 10 张，累计印刷发行 20 万张。

《丛书》得到了国内同行知名专家、行业主管部门的高度评价，深受企业、合作社和养殖户喜爱。其他科普作品参考、借鉴和引用，先后出版了同类作品 40 余部，对科普作品创作起到了积极的示范带动作用。《丛书》的推广应用对提高我国现代畜禽生产水平、规范标准化生产技术、提升产品质量，以及促进脱贫攻坚与乡村振兴起到了积极的推动作用，社会效益显著。

编写《丛书》之初，朱庆并不知道做科普还能申报国家奖项，更不知道《丛书》具备很强的竞争力和不可低估的意义，只是怀揣着为老百姓做点事的想法就带着大家去干。得知可以申报后，又面临"人生地不熟"的情况：最基本的申报途径都还没有了解清楚。为此，年近花甲的朱庆亲自前往北京，慢慢开始熟悉各项申报流程。

到了 2018 年第一次申报时，距离材料提交的截止时间只剩一周，朱庆急忙拉着团队成员一起讨论，询问意见，并决定要做就做好。在这一周的时间内，朱庆和团队成员重新写好了各项申报材料，也按要求收齐了全国各地的应用材料，终于赶在截止时间前成功提交了所有材料。但遗憾的是，在最后的评选中，这一见证了团队成员奔波历程、饱含大家心血的参评作品以一票之差落选。按照规定，同一参评作品，必须隔一年才能重新申报。第一次的遗憾落选虽然很痛心，但并没有让这个团队气馁，反而是以重整旗鼓的状态弥补专家提出的各项问题。

到了 2020 年，一切准备充分的参评作品却难以被提名，这让朱庆教授深感不妙。他赶紧做紧急调整，力求尽最大的努力，让《丛书》背后的全国各地参编专家扑下身子到一线推动我国畜禽养殖尽快实现现代化的感人故事被更多人看见。通过网评的初选之后，团队成员熬夜操练，在模拟提问等各环节，做足了充分准备，付出了极大努力。最终评选中，这一呕心沥血完成的参评作品不负众望，斩获国家级大奖。这段被朱庆称为"刻骨铭心"的经历，也成为川农大与全国 200 多位畜牧养殖专家以科普之力，推动乡村养殖业高质量发展的时代注脚。

在与团队成员一起赴人民大会堂领奖后，项目的主持人朱庆教授表示，《丛书》出版的最大意义，就是针对当前我国现代畜牧养殖业存在的食品安全、疫病防治等主要问题，在产业链最前端，就建立起一个科学化、规范化、标准化的指导体系，培训起一支具备一定专业知识技能的本土人才队伍。这对于推进我国畜牧业绿色健康发展具有重要引领作用。

"最后一公里"难题的启发

每当四川省凉山彝族自治州昭觉县的养殖户莫色有火在养牛的过程中遇到什么困惑或者难题时，他都会去翻看新版《丛书》。《丛书》图文并茂，养牛常见的问题在上面基本都有详细解答，不仅获得了莫色有火等众多养殖户的大力称赞，更是在精准扶贫、科技下乡等助农实践中备受追捧。

长期以来，我国农业科技工作者的最新成果、最新技术难以送到农村一线畜牧从业者手中，送到手中又难以确保用得上、用得好。这始终是制约我国农业科技成果转化的"最后一公里"难题。为解决这一难题贡献川农大方案，正是《丛书》诞生的意义所在。

《丛书》立足国家需要和行业需求，针对我国畜牧业发展过程中存在的突出问题，以传播畜禽标准化生产技术和规模化经营理念，引领产业发展方向，坚持科技创新和科普创作两手抓、两促进。

在最初有念头组织编写《丛书》时，朱庆想法很简单，让普通养殖户真正把科技成果用在日常养殖实践上，但他完全没料到，整个过程那么艰难。"长期与养殖户打交道才发现，我们先进的科研成果有时候对普通养殖户基本无用。由于文化知识水平有限，深奥的学术语言他们理解不了。"朱庆说，"另外，为了助力国家，特别是贫困地区的畜牧产业提档升级，带动养殖户增收致富，我们必须要向养殖户普及标准化养殖的知识，实现畜禽良种化、养殖设施化、生产规范化、防疫制度化、粪污处理无害化，以有效控制畜禽重大疫病，提高产品质量安全。"

学校动物营养研究所的养牛专家王之盛教授率先尝试，他编写的养牛科普读物在大邑农村很受欢迎，大家便萌发了编写一套涵盖多物种的畜禽养殖类科普读物的想法。从2010年开始，学校牵头与中国农业出版社合作，朱庆等人负责策划，面向全国组织养殖科技力量参与编写。

相较于一般性的科普读物，畜禽养殖科普读物无疑是块难啃的硬骨头。按照朱庆的想法，这套科普书一定要采用看图说话的方式，才能成为养殖户的"宝典"，达到"一看就懂、一学就会、一用就灵"的目标。"我们拍了6万多张产业链各关键环节现场照片，经过反复推敲最后甄选编入图册。"朱庆说，针对一些难以用照片直观、准确反映的关键技术环节，还专门邀请专业人员绘制线条图、卡通图等作为补充。讲解部分，《丛书》语言力求幽默风趣又不失直白准确，常常以拟人手法阐明复杂的科学知识。

为确保读者"看得懂，学得会，用得上"，主创人员颇费心思，开展了大量的前期实地考察和深入调研，走访了不同类型养殖企业和养殖户500余家，跟踪参与生产全过程，全面梳理生产中的主要问题和技术需求，考虑到养殖场（户）、基层农技人员的阅读习惯、文化知识水平、理解接受能力和思维方式，书稿形成后，反复征求龙头企业、合作社和养殖户的意见，并多次赴青海、西藏和宁夏等汉语水平不高的少数民族地区进行深入交流，根据反馈信息进行多次修改。比如，一个标准化养殖场到底该怎么建？不用慌，只要打开图册，不仅有标准化养殖场现场照片为样板，还有以详细的尺寸等参数或线条图为示例，描述了不同畜禽、不同环境条件的标准化养殖场建设要点，只用照着做就行了。

创作开始后，农业农村部发布了关于加快推进畜禽标准化规模养殖的意见。主创人员惊喜地发现，《丛书》的创作方向和国家的导向完全契合。针对我国畜牧标准化规模养殖中存在的突出问题，《丛书》以传播标准化知识和规模化经营理念，引领产业发展方向为己任，首次用图解方式，全面系统地解析了畜禽养殖全产业链技术环节。据统计，近年来我国畜禽养殖规模化率从 38% 提高到 56%，生产效率平均提高 8%～10%，《丛书》以规范化、标准化养殖为切入点，在其中起到了推动作用。

从 2013 年首次出版至今，通过实体书销售、电子图书推广、高校远程教育介绍、主管部门推介等多种形式，《丛书》累计发行 12 万余册，覆盖全国 31 个省（区、市），在 500 家大型龙头企业和数千个专业合作社以及上百万养殖户中推广应用。创作人员以《丛书》中的关键技术开展科技培训和指导人数超过 100 万，惠及多个连片贫困地区和少数民族地区。《丛书》于 2014 年获第三届中国科普作家协会科普作品金奖，是迄今为止畜牧领域唯一获得该项金奖的科普作品，并在 2019 年获神农中华农业科技奖。自 2017 年入选农业部"全国养殖书屋"以来，至今已配送至 360 个县、411 个书屋，好评如潮。这一本本小读物，为助力脱贫攻坚和乡村振兴贡献了科技助农的川农大力量。

第六部分

为健康保驾护航

动物与人类关系密切，随着经济的发展和人类活动范围的不断扩大，人畜共患病出现了频发趋势，动物疾病直接威胁人类健康和社会进步。作为医学的分支，也是农业科学的重要组成部分，动物医学的根本任务和目标是保障畜牧业的可持续发展，促进和保障动物福利和健康，提高动物源食品安全和质量，维护公共卫生和生态环境安全，保护人类健康。长期以来，川农大瞄准国家经济发展的战略需求，对严重危害我国生物安全的重要传染病进行了系统深入研究。其中，"伪狂犬病基因缺失疫苗的研究与应用""鸭传染性浆膜炎灭活疫苗"两个项目先后获得了国家科技进步二等奖，为我国动物医学学科和动物疫病防控，保护百姓健康做出了重要贡献。

第十八章 郭万柱：百折不挠的 动物病毒基因工程疫苗先驱

郭万柱教授的人生经历可用"传奇"形容，看似平淡，实则波澜壮阔。他46岁才评上讲师，却成为我国动物病毒基因工程疫苗实用化开创者；他曾远赴美国学习先进技术，学成后婉拒了美方给出的优厚待遇，毅然重回祖国发展分子生物学，虽经历波折却矢志不渝，终于成功研制伪狂犬病三基因缺失疫苗，荣获国家科技进步二等奖。他在提高国内兽医生物技术和病毒分子生物学研究水平、动物疾病预防控制等方面做出了系统的有创造性的成就和突出贡献，高深的理论造诣、广博的专业知识和卓越的科研成果，使他为川农大在全国兽医分子生物学界留下了浓墨重彩的一笔。

深造：远赴大洋彼岸

1984年1月，年已45岁的郭万柱迎来了他人生中一个重要的转折点——作为四川农学院访问学者，前往美国华盛顿州立大学深造。踏上飞机舷梯的那一刻，郭万柱感慨万千，因为没有人比他更清楚，为了获得这个出国深造的机会，他付出了怎样的努力。

1978年，改革开放的春风吹遍祖国大地。当时的川农顺应形势，计划派遣一批中青年骨干教师出国学习先进的科学技术。为此学校专门组织了英语水平测试，本科修读俄语的郭万柱也参与其中。测试结果一出，尽管当时学校老师英语水平普遍较低，郭万柱却还是排在了倒数几名。看到成绩的那一刻，郭万柱反而燃起了斗志，为了有朝一日能到西方发达国家好好学一手先进的知识回来报效祖国，他下决心誓要克服语言障碍。

在不惑之年从零起步学习英语，郭万柱付出了超越常人的努力。当时没有复读机，没有MP3，他就到学校广播室借用录音机，一遍一遍反复练听力。记忆力不如从前，他就多下硬功夫挑灯夜读，"那么厚的《新概念英语》，我硬是全背下来了。"这样坚持了好几年，又到四川大学、四川外语学院进修了数月英语。其间，他曾多次参加EPT考试（出国人员英语水平考试），但都没通过。同他一起参加培训班的，绝大多数打退堂鼓了，他仍咬牙坚持了下来。在最终的英语测试中，郭万柱在这些教师中脱颖而出，成为学校第一批公派留学老师中的一员。然而，成功获得留学名额，对于郭万柱而言仅仅是挑战的开始。

出国遇到的第一件事就和英语有关，直到现在都还让郭万柱哭笑不得。因为当时郭万柱一行两人需在美国西雅图转机才能抵达华盛顿，他们晚上到了西雅图就在机场附近

找住的地方。20 世纪 80 年代在美国订酒店可没有如今使用智能手机便捷，两人找了半天，远远看到一个旅馆的电话号码，于是郭万柱就赶紧打过去问还有没有房间，客服人员告诉他有，但是包含的床是"water bed"，初次迈出国门的郭万柱并不知道"water bed"是指的啥，一听有房间，不管三七二十一，先答应了再说，毕竟也不好找地方。可到了旅馆，两人却傻眼了，所谓的"water bed"就是类似方形口袋的东西里面装满了水，坐上去一摇一摆的水床。

经过这个小插曲，郭万柱终于顺利抵达华盛顿州立大学。该学校的美国农业部动物疾病研究室在美颇有名气，其主任果蒙是著名的动物病毒学家、美国农业部五个生物技术顾问之一，他常作为巡回大使到全球各地视察。郭万柱进入华盛顿州立大学之后，很快便加入了该实验室。然而，英语又再次成为郭万柱进行学习研究的障碍。尽管背完了《新概念英语》，却难以用英语说出实验所需的仪器和试剂，甚至连烧杯、吸管都不知道。幸运的是，当时实验室的病毒诊断教授看出了郭万柱的无奈，于是每次给他讲实验的时候，都边讲边写，这样一来，郭万柱也可以学得很快。不仅如此，郭万柱还在教授的指导下撰写了大量的文献综述，帮助他更快地接触掌握了很多专业词汇与学术知识。通过大量的练习，郭万柱逐渐能写出流利的论文综述，这也为他的学术研究打下了更为坚实的理论基础。除了专业词汇的学习，为了使自己能够更方便地进行试验，郭万柱还会有意识地与工作人员多交谈，以此提高他的口语水平。"我们天南地北什么都聊，聊来聊去，我连美国的俚语都学会了。"

攻破了语言关，郭万柱便开始向科研高峰发起冲刺。

起初，郭万柱的研究课题是当时的热门领域：单克隆抗体，所以就和实验室的教授一起研究牛的疱疹病毒嗜性。然而，单克隆抗体研究成果获得诺贝尔生理和医学奖已经10 年，郭万柱仔细思量，就算学成归国，发展空间也比较窄，而美国基因工程已经蓬勃发展，国内在基因工程及病毒研究方面却还不成熟，因此，他决定挑战病毒基因工程。于是在研究单克隆抗体技术一年后，郭万柱申请延长学习时间，继续留在美国搞基因工程苗研究。

"实验室有一门课程叫 DNA 重组技术，通过学习，我觉得这门技术有前景。搞什么病毒呢？考虑伪狂犬病。美国已基本消灭伪狂犬病，有国家已开始研究伪狂犬 TK 基因缺失苗。当时我国研究伪狂犬病的不多，特别是伪狂基因工程苗没人研究。尽管当时伪狂犬病在国内并不严重，但考虑到未来猪场规模化的趋势，伪狂犬病容易暴发，且传染风险性大，我们应该搞伪狂犬病的研究。"

美国的研究室有很多先进设备，郭万柱在国内没有见过，更别说熟练掌握。"真的是觉得自己知识面很狭窄，基础很薄弱，在国内只学了生物化学，像病毒、分子方面的知识真的是欠缺。"郭万柱回忆道，"还有就是国外的很多设备也很先进，在国内没有遇见过，一开始什么都不会，连用个高速离心机都困难。"于是他每个实验室来回跑，虚心向人请教，直到把每一个仪器都弄懂。一边学习，一边做试验，不断做笔记。郭万柱在美国的两年多时间里，做了大量试验，积累了翔实的一手数据，其间他发表的两篇论文——《美洲郊狼犬瘟热血清流行病学研究》和《应用 ELISA 和补体结合反应比较研究牛疱疹病毒 4 型 IgG》在美国引起相当大的震动，美国农业部顾问 J. R. Gorham 和著名的病毒学家 D. Burger 对此进行了高度评价。当地报纸曾多次对他进行了报道，其中有两篇对他的专访，在两份报纸中分别用了半版的篇幅。

Wan Zhu Guo audited classes in immunology and virology taught in WSU's College of Veterinary Medicine by Jim Evermann (left).

WAN ZHU GUO

美国当地报纸对郭万柱的报道

1986 年，掌握了基因工程技术的郭万柱决定启程回国。动身前，实验室负责人之一申大为极力挽留他，并许以优厚待遇，但郭万柱婉言谢绝了。同是华人的申大为问他："你是不是怕对不起江东父老？"郭万柱点头答道："是。我们学校和省上在这方面的研究基础很差，我出来学习，就是为了回去能做点事。国家培养我花了很多钱，不回去，对不起国家。"话虽短，却是肺腑之言。申大为只得表示深深的遗憾。

归国：抢抓机遇苦干

1986 年 5 月中旬，郭万柱踏上了返回祖国的航班。

回国当天，副校长胡祖禹就找到郭万柱，问怎样推进基因工程研究。郭万柱认为，要搞研究，设备是首要的。虽然郭万柱从美国回来时，在实验室负责人允许下，尽可能地带了一些仪器和物料，但要继续搞伪狂犬基因缺失疫苗研究还不够。郭万柱回忆说："当时什么设备都没有，资金也缺乏……所以实验室的建立就是个大问题。"郭万柱清楚地记得，刚开始他们的研发队伍里只有包括他在内的两名教师，剩下的就是几名实验员和研究生，"科研人员缺乏得很，几乎所有事都要亲力亲为"。

"当时恰好申报国家自然科学基金项目，我做的伪狂犬病重组疫苗项目批准通过，拿到了 3 万元钱。"有了这笔"启动资金"，郭万柱立刻着手买设备，搞病毒学研究。为了确保研究过程中能有效保存病毒，防止病毒感染力下降，影响疫苗质量，伪狂犬病毒需要超低温保存设备。如果温度控制不准确可能会导致所保存对象受损，对实验结果造

成很大影响，从而影响研究工作的正常进行。为了买到合格可用的超低温冰箱，郭万柱坐了一天的车到成都，跑了很多地方却没有找到；于是他又北上北京，还是没有买到；后来，辗转到了上海，终于在一个展览会上买到。

当时四川对生物技术和狂犬病极为重视，时任副省长康振黄亲自抓这两项工作。1986年底，康副省长视察川农大时，来到郭万柱的实验室。郭万柱汇报了他在美学习和研究情况，以及今后工作的打算。康振黄很感兴趣，并问他能否搞狂犬病和疫苗的研究。康振黄话音刚落，郭万柱立即感到机遇来了。他当即答道："完全可以，只要有经费。"

康振黄回蓉后立即找到省科委和卫生厅的负责人，资金迅速到位。于是郭万柱同时开始了两个项目的研究——"狂犬病弱毒疫苗"和"狂犬病基因工程苗"。其后康振黄和韩邦彦两位副省长先后多次过问他的研究。

研究设备配齐，启动资金到位，郭万柱一头扎进了实验室，立刻着手接续伪狂犬病基因重组疫苗研究项目。

当时，教师不坐班，但实验室8点钟一开门，郭万柱就埋头做研究，甚至周六、周日都不休息。1988年，第一批弱毒苗试制出来，效果不错。于是省上希望郭万柱大规模搞。起初，他不太愿意这样做，因为当时条件不好，实验室太小，很多不同的实验都在一起做，操作上稍有不慎，就可能导致疫苗污染。但这时系上也要他大量搞，以此创收。看到系上极差的教学科研条件，他于心不忍，最后勉强同意了。却不料，这一点头在不久就给了他铭心刻骨的教训。

波折：披荆斩棘前行

1989年底，郭万柱团队搞出一批疫苗，拿到都江堰市使用，没想到3000多只狗打了针后不久都死了。一时间，都江堰市的狗基本上销声匿迹了。于是当地人盛传这批疫苗反而导致了狂犬病，养狗户们都不依，纷纷要求赔偿。省上将此事作为突发事件，上报农牧渔业部、卫生部和公安部，并成立专家组进行调查。

刚听说此事时，郭万柱一下懵了，脑袋一片空白。一时间，有人幸灾乐祸，甚至落井下石，包括一些内行人也信口开河，妄言那是狂犬病。

郭万柱逐渐冷静下来好好思索，这批疫苗在实验室中效果很不错，应该不可能出问题。他与团队成员对都江堰打过针的几只狗的大脑切片进行了仔细分析后，他心中有数了：那绝不是狂犬病！因为这几只狗的大脑切片的症状特点与狂犬病的特征大相径庭。当时实验室同时在进行伪狂犬病研究，在进一步思索之后，他们认为极大可能是疫苗在使用的某个环节被该病毒污染。

在专家组没拿出结论前，他的心情始终是沉甸甸的。

在家中，他把事情告诉了相濡以沫的妻子、从事原子能应用研究的王化新。他不愿意她了解太多，担心太多。平时寡言的他表面上看还算镇定，但明显更加沉闷。好几个晚上，他都辗转反侧睡不着。妻子看在眼里，很想对他说："你还是好好睡一下吧。"但又怕因此使他更不安，她只好一动不动，装着睡得很熟。

此后他曾出席过几次会议，会上会下，有些人对他进行了指责和非议，每当这时，他总是难过地低下头。但坚强的他仍在内心深处对自己说：挺住！挺住！他想起回国前的誓言——要在事业上为学校和四川省出把力。现在才刚刚起步，怎能因一时的挫折而放弃呢！

所幸的是，学校和省上都给予他极大的理解和关怀。学校首先把责任承担了下来，这给他很大的安慰。事发不久，省政府办公厅三处处长代表省政府跟他和学校主管科研的副校长谈话。这位处长说："搞科学试验，有可能成功，也可能失败。"他希望学校和郭老师都振作精神，继续科学研究。

郭万柱闻言万分激动地说："谢谢省政府的关心和鼓励，我一定配合专家组搞好调查，同时认真总结，吸取教训，一定要把这项研究搞出来，为四川的兽医事业尽一分力。"

几个月后，终于查明了真相：原来是一名研究生在做伪狂犬病的实验时，污染了实验台，从而造成那一批疫苗都受了污染。

这以后，他对弱毒苗的研究又从头开始。在哪里跌倒，就在那里站起来。经过 8 年的苦心钻研，他终于试制出了安全长效的狂犬病活疫苗，并在名山、资阳等地进行了60 多万份的免疫试验，结果证明该疫苗毒力稳定，免疫原性好，免疫持续时间长。该成果 1995 年获得四川省科技进步一等奖，也是四川兽医界第一个科技进步一等奖。

与此同时，他经过艰苦努力，建立了西南地区规模和水平居首位的动物分子生物学实验室，1995 年又被批准为四川第一批省级重点实验室——动物生物技术中心。

这期间，郭万柱在国内率先开展的伪狂犬病分子生物学研究，也取得了突破性进展。他先后发表有关研究论文 20 余篇，得到国内学术界同行专家的高度重视和肯定。他跟踪国际前沿，利用我国伪狂犬病病毒为起始材料，构建了伪狂犬病 TK 单基因缺失株和 $gi/gp63$ 双基因缺失株，为伪狂犬病基因缺失疫苗的研究奠定了坚实基础。其中，他与中国人民解放军农牧大学任凭进行的"伪狂犬病病毒分子生物学特性及 $gp50$ 基因克隆与表达的研究"，是我国首次对伪狂犬病病毒进行的较深入的研究，为其后我国深入研究伪狂犬病奠定了基础，同时也对伪狂犬病的诊断、预防等方面的实际应用有着实际意义和价值。该项成果获得了 1996 年全军科技进步二等奖。

此后，郭万柱在狂犬病、伪狂犬病分子生物学上的研究成果捷报频传，先后主持了国家自然科学基金项目、国家"八五""九五""十五"重点科技攻关项目、国家"863"项目、国家"十一五"科技支撑计划项目，以及数项教育部和四川省重点项目研究，成绩斐然。

开创：研究终成正果

1991 年至 1995 年"八五"规划期间，科技部在全国高校征集推荐科技攻关项目。郭万柱代表学校报送了其领衔的伪狂犬病基因缺失疫苗的研究与应用项目和技术路线，并在立项之后成为该项目主持。

2000 年 5 月，伪狂犬病基因缺失疫苗通过了科技部委托四川省科委组织的成果鉴

川农人的田园守望

定。以殷震院士为主任的专家委员会对郭万柱主持的伪狂犬病基因缺失疫苗株的研究验收鉴定，称该项目首次在国内通过缺失、重组等基因操作方法，去掉其主要毒力基因和具有潜伏感染性的基因 gE、gI 和 TK，成功构建了 PRVFa 株 TK 基因缺失株，在我国首次研制出了伪狂犬病三基因缺失疫苗 SA215。

在鉴定会上，专家组认为，该研究紧密结合我国养猪生产和伪狂犬病预防控制实际，所获得的系列成果开创了我国动物病毒基因缺失疫苗实用化的先例。对于我国伪狂犬病的预防控制措施的实施，并最终净化伪狂犬病，将起到很重要的作用。其研究技术手段先进，结果和实验数据可靠，研究成果居国内领先、国际同类研究的先进水平。专家组建议加快该成果的商品化生产和进一步推广应用。

2003 年，伪狂犬病三基因缺失疫苗 SA215 获得国家二类新药证书，2005 年还荣获国家科技进步二等奖。

"新药研制成功后，邀请我去做报告的很多，后来一些人的技术路线基本上是走的我的路线。"郭万柱谈道。

研究了几十年伪狂犬病基因缺失疫苗，说起一路波折，郭万柱感慨万千："人的一辈子有限，看准一件事，坚持一件事，一路向前就够了！"在郭万柱教授的影响下，更多的川农大后生们以他为榜样，在学术上和思想上一点一点进步着。

第十九章 程安春：聚焦动物传染病防控新技术 守卫动物食品安全

程安春教授以其优秀的政治思想道德素质、敏锐的科研触觉、饱满的工作热情、扎实的工作作风带领川农大兽医学团队瞄准国家经济发展的战略需求，数十载如一日不懈奋斗、攻坚克难，对严重危害我国水禽养殖生产的重要传染病进行了系统深入的研究，获得重大成果。

2013年1月，在北京人民大会堂举行的国家科学技术奖励大会上，由程安春主持的"鸭传染性浆膜炎灭活疫苗"项目荣获国家技术发明二等奖。该项目研发历时近20年，是国际上第一个研制成功并广泛应用于预防鸭传染性浆膜炎的疫苗，其关键支撑技术还获得了多项国家发明授权专利，创造了显著的社会经济效益。

迎难而上的先行者

20世纪90年代初，还是20多岁小伙子的程安春刚研究生毕业留校不久。初出茅庐的他通过研制生物制品帮助养殖企业有效控制了鸭病毒性肝炎的发生和流行，拿到了生平第一笔科研经费——500元，这在当时抵得上他好几个月的工资。那一刻，他为自己能真正解决生产实际问题而兴奋不已，同时也让他深感科研真正的生命力在于结合生产实践。

1993年，全国养鸭第一大省四川暴发了鸭传染性浆膜炎的大流行，引起规模化养殖的天府肉鸭大量死亡，造成巨大经济损失。

鸭传染性浆膜炎是由鸭疫里默氏菌感染引起的鸭、鹅等禽类的一种接触性传染性疾病，发病率20％～80％或以上，死亡率10％～50％或以上，严重威胁世界养鸭业的生存和发展。当时中国是世界上养鸭最多的国家，常年产量40亿只以上，约占全世界的70％。针对这一给中国养鸭业造成巨大经济损失的动物传染病，程安春和他的团队有了主攻方向。

诱发鸭传染性浆膜炎的原因很多，包括规模化养殖后条件的改变满足不了鸭子的生活习性、养鸭环境达不到标准等，使鸭、鹅等容易患上这种细菌病。虽然用抗生素、抗菌药可以有效治疗该病，但康复的鸭子生长发育严重受阻造成的后续损失更为严重，而且抗生素、抗菌化学药品残留对环境、对人类健康也会造成严重危害。

那应该怎么办？针对这种情况，急需有效的疫苗用于预防和控制该病的发生和流

行。然而，20 世纪 90 年代初国内外都没有批准上市的鸭传染性浆膜炎疫苗，为了铲除这道不利于水禽业发展的障碍，程安春下定决心——攻关研究疫苗！

说干就干。程安春带着团队，全力投入实验，针对"鸭传染性浆膜炎""鸭病毒性肝炎"等重要传染病，进行了深入系统的研究。

当时，水禽疾病研究还是个大冷门，"研究初期，很多研究条件比较欠缺，早期开展工作很不容易。"团队成员朱德康教授回忆道。从到川农大攻读硕士学位开始，朱德康便加入"鸭传染性浆膜炎灭活疫苗"项目研究团队，承担筛取疫苗株等基础工作。目前已成为预防兽医系博士生导师的他，一路见证了该项目研究成果一点一点诞生的过程。"坦率地说，程老师坚持这么多年，没有放弃，一直立足于解决生产实际问题，对我们整个团队的影响其实是蛮大的。"

诚如朱德康所言，缺经费、无仪器等困难都难不倒程安春，他想办法与企业合作拉经费，建立研究平台……带领团队克服了一个又一个困难。为了掌握第一手资料，他带着团队几乎走遍了全国养鸭子的地区。"许多传染病病原会不断变异，要是不关注生产实际，用不了多长时间研究素材就要与生产脱节，我们的研究结果也会落后于生产的需要。"

功夫不负有心人，程安春团队研究的第一个突破，从发现制苗菌种开始，接着，他们发明了疫苗制造及检验技术，并制定了疫苗制造及检验试行规程和质量标准……历经 20 多年，终于首创了"鸭传染性浆膜炎灭活疫苗"，为有效预防该病的发生提供了重要的技术手段。

在该成果取得巨大成功之后，程安春却显得很淡定，他轻描淡写地谈道："这 20 多年，我们就是傻傻地做实验。我们的研究方向看似越来越窄，但其实研究的内容越来越多。这就像采矿，入口的洞很小，矿内却有一片广袤的天地。"

贾仁勇教授表示，"这是一种水到渠成后的喜悦。对于科学研究者而言，任何成果和荣誉都不可能一蹴而就。"

目前，该疫苗已经获批为国家一类新兽药，在我国养鸭产区广泛使用后，每年节省了大量抗菌药物的使用，为国家推行在饲料中禁止添加抗菌药物的基本国策提供了有力的技术支撑，大大降低了养殖风险、养殖成本，增加了养殖收入，取得了良好的社会效益和生态效益。

以身作则的"烧炉工"

"我们是一个团队，最重要的就是团结，要像一个熊熊燃烧的火炉。即便是新加入的人员，哪怕他像是一块湿毛巾，放到这个炉子里，也会在团队精神带领下一起燃烧。"这是程安春教授经常对团队说的一番话。

在川农大，程安春推崇的这个"旺炉"理论可谓人尽皆知。作为团队的头雁，程安春将自己定位为"烧炉工""团队秘书"。他认为，"团队负责人实际上是团队的秘书，既要带头干事，也要像润滑剂一样为一部机器的正常运转提供保障。"而这个理念正是程安春带领兽医学教师团队在 2018 年入选全国首批 "黄大年式教师团队" 的有力武器。

为了把炉火烧旺，作为团队负责人，他率先垂范，亲自到养殖场采样、实验操作。周末或者节假日，动医师生想找程安春，大概率能在实验室里 "捉" 到他。每天早上上班，程安春总是最先到的那一个；就连晚上夜深时，他也常常在出差的路上。

有一次，程安春和同事从北京出差飞回成都已经是凌晨 2 点多。当时正是风雨交加。他们为了不耽误第二天的正常工作，拖着疲惫的身躯，驾车冒雨赶往雅安，可是，舟车劳顿与连轴转的工作，让他俩非常疲倦，二人不得不 "无话找话" 来提神。在车快到名山境内时，突然传来剧烈的摩擦声音，竟是汽车与高速路护栏产生了 "亲密接触"。紧急停车后发现，左侧车门已经无法打开，并且左侧车身刮出了一个大槽，二人都吓出一身冷汗。庆幸的是，因为是凌晨，高速路没有其他车辆。可第二天，经历过这惊险一刻的他俩，好像什么事都没有发生过，仍按时正常上班，丝毫没有耽误工作。就连坏了的小车，都是第二天工作顺利结束之后，他们才抽空送去修理厂。

常年忘我、投入、全心地工作，让程安春在专业上拥有了足够的信心与底气。为了获取翔实有效的数据，程安春及他的团队从雅安雨城区草坝镇的养鸭场开始，足迹几乎遍布全国规模养鸭地区的角角落落。

有一次在美国，程安春和当地学者交谈时，说到中国是世界上养鸭最多的国家、四川是养鸭最多的省份时，当地学者摇了摇头，表示不信。

"全世界年出栏的鸭子不到 50 亿只，中国的产量占了 70%。" 程安春随即详细列举了一系列数据来证明。

程安春的侃侃而谈以及踏实严谨的科研作风，让那位美国学者逐渐信服，并面露赞许。

"成果是要慢慢积累的。" 在程安春心中，自己所在的动物医学免疫学研究所能够成为国际第一梯队的研究所是他奋斗的目标。他常常用老一辈川农大兽医专家 "艰苦奋斗" 的精神与故事，去鼓舞自己和全院教师。忘我地工作、投入地工作、全心地工作，也成为整个兽医教师团队的精气神。

程安春在广东省新兴县温氏集团种鸭场调研

凝聚团队的掌舵人

除了自己做表率，程安春深知"众人拾柴火焰高"的道理，"一个人的力量往往有限，群体的力量可以气吞山河"。程安春认为，有特色的学科需要有一个团结的团队才能不断推进。因此，他有意识地招募优秀人才加入团队，组建起一支相互协作的有生力量。

现任动物医学院院长的陈舜教授在博士毕业后进入电子科技大学工作，但仅仅一年她就放弃了这份工作，跳槽到学校当时才成立的预防兽医研究所。

"2011年回到川农大，深刻意识到在同一领域研究积累的重要性。"回忆过往，陈舜谈道，"回校后，在研究初期很迷茫同时又干劲十足、想法很多，团队在我选择研究兴趣点、工作方式和硬件软件支撑上给予了充分信任和无条件的支持。这样的支撑力量是巨大的，这样的团队是温暖的。"在团队的支持下，陈舜带着课题组成员一头扎进对水禽病原致病机理方面的基础研究和科技创新工作，日积月累的艰苦奋斗，取得了令人瞩目的科研成果，特别是在鸭坦布苏病毒研究上做出了杰出贡献。

"我们的团队很团结。基本上每个人都有自己的特色，同时互相补充不足。"如陈舜教授所言，在引进人才上，团队可以说是"不拘一格"。2011年团队把南开大学博士毕业、在美国亚利桑那大学从事博士后研究工作6年，但毫无兽医学背景的孔庆科作为拔尖人才引进预防兽医研究所，有人并不理解，其实团队正是看中了孔庆科在微生物研究方面的长处，他能将国际一流的疫苗研究理念带入团队。

除了孔庆科，团队还从法国巴斯德研究所引进了博士刘马峰，将巴斯德研究所崇尚学术的科学态度和实干精神带入团队，为学院建立起与巴斯德研究所长期稳定的合作关系；把挪威奥斯陆大学毕业的邹元锋博士吸纳入团队，将他药用植物方面所学之长与一流的世界碳水化合物研究理念带进团队，积极开展新兽药创制……

在程安春看来，"要打开视野，不要局限于本学院本学科，要让团队中每个人都可以在不同方向上完善整个团队的研究"。

优秀人才的加入为团队的发展注入源源不断的动力。为了让每个成员都能切实感受到自己是团队主人，程安春不遗余力地帮助年轻教师凝练科研方向，让大家明白"1+1大于2"的基础是破除单打独斗的碎片化思维和一人一小块的碎片化资源。

在他的用心经营下，多年来，团队始终保持着高昂的战斗力，实现了有效配置资源，收获了最大发展效益，形成了鼓励先进、鞭策后进、开放合作、相互欣赏的良好氛围，斩获了多项荣誉。团队紧紧抓住"动物疫病防控技术落后、安全有效疫苗缺乏"这个牛鼻子，潜心筛选动物病原优良菌/毒株，在创制新型培养基、发明病原计数方法、优化生产工艺、提升免疫效果等关键原创性技术等方面取得突破。团队成员获得国家技术发明二等奖1项，教育部技术发明一等奖2项，教育部科技进步一等奖1项，其他部/省级科技成果一等奖7项、二等奖30余项；国家授权发明专利190余项，出版专著/教材50余部。

　　"与其坐而等待，不如奋而前行。"一路走来，程安春带领兽医团队团结一心，用积极向上的良好精神面貌奋力争先。一篇篇论文、一项项专利都凝聚着这个团队成员的同甘共苦、拼搏创造。可以相信，在学校"双一流"建设的征程上，他们将赓续传承，躬身前行，为新时代的川农大奋进蓝图描绘出绚丽的动医篇章，为打破国外"卡脖子"技术封锁贡献川农大兽医团队的力量！

第七部分

小康路上一个都不能少

党的十八大以来，以习近平同志为核心的党中央把脱贫攻坚摆在治国理政的重要位置，作为实现第一个百年奋斗目标的重点任务，动员全党全国全社会力量，全面打响脱贫攻坚人民战争，取得了彻底消除绝对贫困的伟大胜利，创造了震撼世界的中国减贫奇迹。在这关键的历史时期，川农大勇担使命、尽锐出战，充分发挥科教人才优势，以对口帮扶雷波、布托、前锋为重点，全覆盖服务四川 88 个贫困县和 45 个深度贫困县，涌现出了全国脱贫攻坚先进个人吕秀兰教授、获全国科技特派员通报表扬的田孟良教授、全国科技助力精准扶贫先进个人王西瑶教授、四川省第三方脱贫评估总指挥蓝红星教授等先进典型人物，他们用实际行动践行着川农人的初心使命，真正做到了"把论文写在大地上"，"把成果带进百姓家"。

第二十章　吕秀兰：带领农户
种出"致富果"

在众多奋战在脱贫攻坚战线上的川农人中，有一个身影格外引人注目。她年近六旬，知性大方，脸上常常挂着温和的笑容。很难想象这样一位女教授，却数年如一日地扎根于深山之中、俯首于田间地头——她就是人称"水果教授"的园艺学院教授吕秀兰。高原地区、乌蒙山区、大小凉山彝族地区，都有她在果林间穿梭的身影；李子、葡萄、樱桃，都是她辛勤培育的"孩子"；山高路远、高原缺氧、风吹日晒，都没有阻挡她带领老百姓致富的脚步。

几十年来，吕秀兰不辞辛苦，风里来雨里去，投身农业生产一线，用实际行动把对农民的爱、对农业的爱写进深山中，写在大地上。2021年2月25日，在北京人民大会堂举行的全国脱贫攻坚总结表彰大会上，吕秀兰教授被授予"全国脱贫攻坚先进个人"称号，这是吕秀兰教授继2019年获"全国科技助力精准扶贫先进个人"后的又一殊荣。

从零起步探索脱贫路

在四川省雅安市汉源县农民朋友的心中，吕秀兰教授有一个大名鼎鼎的称号——"吕樱桃"。为什么当地农户会这样称呼她呢？这就要从20世纪90年代末期说起。

那时，汉源等地为了生态恢复建设，开始引进甜樱桃品种作为经济林木规模栽培，然而，在种植过程中出现了树势高大，却多年不开花或者开花不结果的情况。当地农户百思不得其解，不得已，他们开始大量砍树，寻找其他脱贫路子。

1996年，吕秀兰等专家到当地帮助村民查找原因，分析对策。然而，因这甜樱桃本是"洋货"，20世纪70年代从欧洲引入中国，80年代引入四川，90年代末期才开始作为经济林木在四川规模栽培，吕秀兰那时对它也所知甚少。既然没有现成的技术可用，那就自己钻研。为了找出原因，她沉下心来，从甜樱桃的生物学特性和经济学特性等基础研究开始，一点一点实践探索，逐步了解到了它的适应性和结果习性等方面的特点。

此外，吕秀兰等专家发现甜樱桃不结果的一个重要原因是大部分品种为自花不实，受授粉品种搭配不当的影响，造成坐果率低、产量低，而汉源当地所种植的白樱桃及甜樱桃混合花粉可以为甜樱桃授粉，能有效解决这一问题，让甜樱桃成功结果。

然而，虽然找出了原因，但当地种植户缺乏科学种植技术，尽管不少甜樱桃树结出

了果实，却裂果非常严重，极大地影响了种植户们的收入。吕秀兰深知"科学研究不仅仅要在实验室，还要到土地上去"，为了帮助农户们走出困境，她身体力行，哪怕是三十几摄氏度的高温，她都无视阳光的暴晒穿梭于果林之间；被山上的树枝划伤了胳膊也不在意；高温下待在地里一下午，晚上回去洗脸的时候被晒伤的皮肤火辣辣的疼也不觉得辛苦……从栽培、育种到初次验收成果，她一次次地发现问题再改进。精诚所至，金石为开，通过多年的努力，她研发的甜樱桃安全丰产优质集成技术研究与应用示范终于在2009年通过省级成果鉴定。这项技术能够把裂果率从25%~30%下降到5%以下，而且能把每个品种的采收期相对集中到3~5天。

在吕秀兰团队的指导带动下，村民们开始采用新技术种植甜樱桃。2010年，因当地冬春交替时天气大旱、后期又遭遇低温，甜樱桃成熟期天天下雨等情况，采用原方式种植的甜樱桃每亩产量只有100~150千克，减产严重，而采用新技术种植的甜樱桃产量却实现了翻三番，达到了每亩750千克。一时之间，"吕樱桃"成了吕秀兰的代名词，在农户心中，她就是和"丰收"一词联系在一起的。

在吕秀兰团队技术的保驾护航下，四川甜樱桃面积近5年由6万余亩推广至12万余亩，良种化率达90%以上，年产值超10亿元，50%以上种植在高原地区深度贫困区，纯收入达1.5万~2.5万元/亩，涌现了不少靠种植甜樱桃脱贫致富的典型。2023年团队指导的汉源甜樱桃在第九届世界甜樱桃博览会上获得3项特等奖，占特等奖的30%，由此汉源甜樱桃园地售价提高20元/千克，6万亩产值由2022年的7.04亿元跃升至2023年的10.88亿元。

现在回忆起当时的情况，吕秀兰心里已经没有了疲惫，有的只是看见满枝挂着的红樱桃时无限的满足和甜蜜。

雪中送炭助力渡难关

"快来哟！上地里摘葡萄啰！"

"要得！来啰！"

在四川省广安市前锋区虎城镇茶花村，葡萄种植大户李春霞正站在地头吆喝。这些年她家葡萄园频频丰收，亩产达到了1500多千克，120亩纯利润约200万元。

而就在几年前，她和村里参与葡萄种植的贫困户曾一度颗粒无收，欲哭无泪。

"没有'吕葡萄'，今天的日子就没得这么安逸哦！"说起从脱贫到致富的故事，李春霞和老乡们总是"吕葡萄"不离嘴，而他们口中的"吕葡萄"正是吕秀兰教授。

时光回溯到2012年，为了带领当地村民脱贫致富，茶花村几经摸索，决定引进葡萄产业，而"夏黑"葡萄成为全村主要种植品种。不少果农铆足干劲开始了葡萄种植，但到了第二年春季，原本应该要开花挂果的葡萄枝却一点动静都没有，倘若在这丰产期葡萄枝都不开花、不结果实，那么当地果农很可能面临绝收的困境。

"这是啥原因？这该怎么办？"果农们疑惑不解，一下没了主意。当地农业局亦甚为困惑。一个偶然的机会，他们得知川农大的吕秀兰教授是水果种植的专家，便燃起了希望，抱着试一试的想法拨通了吕秀兰的电话。

"都是春季了，茶花村葡萄枝没有花芽出现，大家心头慌得很，麻烦您来看看……"一听到前锋区农业局经作站站长焦急的声音，吕秀兰便坐不住了。她立刻带领课题组成员奔赴现场。实地察看后，凭借着扎实的专业功底与多年的实践经验，吕秀兰发现造成绝收的主要原因是在葡萄即将挂果的关键期，种植户们照搬"巨峰"葡萄修剪方式，把"夏黑"树枝上用来开花结果的花芽全部剪光，造成了丰产期不开花、不结果实。

吕秀兰告诉大家，"夏黑"植株长势极强，栽培上限仅为150株/亩，村子里的栽植密度竟然达到660株/亩。错误的操作不仅造成了生产成本增加，还会导致后期郁闭和通风透光差、授粉受精不良、产量低、着色差、品质差、果品不成熟等一系列后续问题。

看着眼前对技术知之甚少的村民，吕秀兰便把他们团队针对南方气候特性而专门研究的"双膜覆盖避雨栽培技术"毫无保留地传授给村民。该技术能有效地避免植株遇雨产生的霜霉病、黑痘病、酸腐病等20余种病害的发生。

虽然果农得到了"技术秘籍"，但吕秀兰仍担心他们在实际操作中出现错误而造成经济损失，索性便在村里驻扎下来。在苗木栽植、摘心抹芽、保花保果、转色期、冬季修剪等关键时间节点，吕秀兰带领团队手把手指导果农，再让大户带小户，实现了技术推广全覆盖，大家直呼"专家太贴心了"。

在吕秀兰团队耐心细致地指导下，茶花村葡萄种植第二年就实现了产量一亩1250多千克，总利润达100多万元。不仅如此，在把葡萄种植技术推广到全区果园的基础上，吕秀兰还指导建立了20亩新品种示范基地，引进新品种15个，对全区葡萄产业有效地提供了品种和技术支撑。

千方百计力当"及时雨"

通过科技扶贫，不少地方水果产业发展势头越来越好，规模越来越大，成为助农增收的重要手段。

位于四川西北部、阿坝藏族羌族自治州东南部，地跨岷江和涪江支流上游高山峡谷地带的茂县，是全国最大的羌族聚居县，也是曾经的深度贫困县之一。

2003年，在一次生态恢复项目调研中，吕秀兰发现茂县的水果产业结构很不合理：当地气候干燥、日照充足，县里种有苹果、樱桃、葡萄、李子等多种水果，然而，水果单品多、不成规模、不成产业，整体收益很低。"当时农户人均年收入不足1000元，不少老百姓靠政府补助过日子。"

"怎样才能帮助当地农户脱贫致富？"发现问题后，这个想法便萦绕在吕秀兰心中。要带领当地农户奔向小康绝不能只是纸上谈兵，为了寻找到适合当地发展的水果产业，吕秀兰索性把实验室"搬进"了深山里。经过研究，她发现茂县土壤有机质、矿物质含量高，灌溉方便，冬长夏短、日较差大，年降雨量小，适宜李子生长，且当地本就有数千年的李子种植历史，这更便于推广种植。然而，仅市场上售卖的李子就有黑布林、三

华李、南华李等几十个品种，每种李子需要的生长环境又不尽相同，究竟哪一种李子才是最适合茂县农户种植的呢？为了选育出优良品种，吕秀兰年复一年地往返于雅安市和茂县之间，只为搜集、记录当地不同品种李子的生长特点和变化，对比分析各项数据。选出来的品种如果不够优良，会给老百姓带来损失。"那几年没有水泥路，全是碎石路，去一趟要四五个小时，要是下暴雨，还会遇上泥石流。"吕秀兰回忆道。

功夫不负有心人，2011年，经过近9年的调研、选种、育种，吕秀兰带领团队选育出了果大脆嫩、离核、丰产、抗性强，综合性状很适合茂县长期发展的李子新品种——"羌脆李"。

新品种有了，新问题也随之而来。原来，果农并不富裕，担心多年积蓄打了水漂，谁都不敢轻易尝试，仅凭吕秀兰团队五六个人的力量，很难将新品种、新技术、新模式迅速推广。

眼看多年的努力就差临门一脚，吕秀兰当然不会轻易放弃："既然农户们不相信，那就领着他们干，做给他们看！"在四川省委组织部、省委人才办和省科技厅的支持下，她全力投入，在当地老百姓果园中建立起示范基地，展示优良品种、配套技术和种植成果，让各个示范点成为种植标杆和亮点。2019年，吕秀兰又从"羌脆李"中选育出"羌脆大李"，进一步提高收益。

在吕秀兰的示范带动下，凤仪镇壳壳村一名叫顺斌的村民成为首批加入新品种种植的村民之一。按照技术指导，他率先示范种植了3亩新品种李子，经过3年的精细管护，成功实现了李子品种转型。

"3亩'羌脆大李'产量1000多千克，已经陆续上市，收入能达到2万多元。"顺斌介绍道。

"顺斌种的李子，块头大，吃起来又脆又甜，卖的价还高，咱也跟着种！"看到顺斌赚了钱，农户们纷纷效仿。"这就达到以点带面的效果了。"吕秀兰笑着说。

如今，"羌脆李"和"羌脆大李"已成为茂县8万果农持续增收的主导产业，栽培面积超过8万亩，产值达14亿元。

"水果不会长在实验室，搞农业必须到一线。"吕秀兰是这样说的，也是这样做的。"每年四五月份，吕老师一天需要跨地区跑四五个示范点，有时晚上11点多才能回家。"团队成员梁东教授对吕秀兰满怀敬佩。

20多年来，吕秀兰走过18个地市州、100多个县、500多个乡镇、1000多个行政村，特别是成为四川科技下乡万里行专家以来，她每年有200多天奔波在田间地头。在果树生产的关键时期，她天不亮就出发，在村里一干就是一天。

2022年8月，四川遭遇连续高温天气，刚刚从西昌回来的吕秀兰，在得知高温天气对茂县葡萄、"羌脆李"生长产生了不利影响之际，又马不停蹄地赶赴当地，顶着烈日深入田间果园，"这个时候是葡萄、李子收获的关键期，果农就盼着有个好收成，我们尽力解决一些技术问题，提质增效。"

一听到吕秀兰要来，茂县凤仪镇南庄村雅李苑家庭农场付德志一家人立即像吃了一颗定心丸，因为这早已不是吕秀兰第一次为他们带来"及时雨"。

付德志是雅李苑家庭农场的农场主，也是村里有名的致富带头人。从 2010 年开始，他便开始大面积种植"羌脆李"，每年每亩产量能达到 2500～3000 千克，年收入达 30 万～40 万元。然而，2018 年以来，因当地气候变化明显，李子成熟期常遇暴雨，裂果现象严重，影响了果实品质，导致市场收购价降低，让他损失不小。

为了解决这一问题，付德志尝试了多种方法，也请教了一些技术人员，虽然收到了一些成效，但并未从根本上攻克这一难题。2021 年，一个偶然的机会，付德志结识了吕秀兰教授，便把这个困扰他多年的问题告知了吕秀兰。在详细了解了付德志种植"羌脆李"的情况后，吕秀兰又到雅李苑进行了实地察看，随即给出指导意见：安装避雨设施，并减少产量，促根壮果，保证李子的优良品质。

"吕老师是我生命中的贵人。"在得到了吕秀兰的帮助后，付德志感慨道，"种李子过程中总会出现各种新问题，但我能随时给吕老师打电话、发视频，及时沟通解决，心里不慌了。"不过，虽然吕秀兰平时温柔又耐心，可一旦涉及果树种植问题，她却严厉得很。比如有一次在得知雅李苑还没施有机肥后，吕秀兰立刻一脸严肃地说："有机肥必须 9—10 月按时施，你等过完年玩够了再去施，肯定不行！"

正是在吕秀兰一丝不苟的专业指导下，雅李苑"羌脆李"实现了提质增收，李子价格从每千克 6～8 元，跃升到每千克 24 元。

如今，在李子产业带动下，南庄村村民家家有小车、户户住新房，日子越过越红火。"前段时间有个村民装修新房花了 100 多万元，停车也越来越难了！"对于村里这些年的变化，南庄村村委会副主任付翠刚看在眼里，喜在心头。而在当地老百姓的眼中，吕秀兰也早已从城里来的专家教授，变成了深山里带领大家致富的"吕李子"。

对吕秀兰来说，茂县的每一棵李子树，都是她的"孩子"。"我对这些'孩子'的关心比对我女儿还多。作为母亲，我对孩子关心太少，有所亏欠，但帮这么多老百姓过上了好日子，我不后悔。"

吕秀兰为村民进行李树春季管理指导

近 5 年来，通过"建立一个基地，浓缩成一个样板，成为一个看点和亮点，带动一方产业，辐射整个行业"的特色扶贫模式，吕秀兰带领团队在高原地区、乌蒙山区、大小凉山彝族地区等地先后建立葡萄、李子、甜樱桃科技示范基地 40 余个，推广果树新品种、新技术、新模式面积 70 万亩以上，增收 40 亿元以上，每年直接带动 5000 人脱贫致富。

授之以渔当好培训员

在吕秀兰眼中，带领农户们实现脱贫致富并不是结束，而是一个新的开始。要让一个脱贫地区做好产业成果巩固、实现乡村产业振兴，还有许多工作要做。

"水果效益较高，深度贫困地区脱贫后发展水果的积极性也很高，但是部分种植户文化水平低、技术不过关、'等靠要'思想严重，下一步，除了做好指导和示范，还要教会带头人，让他们去帮扶指导，留下带不走的技术队伍。"吕秀兰说。

在吕秀兰看来，高原山区自然环境恶劣、生存条件艰苦，难以留住人才，要想在一个脱贫地区留下一支能够长期服务于农业的专业化的人才队伍，必须培育一批带不走的"土专家""田秀才"。

通过面对面传、手把手教，吕秀兰在果树生长萌芽期、花果管理期、果实成熟期、冬季修剪期，有针对性地开展专项培训。每年培养农村实用人才、技术骨干数百人，培训果农 5000 余人次，发放资料 1.5 万余份。即使在疫情期间，她依然会采用线上网络直播课的方式为果农们提供技术指导，尽力帮助他们掌握更加科学有效实用的种植技术。

"吕老师，我听过你的课，讲得好！""按吕教授说的做，今年卖得好哦！"果农一致反映，吕秀兰讲课接地气、操作性强、效果显著。

"学习了精准施肥，才晓得以前的肥料利用率有多低。"参与培训后，顺斌在果园中引进自动化避雨设施和肥水一体化、果园生草防尘培肥等新技术，收益持续增加。2018年，他被茂县科农局聘请为农业技术员。如今，顺斌不仅是村里的科技示范户，还被邀请到成都、重庆、贵州等地进行果树修剪、土肥水管理等方面的技术指导，日工资高达1500 元。看到当地的种植户一步步成长为行家里手，吕秀兰不禁打趣道："现在人人会技术，人人是专家了。"

除了在培养乡土人才方面深入细致，吕秀兰对自己的学生更是有着"操不完的心"。"连对象都是吕老师帮我找的！"王进从本科起便是吕秀兰的学生，博士毕业后，她选择留校，加入吕秀兰团队。"做实验、写论文、找工作……我们成长的每一步、每一件事，吕老师都关心入微。"王进还记得，在美国留学期间，吕老师常跟她联系，叮嘱她"科学无国界，但科学服务一定要有国界"，督促她尽快学成归国，为祖国农业发展做贡献。

随着年龄增长，吕秀兰的颈椎、腰椎和膝盖陆续出现问题，这几年她嘴上说着不干了，可果农一有情况，还是第一时间赶过去。"生产耽搁不得呦，要加快脚步，把深山里的'小水果'做成'大产业'，让农民生活更加甜蜜！"

2023年3月28日，在四川省科学技术奖励大会暨第三届"四川杰出人才奖"颁奖仪式上，吕秀兰凭借主持完成的"西南地区葡萄优质高效生产关键技术创新与应用"项目，荣获国家科技进步一等奖，并列入国家"十三五"科技创新成就展。该项目针对高温高湿弱光下欧亚种成花难和缺乏优质高效栽培的技术瓶颈问题，通过开展新品种鉴选、优质高效种植理论和技术研究，首次揭示了高温高湿弱光设施葡萄成花与品质形成调控机理，鉴选培育出多样化优良品种，打破了葡萄品种单一、国外品种垄断的局面。

吕秀兰说，她有一个梦想：通过研究和推广先进农业技术，让巴山蜀水飘果香，困难群众奔小康。正因如此，年近花甲的吕秀兰仍带领着团队围绕创新园艺产业"卡脖子"技术以及农艺与农机融合、智慧园艺、高质量绿色生产等关键共性技术，继续研发着更多具有自主知识产权的新品种、新技术和新模式，实现社会服务与科研能力两者都高质量提升，为擦亮"川果"金字招牌贡献力量。

第二十一章 田孟良：用中药材书写"致富方"

炎炎盛夏，在四川省达州市达川区申家村产业示范基地的 4000 亩金银花地里，数百名村民正在除草、采花。放眼望去，金银花枝繁叶茂、郁郁葱葱，一片丰收的景象。

可不要小看这一朵朵金银花，它们是川农大博士生导师、中药材专家田孟良教授指导当地村民发展起来的致富产业。小小金银花，为贫困户换回了"真金白银"，成为带动村民脱贫奔小康的"致富花"。

在川农大，田孟良热衷研究中药材是出了名的，同事都称呼他为"田药师"。近年来，他将研究成果转化为特色产业，帮助数不清的农民走上了致富的道路。他的科技扶贫、产业扶贫之路累积超过 20 万公里，踏遍四川主要的贫困地区，可以说哪里有中药材种植、哪里有药材科技需求，那里就有他的扶贫身影。

挺身而出战脱贫

田孟良与药材科技扶贫结缘，要从 2009 年说起。

当时，作为川药主产地之一的四川省宝兴县，急需一位高水平的中药材研究专家。当地政府便趁四川省科技厅在县里调研中药材产业之际，提出了这个诉求。省科技厅随即联系到了川农大，经过沟通，校领导放下电话，第一个想到的就是田孟良。

接到校领导的电话，性格内向的田孟良有些犹豫，在他的认知中，三尺讲台才是自己的阵地，闷头做研究兴许还能搞出名堂，为了接触学习更多先进的技术理念，他当时正准备前往国外访学。虽然到国外农业领域名校学习机会难得，可他转念一想，还是应承下来，"我还年轻，出国机会还会有，再过两三年去也不迟。"

拿定主意，田孟良便准备启程。2010 年，他被选派赴雅安市宝兴县担任科技副县长。到了宝兴，田孟良第一时间就奔赴农村调研。之前，宝兴县在汶川地震中受灾严重，群众重建家园、脱贫致富的意愿十分强烈。田孟良在调研中了解到，中药材种植是当地农民的主要收入来源，但因缺乏技术，当地农户种药材的收入还不到外出打工的三分之一。

农民的贫困、产业的落后，深深触动了田孟良，他带领科研团队开始向应用研究转型。很快，团队摸清了品种落后、基原混杂、品质低劣、病害严重等问题，是制约当地中药材产业发展的重要原因。比如，宝兴县本是中药川牛膝最适合生长的区域，然而劣质伪品的广泛种植，严重损害了宝兴县"川药之乡"的美誉，市场占有率逐年降低。针对这些问题，田孟良带领团队集中攻关，从药材华重楼种子萌发调节，到川牛膝新品种的选育和真伪品的区分、鉴定，再到白芨种苗繁育、病虫害防治，无一不解决了困扰当地老百姓实际生产的重大难题。

在田孟良团队的帮扶下，宝兴县完成了对劣质的头花杯苋的淘汰，重新恢复了川牛膝的种植，大大提升了宝兴产川牛膝的市场认可度，收购价格和药农种植收益都比原先高出一两倍。全县川牛膝种植户都因此实现了脱贫致富。

"以前农户辛辛苦苦种了几年药，收入还赶不上外出打工赚的一半。而今，农民都愿意留在家里种药材，外出打工的人回来的也多了，农村更有活力了。"宝兴县科技局工作人员说道。

中药材光种得好不够，还要卖得好。过去，宝兴县中药材大部分以原料销售为主，一家一户的粗加工模式难免存在加工不规范、精深加工弱等问题，中药材附加值提不上去。在田孟良看来，宝兴县中药材产业要发展壮大，关键是要有龙头企业，农民脱贫致富才有保障。

于是，在他担任宝兴县科技副县长之初，便和县里科技、农业部门工作人员拜访了一些四川省内知名中医药企业，宣讲县里种植中药材的优势、产业规划。在他锲而不舍地坚持沟通下，2011 年，宝兴县与四川省中药饮片有限责任公司达成共建中药材生产基地合作协议，双方共建 1 万亩的中药材生产基地，形成集生产、研发、加工、销售等为一体的完整产业链。

"现在不出家门就可以把中药材卖个好价钱了。"当地种植大户王虹钧说。

如今，宝兴县建成了全国川牛膝种植标准化示范区，宝兴川牛膝通过国家地理标志保护认证高品质的美名得到市场认可，药农收益大幅提高。

深入基层"拔穷根"

从宝兴县开始，田孟良推广农业生产技术的步子就没停下。

2015 年，田孟良受学校委派，来到阿坝州金川县玛目都村，担起了科技扶贫的担子。

玛目都村是四川的一个高原特困村。2015 年前，300 多人的村子人均年收入仅 2000 元左右。当地原本种植的主要是土豆、玉米，为了早日摘掉贫困帽，村里成立了合作社，组织农民种植中药。但苦于缺乏技术，农民积极性不高，成效不明显。

作为科技特派员的田孟良一到玛目都村，便开始了调研。经过实地勘察，他发现村里土地本就稀缺，果树种植却占用了不少土地，不利于发展高原中药材和藏药材人工栽培。因此，田孟良向村干部建议，推广林下经济，实行果药复合种植。

起初，已有丰富农业一线生产经验的田孟良认为，这里应该种什么、怎么种，都是明摆着的事儿。可没多久，他就意识到自己想得太简单。

面对农民一双双赤诚的眼睛，田孟良一开始真不知道该怎么开头。好几次，他给农

民讲授时，即便是隆冬，也紧张得满头大汗。"说不到一块，他们觉得你就是个书呆子，好听不中用。"田孟良反思，问题出在与农民交流太少。"要让农民信赖你，首先要说他们听得懂的话，和他们打成一片。"

为了跟当地农民进行更有效的沟通，他走进农民家，学他们讲话，了解他们关心什么。从选择品种、整理土地，到搭建遮阳网、田间管理……每一个技术环节，田孟良都亲自给农户细心讲解。遇到不容易说清楚的问题，他就挽起裤脚、操起锄头下地示范。有时候他在学校，心里也牵挂着山上，他常在电话中说："要得，要得，我这两天就上去。"

见到田孟良真心实意地投入工作，乡亲们也越来越把他当作自己人、知心人。与田孟良打过交道的农民，都对他竖起大拇指："田教授巴适！"老远看到他，就会热情地喊他到自家地里"瞅瞅"。

田孟良与村民一天比一天熟络，村民的平均收入也一天比一天多。目前，玛目都村以高原药材人工栽培及野生抚育示范基地、高原特色水果示范园、"农旅结合"特色花卉示范带等为龙头的扶贫产业集群已然形成，直接带动50多户农民脱贫，户均增收8000元。

不只金川县玛目都村，在凉山州会理县法坪乡法科村，他在当地引进兰州百合进行有机种植，引入企业流转土地进行规模化种植，帮助农民通过入股土地、参与务工实现脱贫增收。在世界高城甘孜州理塘县，他指导当地牧民种植川贝母、红景天等中药材，帮助当地藏民提高收入……在川西高原的理塘、巴塘、色达、九龙，在乌蒙山区的雷波、马边、峨边，在秦巴山区的达川、平昌、苍溪、旺苍等地，这些四川省最贫困的地方，处处都留下了田孟良指导药材种植的扶贫身影。

田孟良调研内江市东兴区川佛手病害

长远谋划固成果

基于多年的扶贫实践，田孟良总结出了一套"产业扶贫经"，创新性地提出了一条解决方案，即选择有当地基础、高价值的作物品种，形成种植业基础，然后挖掘产品附加值，发展产地加工和文化特色旅游，形成三产联动良性循环。

在雅安市天全县36个贫困村之一的爱国村开展扶贫工作时，田孟良多次实地走访，组织学校多位专家，为爱国村精准定制茶产业扶贫开发规划，"通过产品升级、品牌树立，促进脱贫实效性、长期性"。他带领专家们坐下来与乡亲们畅谈技术、观念、思路，让乡亲们学习制茶技术，掌握制茶标准，精心指导茶农在产业发展上实现"八个统一"，保证乡亲们从茶叶前端栽种、中端粗加工与精加工，到后端的品牌包装、以企业和合作社为核心的市场开拓，环环都可参与，每个人都是品牌的拥有者与维护者，全面激发村民的产业脱贫热情。

不到一年，爱国村茶叶科技试验示范基地便成为全县茶产业全产业链科技扶贫示范基地。

除了推动三产联动良性循环，田孟良还认为，一个地方要脱贫并持续发展，仅靠一些专家、教授提供技术指导还远远不够。关键要有长久的产业，要培养懂技术、懂产业的能人来带动一个个村子继续在致富路上走下去，才能彻底脱贫奔小康。

基于此想法，田孟良开始着力推动川农大与四川部分职业技术学校合作，在这些学校培育来自高原山区的好苗子，为他们提供农业生产技能培训，并给予一定的创业资金，帮助他们回乡创业。成都市友爱职业技术学校毕业生杨茂就是这项合作的受益者之一。

2019年，四川阿坝藏族羌族自治州小金县夹金村村民杨茂从技术学校毕业后，计划把学到的川贝母种植技术带回村子，带动村民发展川贝母种植产业。

川贝母是母百合科贝母属多年生草本植物，具有清热润肺的功效，主治肺热燥咳、干咳少痰等症状，在中医药中广泛应用。近年来市场需求大，野生川贝母资源日益稀缺，从产业发展和资源保护的需求来看，发展人工种植川贝母是大势所趋。选好了项目，杨茂又从川农大得到了2万元创业资助，使她能够顺利地开启川贝母种植项目。

"从村子里走出来的年轻人，对当地有感情，是做农业产业的好苗子。"田孟良说。从2015年起，田孟良逐渐把人才帮扶的重心放到川西高原地区。当地贫困程度深，教育与产业基础薄弱，资源优势没有发掘出来，有着巨大的提升空间。

田孟良盼望这些年轻人快速成长起来，成为当地脱贫致富的人才"种子"。"我相信这个计划持续下去，一定能开出越来越多的'花'来。"

与从前一心只想着上好课程、做好实验不同，如今的田孟良爱上了在山中田间行走，享受帮助农民解决问题带来的快乐。成为科技特派员后，田孟良几乎走遍了四川省183个县，足迹遍布贫困"四大片区"和四川省深度贫困区，早晨五六点便起床赶路是他生活的常态，仅2015年至2017年两年，行程就超过20万公里。最危险的时候，100

多公里的下乡路上就遇到了大大小小 100 多次塌方。

"无论是哪座山上哪片田有需要，我都一定准时出现。"在田孟良看来，"每一次赶路，就是一次被乡亲们'需要'。而被人需要，就是最大的幸福。"

2019 年 10 月，科技特派员制度推行 20 周年总结会议在北京召开。该会议对全国 92 名科技特派员进行了通报表扬，田孟良名列其中。

"非常荣幸受到国家认可！"田孟良谈道，"这些年，虽然没发表多少论文，可从农民那里学到了很多。开展社会服务是川农大的优良传统，长期以来也获得了很多荣誉。作为川农大农业科技工作者的一分子，我将以此为契机，紧跟习近平总书记指示，再接再厉，继续走基层、进农村，向父老乡亲学习，把科技成果转化工作做得更扎实，为乡村振兴贡献更多力量。"

第二十二章 王西瑶：小土豆带来致富"薯"光

这些年，每到四川省凉山彝族自治州布拖县马铃薯的收获季，常常会看到一位银发学者带着她年轻的博士、硕士研究生在田间地头，与当地农民一起分享丰收的喜悦。这位银发学者就是人称"土豆王"的川农大教授王西瑶，2018年以来，她带领自己的研究生在布拖县布江蜀丰农业科技示范园园区成立了布拖马铃薯科技小院，进行马铃薯的品种培育和技术推广，同时完成科学研究报告和产业发展调研。5年来，他们不断助力当地脱贫攻坚，助力山区百姓增产增收，在大凉山的土地上奏响了乡村振兴的曲调。

誓要改变落后状况

王西瑶还记得第一次到布拖县调研时，看到的情景让她"心痛又震惊"。农户家里因贮藏条件简陋，常年吃发芽甚至腐烂的土豆，而用作种薯的土豆又因活性差导致产量、品质、效益下降。"我们到农户家里走访，看到很多吃的都是发芽了的土豆，心里很不是滋味。"为此，王西瑶立志用先进的科研技术成果改变这种落后的现状，"让薯农种上高活力的脱毒薯、吃上不发芽的安全薯、卖出高效益的致富薯"。然而，仅凭王西瑶一人之力要让这个想法落地实施，却没那么容易。就在她处于科技推广瓶颈期之际，2018年，正在布拖县开展四川省"科技扶贫万里行"项目的她接到了中国农村专业技术协会（以下简称中国农技协）秘书长李晓林教授的电话，在电话中李晓林向她提出了承担"四川布拖马铃薯科技小院"首席专家并派驻研究生的邀请。

"我想都没想就答应了，再怎么也只有合力才能解决这些问题。"收到李晓林的邀请，王西瑶喜不自胜。于是，在中国农技协主导下，一个致力改善布拖县马铃薯产业技术落后情况，突出马铃薯产业优势，加速推动全县马铃薯产业持续良好快速发展，促进全县马铃薯产业提质增效，助力脱贫攻坚工作的马铃薯科技小院在布拖生根发芽。

作为科技小院首席专家，王西瑶带领学生深入田间地头，学习当地语言，努力融入环境。

起初，部分村民对他们并不信任。"有一些农民种了一辈子地，他会觉得你一个城里来的人怎么懂得种地的事。"

为了获取当地农户的信任，王西瑶提出借用村民的土地做一块示范田，培育过程中所需的资金以及土豆的种植、施肥、除虫等工作都由她和团队负责，最后的收成免费赠

送给村民。即便如此，却没有人肯主动借用土地。最后，村主任在自己的土地上划出一片地给王西瑶进行科研。王西瑶用科学的方法种植培育，到了秋天，她那块地里土豆的产量是其他村民土地里土豆产量的 3 倍，村民惊呼："原来财神爷就在我们身边，王老师的培育贮存技术好！"

王西瑶（左一）在西昌葡萄设施大棚试验地查看复合种植彩色马铃薯收获情况

打通精准扶贫"最后一公里"

从一开始建立科技小院，王西瑶就立足于挖掘本土特有马铃薯品种。针对当地马铃薯品种"不优"、种薯"不良"、贮藏栽培技术"无方"、市场化"无品"、技术推广"无章"这五大痛点问题，王西瑶团队开始用技术手段逆转马铃薯品种的天然劣势，并通过科普宣传培训转变农户传统的生产、贮藏和食用观念，培养市场销售意识，逐步形成了良种、良繁、良法、良品、良模的"五良"联动新体系。布拖县农业部门也参与进来，推动引进高产、优质、抗病、耐贮品种，建立组织培养与工厂化脱毒种苗繁育中心，提高三级脱毒种薯生产效率，同时，建立晚疫病无人机统防统治体系，优化仓储设施贮藏保鲜管理。在多方共同推动下，布拖县马铃薯产业迸发出勃勃生机。

"我们把实验室搬到科技小院、田间地头和定点农户家中，及时发现和解决生产问题，切实打通科技助力精准扶贫的'最后一公里'。"王西瑶说。

住在布拖县勒吉村的彝族人赤黑黑日便是受益者之一。原本他家土豆栽培密度小，施肥量少，晚疫病等各种虫害比较严重，收获的土豆虫眼多，品质不好。2021 年春天，王西瑶带着研究生和他一起种了一块高产示范地，把土豆种植密度提高，到了秋天，赤黑黑日家的土豆产量提高了一倍，看着眼前丰收的土豆，他由衷地向王西瑶竖起大拇指："您这个'土豆王'真是当之无愧啊！"

在王西瑶及其团队成员的努力下，布拖县农户的马铃薯产量与质量节节攀升。据统计，从 2018 年起，科技小院打造了标准的"原原种—原种—生产种"的三级种薯繁育生产体系，建立了马铃薯生产、加工的产业体系，给布拖县创造的产能为 5.1 亿元，有力地助推了当地脱贫摘帽。

2021 年，科技小院学生为依托单位 3000 亩原种繁育基地提供全程技术指导，与依托单位生产部联合，每人分别带领一个小组进行生产，实现平均每亩增产 500 多千克，带来经济效益 300 万元。

此外，科技小院在布拖县三个村庄选定五户农户作为一对一定点帮扶户，由科技小院提供种薯，并进行相应技术指导。这样马铃薯平均每亩增产 1000 千克，帮扶户平均增收 3000 余元。

不只是在布拖县，王西瑶还深入乌蒙山区、秦巴山区等开展科技服务工作，牵头产学研推合作单位，针对马铃薯品种混杂、种薯活力低、栽培手段落后、机械化与加工缺乏、产值效益低等问题，主持研发了"四川及周边特困山区马铃薯产业关键技术创新与推广"新成果，增强了特困山区马铃薯抗逆丰产能力，提高了当地粮食产业结构的稳定性和安全性，有效促进了农民增收、企业增效，为贫困地区稳定脱贫提供了可借鉴的模式。

言传身教发挥榜样力量

"如果没有极特殊的情况，我的研究生都必须在布拖县这样的基层扎根一年，最好是在入学前几个月就能去。"素日为人温和包容的王西瑶，从教生涯却始终恪守着这样一条不变的原则。

严格的要求背后，包裹着一颗纯粹的心。在她眼里，农业科研并不是束之高阁的理论碰撞，而是脚踏实地的经验积累。"科研要接地气，才会找到你研究的东西确实有用，确实能解决国家困难的感觉。"

然而，对于那些来自大城市的年轻人来说，要长期待在一个陌生偏远的小县城甚至山区里潜心科研，无疑是一个挑战。

"起初和当地彝族老乡语言不通，高原天气也是阴晴不定，没想到一晃快两年过去了。"小院的硕士研究生朱凤焰是 1996 年出生的安徽女孩，除了第一年在成都校区上课之外，她读研期间主要的精力都用在了科技小院。从最初的不适应到如今的从容，朱凤焰在王西瑶的言传身教下逐渐找到了自己的研究方向。即将研究生毕业的她，毕业论文主题便是关于当地"布拖乌洋芋"资源的评价研究。"刚来时我看见一家农户很大一块田最后只收了一筐土豆，心想一定要为他们做点什么。"

像朱凤焰这样受王西瑶影响的学生还有很多。农学专业研究生冉爽本科原本学的是茶学专业，在结识王西瑶之后，逐渐挖掘出她对于"土豆的情怀"，于是在本科期间，她便毅然进入土豆实验室，并去布拖县进行社会实践，后来报考了王西瑶的研究生，真正开始了扎根基层的农学生涯。"王老师说，'要做一个顶天立地的人'，你们要把学到的知识应用到实际中，应用到广阔的大地上，真正做到学以致用。"

"每次看到满头白发的王老师，我们都像吃了定心丸，她身体力行，是我们学习的榜样。"王西瑶的研究生、曾担任布拖县马铃薯科技小院院长朱嘉心回忆道，王西瑶一般是早上8点从办公室出发，进组培育室检查，接下来是培训彝族工人，布置一天的学习内容，再去雾配大棚，检查水泵等器械是否正常运作，还要跑到后山示范基地，看病虫害。"虽然有了现代科技助力，有时赶上缺水，早上6点多，老师会喊我们去山上拉水。一天下来很是忙碌劳累。"

正是在王西瑶的榜样力量带动下，有些学生即使研究生毕业了，依然选择留下，继续和小院一起在布拖的大山里生长。这也让王西瑶颇感欣慰，"我的很多学生都在一线扎根，吃得了苦，能发现真问题，当他们再投身到实验室里，精神状态和只在实验室里做实验的学生是不一样的，知道农村里亟待解决的问题是什么。"

2022年，为深入贯彻落实习近平总书记关于"三农"工作重要论述和推动乡村人才振兴的重要指示精神，在农业农村部办公厅和国家乡村振兴局政策法规司的指导下，中国农业电影电视中心联合中国扶贫发展中心共同主办，在全国遴选出了一批"以实干促振兴"的典型人物。王西瑶作为推进马铃薯产业服务乡村振兴的代表，当之无愧地获得了"三农人物"荣誉称号。

从解决当地种植单一、土壤病虫害高发和土地利用率低等问题，到解决浇水难、实现无土栽培等，王西瑶带领团队试验出了10多个马铃薯新品种，用她的实际行动践行了把论文写在大地上，收获在广袤田野上。"我喜欢当这个'土豆王'！"一生与土豆打交道的王西瑶说，"土豆花在我眼中是最美丽的花，一年一季看到土豆开花，我心里幸福极了。"

第二十三章　蓝红星：
守护脱贫成果　贡献农经智慧

作为川农大管理学院院长、农林经济管理一级学科博士点负责人、四川省农村发展研究中心主任、西部乡村振兴研究中心副主任、国务院原扶贫办第三方评估专家，蓝红星教授坚持把论文写在巴蜀大地，为脱贫攻坚和乡村振兴贡献社科力量。他坚持深入农村调查研究，走遍秦巴山区、乌蒙山区、大小凉山和高原地区，积极为党委政府建言献策，决策咨询报告获得四川省委书记等省部级以上领导重要批示并用于政策制定。

投身"三农"助力减贫

2006 年 6 月，年仅 25 岁的蓝红星来到川农大，担任助教工作。踏实勤勉的工作作风，让他一步一步成长为一名优秀的大学老师。然而，一次偶然的机会，让来自浙江的他第一次看到了西南地区农村的发展状况与他的家乡发展存在不小的差距："一些村不通公路，甚至连电都不通，不少村庄就是典型的自给自足经济，基本公共服务很难覆盖。"蓝红星内心受到了极大触动，毅然决定投身"三农"，着手研究农村减贫问题。

作为新中国成立以来的"直过区"（通过国家及各级政府的帮助，某些少数民族聚居区尽快由原始社会或奴隶社会直接过渡到社会主义社会的地区），大小凉山地区的贫困问题一直受到党中央、国务院和省委、省政府的高度重视，蓝红星及其所在团队便把目光投向了这里。

大小凉山位于我国地势第一级阶梯向第二级跨越的横断山区。区域山高谷深，生态环境脆弱，自然灾害频发，贫困面宽、量大、程度深，同时也是全国最大的彝族聚居地和深度贫困地区，多维贫困特征明显。蓝红星认为，研究该连片区域的多维贫困，具有重要的理论和现实意义。

"深度贫困地区的贫困程度究竟有多深？又主要受到哪些因素影响？只有把这些弄清楚了才能以相应举措应对，如期实现脱贫。"经过研究，团队认为凉山贫困代际传递是当地长期难以解决的问题，针对这一情况，蓝红星及其团队提出了彝族女童优先精准扶持策略，以女童及家长为激励对象设计政策来解决代际贫困问题。

为此，蓝红星及其所在的四川农村精准扶贫创新研究团队深入一线，撰写了十几份

政策建议提交给党委政府相关部门。虽然不清楚这些建议是否会被政府采纳，但他知道只要努力付出了，就无悔于自己的初心使命。所幸的是，这些政策建议不仅被政府采纳，其团队更成功被认定为首批 20 个四川省社会科学高水平研究团队之一。

"没有调查，就没有发言权"，近年来，蓝红星及其团队师生的足迹遍布新疆、贵州、甘肃、云南、河北、重庆、湖南等省（区、市），他们深入贫困地区，走进贫困群众，实地调研扶贫产业，"做正确的调查研究"成为四川农村精准扶贫创新研究团队师生们鲜明的特色。

在悬崖村调研

把好关口筑牢"防线"

脱贫攻坚期间，在学校党委的坚强领导下，蓝红星作为四川省脱贫攻坚第三方评估技术总控专家，连续多年负责四川省脱贫攻坚第三方评估技术总控工作，先后带队高质量完成国务院扶贫办、四川省扶贫开发局、贵州省扶贫办、云南省扶贫办组织的 28 个国家级贫困县退出专项评估工作。

"第三方评估"是检验脱贫实效的重要手段，贫困县只有通过专项评估检查，才能被批准退出。"评估检查不能掺水。"为了守护脱贫成果、确保扶贫工作真实有效，扎牢最后一道"防线"，在专项评估检查过程中，蓝红星召集各调查组开会，每天晚上进行"复盘"，有时会持续两三个小时。在蓝红星看来，每天"复盘"，既是对目标标准的再次强调，也是对调查队员政策了解情况的一次校正，从而能够保障调查组从严从实、客观公正评价。

专项评估检查工作并不只是简单地走村入户，在实际调查中，蓝红星及其团队还会遇到一些意想不到的状况。

2019 年 12 月，蓝红星组织 60 余名师生深入被称为"生命禁区"的石渠县开展贫困县脱贫摘帽第三方评估。石渠县位于甘孜藏族自治州，由于地理位置偏远、冬天道路危险等原因，队伍需要乘坐飞机先到青海，再坐大巴折回四川，最终到达石渠县城。

由于当地平均海拔 4000 米，氧气含量极低，团队中许多人都出现了头晕、呼吸困难、难以睡眠等高原反应，甚至有人因强烈的高原反应被连夜护送返回成都。那时正值大雪纷飞的时节，寒风刺骨，即使已经备足防寒物资，但裸露在外的皮肤还是会受冻皲裂，"我最担心的是师生们在高原地区评估工作中的安全问题，有一次晚上 9 点多，得知载有师生的一辆车子和下山的牦牛相撞消息时，把人都要吓哭，所幸师生无恙。"在如此艰苦的环境下，评估工作队更加坚定了为脱贫攻坚奋战到底的决心，他们弘扬"川农大精神"，圆满完成了第三方评估工作。

除了完成石渠县的第三方评估，团队还顺利完成了"全国唯一的羌族自治县——四川省北川县""全国唯一的水族自治县——贵州省三都县""全国唯一的沿海地区贫困县——河北省青龙县"等国家级贫困县"摘帽"评估工作。完成的研究报告获得国务院相关部门、省委书记等重要批示 6 次，研究成果获教育部人文社科优秀成果三等奖 1 项，四川省科技进步二等奖 1 项，四川省社会科学优秀成果一等奖 1 项、二等奖 2 项、三等奖 2 项，在脱贫攻坚工作中取得了赫赫战绩。

奋力建设一流智库

新时代各高校对智库建设的重视程度是空前的，作为四川省农村发展研究中心的负责人、西部乡村振兴研究中心副主任，对于"围绕国家乡村振兴战略，发挥全校社科力量，支撑农林经济管理一流学科，建设一流智库"，蓝红星深感使命光荣，责任重大。

"智库建设要品牌化"，为了让更多人了解到最前沿的信息，他发动开设"四川省农村研究中心"公众号，实时更新报道"三农"研究和决策资讯，有力地增强了川农大在"三农"领域的影响力。在学校的大力支持下，《乡村振兴决策要参》从 2019 年 11 月正式开始通过农发中心的微信公众号刊发。2019 年至 2021 年，连续 3 年举办乡村振兴西部论坛，为政府与学界搭建了"三农"学习交流平台，线上线下累积 5000 余人次参与，中心的学术影响力、媒介影响力、社会影响力呈现出良好发展态势。

"希望我们能将四川省农村发展研究中心建设为'省内领先、国内知名、国际有影响力'的'三农'问题研究机构和地方经济社会发展高端研究智库，帮助更多地区早日实现乡村振兴！"蓝红星谈道，一流智库建设，一定要有"功成不必在我，功成必定有我"的使命担当，一定要有匠心精神。他坚信这个目标一定能够实现。

作为教育部全国教育扶贫和乡村振兴人才库专家、四川省学术和技术带头人、四川省首批天府社科菁英，十余年来，蓝红星将论文写在巴蜀大地，将科研与社会紧密相连，为四川脱贫攻坚工作贡献出了自己的智慧。无论前方道路多么艰辛，他都将继续弘扬"川农大精神"，在教学科研和服务国家乡村振兴战略新征程中砥砺前行。

附录　改革开放以来四川农业大学主持所获国家科技奖项一览表

国家技术发明一等奖

序号	成果名称	完成人/单位	年份
1	小麦高产、抗锈的优良种质资源繁六及姊妹系	颜济、张显志、王世光、杨俊良、孙福珍、邹应龙	1990
2	籼亚种内品种间培育雄性不育系及冈·D型杂交稻	周开达、李实贲、黎汉云、李仁端、孙晓辉	1988

国家技术发明二等奖

序号	成果名称	完成人/单位	年份
1	鸭传染性浆膜炎灭活疫苗	程安春、汪铭书、朱德康、贾仁勇、陈舜、黎渊	2013
2	西南地区玉米杂交育种第四轮骨干自交系18－599和08－641	荣廷昭、潘光堂、黄玉碧、曹墨菊、高世斌、兰海	2008
3	玉米高配合力、高产、高抗多种病害新自交系48－2和S37	荣廷昭、刘礼超、倪昔玉、雷本鸣、黄玉碧、潘光堂	1996

国家自然科学二等奖

序号	成果名称	完成人/单位	年份
1	小麦族种质资源研究	颜济、杨俊良、郑有良、周永红、刘登才	2000

国家科技进步二等奖

序号	成果名称	完成人/单位	年份
1	图解畜禽标准化规模养殖系列丛书	朱庆、王之盛、王继文、张红平、颜景辰、杨在宾、谢晓红、林燕、丁雪梅、尹华东	2020
2	草鱼健康养殖营养技术创新与应用	周小秋、邝声耀、冯琳、戈贤平、刘辉芬、姜维丹、米海峰、吴培、刘扬、唐凌	2019
3	猪抗病营养技术体系创建与应用	陈代文、车炼强、詹勇、吴德、余冰、虞洁、张克英、何军、韩继涛、张璐	2018

续表

序号	成果名称	完成人/单位	年份
4	建鲤健康养殖的系统营养技术及其在淡水鱼上的应用	周小秋、邝声耀、戈贤平、王尚文、冯琳、刘扬、唐凌、高启平、姜维丹、唐旭	2013
5	母猪系统营养技术与应用	陈代文、吴德、杨凤、张克英、余冰、方正锋、罗旭芳、李芳溢、何健、李勇	2010
6	骨干亲本蜀恢527及重穗型杂交稻的选育与应用	李仕贵、马均、李平、黎汉云、周开达、高克铭、王玉平、陶诗顺、吴先军、周明镜	2009
7	伪狂犬病基因缺失疫苗的研究与应用	郭万柱、娄高明、徐志文、孙迎中、石谦、王琴、王印、王小玉、季永诚、汪铭书	2005
8	高配合力优良杂交水稻恢复系蜀恢162选育与应用	汪旭东、吴先军、李平、杨文钰、高克铭、何礼、马玉清、马均、龙斌	2003
9	大穗型高配合力水稻优良不育系冈46A的选育与应用推广	黎汉云、刘代银、周开达、龙斌、李仁端、黄世超、李仕贵、杨林、朱建清、马均	2000

后 记

中华自古以农立国，今天"三农"事业对于国家整体发展仍然至关重要。作为国家发展战略支撑的重要部分，农业科技向前迈出的每一步都值得被书写和记取。

如果一所高校有一种气质，那么爱国敬业、自立自强一定是四川农业大学少不了的底色之一。真实的故事最精彩，质朴的情感最动人。我们编写本书正是希望借助一个个故事，让更多人能清晰感受到：川农人的奋斗不仅是校史馆满墙的金色奖状和荣光，也不仅是一个逐年增加的成果统计数字，它有血、有肉、有呼吸、有温度。

"守望"一词兼有守候和期望之意，故本书以"守望"为名。对于川农人来说，守望中华大地上的美丽田园是一种初心，是一种道义，更是一种义不容辞、当仁不让的责任和使命。本书主要围绕改革开放以来学校取得的国家科技大奖及代表性成果，撷取最有分量的国家科技大奖，以及最有影响力、最具代表性的成果作为典型，讲述它们诞生背后的艰苦奋斗、理想追求。

本书由江英飒负责总体筹划和确立总体框架大纲，由张俊贤协助统筹。全书共分七个部分，第一部分《稻花香里说丰年》由张俊贤执笔，第二部分《玉米地里创奇迹》由张喆执笔，第三部分《夙愿南风起　小麦覆陇黄》由杨雯执笔，第四部分《技术保障粮食安全》由胥棲梧执笔，第五部分《践行大食物观　川农畜牧在行动》由龙泓宇执笔，第六部分《为健康保驾护航》、第七部分《小康路上一个都不能少》由黄云飞执笔。

本书的撰写得到了许多师生、校友的帮助，他们为本书的撰写和出版也付出了不少心力和汗水，在此一并致以诚挚谢意！

笔力所限，我们的讲述也许未能尽展川农人的情怀，同时，本书讲述的故事时间跨度大，涉及人物多，难免挂一漏万，期待读者朋友们为我们提出宝贵建议和意见，帮助我们下一次用更生动、更芬芳、更传神的笔墨去记录，去热情讴歌。非常感谢您的关注与阅读。